Charles DE LARIVIÈRE

Membre correspondant
de la Société impériale d'Histoire et des Antiquités de Moscou

La France et la Russie

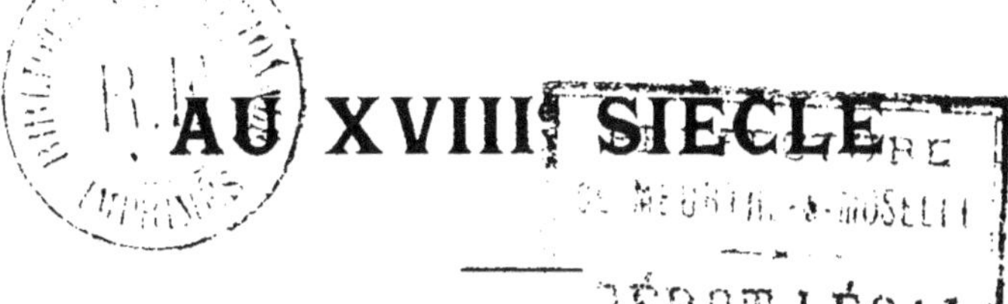

AU XVIII SIÈCLE

ÉTUDES D'HISTOIRE ET DE LITTÉRATURE FRANCO-RUSSE

PREMIÈRE SÉRIE

Catherine II et d'Alembert
Mercier de La Rivière, Buffon et Figaro
Le comte Eszterhazy à la Cour de Russie
La Jeunesse de Nicolas Ier

PARIS

LIBRAIRIE H. LE SOUDIER

174, BOULEVARD SAINT-GERMAIN, 174

—

1909

La France et la Russie

AU XVIIIe SIÈCLE

ÉTUDES D'HISTOIRE ET DE LITTÉRATURE FRANCO-RUSSE

Charles DE LARIVIÈRE

Membre correspondant
de la Société impériale d'Histoire et des Antiquités de Moscou

~~~~~~~~~

La France et la Russie

AU XVIIIᵉ SIÈCLE

ÉTUDES D'HISTOIRE ET DE LITTÉRATURE FRANCO-RUSSE

<div style="border:1px solid black; padding:1em; text-align:center;">

PREMIÈRE SÉRIE

Catherine II et d'Alembert
Mercier de La Rivière, Buffon et Figaro
Le comte Eszterhazy à la Cour de Russie
La Jeunesse de Nicolas Iᵉʳ

</div>

PARIS

LIBRAIRIE H. LE SOUDIER

174, BOULEVARD SAINT-GERMAIN, 174

—

1909
~~~~~~~~~

INTRODUCTION

———

Pierre le Grand est le premier tsar qui ait
voulu faire de la Russie un Etat européen. En
créant Saint-Pétersbourg, et en portant dans
la nouvelle capitale de l'Empire l'axe de sa
politique, il ouvrit, ainsi que cela a été dit, une
fenêtre sur l'Europe occidentale. Depuis lors
la fenêtre s'est démesurément agrandie. A
l'heure actuelle, la frontière ouest de l'Empire
slave offre une immense baie par laquelle
pénètrent tous les produits matériels et intellectuels de la civilisation occidentale. L'iné-
vitable échange des idées et des choses
matérielles a procuré à la Russie un gain
incontestable.

Mais tandis qu'elle tournait le dos à ses
origines tartares et mongoles, et souriait à
l'Europe, la Russie n'abandonnait rien de ses
prétentions en Asie. Depuis Pierre le Grand
elle s'est territorialement accrue de tous côtés,

même en Mandchourie, malgré les récents revers, comme en Finlande et dans les Balkans, et du côté du massif central de l'Europe, — en Pologne surtout, — comme dans la région des monts Altaï. Et en fait d'extension territoriale la Russie n'a pas dit son dernier mot.

Il serait difficile, dès lors, d'évaluer les progrès que l'Empire russe a accompli dans tous les domaines depuis deux siècles. Il suffit de dire que, sans être parvenu à son point final, — car son ambition est démesurée, — il est déjà le plus formidable qui soit.

Si la Russie est la première puissance européenne par sa population et par l'étendue de ses territoires, elle tend à le devenir aussi par l'essor énorme de son industrie; et bien que la guerre russo-japonaise ait mis à nu les lacunes de son armement et la plaie de ses abus bureaucratiques, elle est surtout un immense arsenal de défense militaire. Mais il n'y a pas d'œuvre qui soit de plus longue haleine que l'éducation morale d'un peuple, ou plutôt d'une race. Sur ce point la Russie a encore fort à faire pour que sa civilisation, assez sommaire ou de surface, et qui laisse voir des dessous par trop rugueux et impétueux, parvienne au niveau de la nôtre, et nous dispute le premier rang. Un jour sera, cependant, où si l'Europe n'est pas devenue cosaque, suivant le mot de Napoléon, la civilisation slave se sera singulièrement fortifiée, sans être gênée par tous les raffinements qui de jour en jour affaiblissent davantage celle dont nous nous glorifions ; c'est ainsi que par une sorte de nivellement général, la même atmosphère morale et la même prospérité matérielle régneront depuis Brest jusqu'à Moscou, Odessa et Tobolsk.

En ce qui concerne sa culture intellectuelle et morale, la Russie a fait des emprunts à tous les pays occidentaux, même aux pays scandinaves. Mais elle a surtout gagné au contact de la France et de l'Allemagne. L'Allemagne, malgré une civilisation déjà avancée, lui a surtout fourni des produits matériels ; la France, dont le rayonnement intellectuel durant le dixhuitième siècle était illimité, et qui, après l'épuisement des guerres napoléoniennes, conserva malgré tout quelque chose de son prestige, lui a surtout fourni des idées.

Certes, la mentalité slave est bien restée *sui generis* ; elle ne s'est pas fondue dans l'âme française ou allemande ; elle a conservé son originalité de race ; mais c'est à notre foyer intellectuel et moral que l'Empire des Tsars s'est réchauffé. Malgré les nécessités de la politique, malgré les évolutions de la mode, c'est la France qui l'a principalement approvisionné de pâture littéraire, philosophique et sociale ; la connaissance de notre langue, si répandue en terre russe, a facilité cette assimilation. Qu'importent les dénégations d'une certaine école de Moscou, qui, dans son absolutisme nationaliste, ne veut pas admettre la moindre action de l'étranger dans la marche et dans la formation de la civilisation slave ? Il ne peut plus être sérieusement nié aujourd'hui que les hautes classes de la société russe, qui seules jusqu'à ce jour ont compté en Russie, se sont éprises de nos artistes, de nos écrivains, se sont imprégnées de nos modes, — même les moins saines, — se sont façonnées à Paris, et se sont rapprochées, autant qu'il est possible à des hommes encore frustes, de nos mœurs parfois trop molles. Certains souverains russes ont encouragé et facilité ces relations ; d'autres les ont désapprouvées et combattues ; malgré tout la pénétration s'est produite. Le caractère cosmopolite du Russe y a, d'ailleurs, beaucoup aidé.

A une époque où la France politique de Louis XIV et de Louis XV se refusait à connaître la Russie, ne voulant pas convenir de sa force grandissante, et restait, immuable, cantonnée dans ses alliances de la Suède, de la Pologne et de la Turquie, sans voir que le réseau de ces puissances amoindries n'était plus capable, — même si elles eussent été unies, ce qui n'existait qu'à l'état de chimère, — de contenir le colosse slave, l'Empire russe se mettait en contact avec l'Europe civilisée, et, avec une sagacité et une souplesse dont l'Orient a le secret, suivait les ondulations de la politique continentale, se portant partout où il y avait quelque chose à apprendre ou à prendre.

Il n'y a pas plus d'une quarantaine d'années que nous sommes fixés sur ce caractère de la civilisation slave, qui, bien entendu, n'a pu se former que graduellement. Auparavant nous avions pressenti qu'elle ne pouvait pas être uniquement un produit du sol; mais nous n'avions pas songé à mesurer l'étendue du concours que l'Occident lui avait prêté. Aujourd'hui les preuves de ce contact des deux civilisations abondent, et c'est la Russie qui nous les a fournies.

La Russie, en effet, a mis au jour une masse de matériaux qui sont concluants sur la marche de sa pensée, sur l'évolution de ses vues, sur la formation de sa puissance. Archives de l'État à Pétersbourg et à Moscou, archives des grandes familles princières qui ont joué un rôle dans l'Empire depuis deux cents ans : il y a là une foule de documents dont un grand nombre ont été déjà publiés, — et la série n'est pas close, — qui tous parlent à nos yeux, et établissent à quel point la Russie de Pierre le Grand, d'Élisabeth, de Catherine II surtout, de Paul, d'Alexandre Ier et même de ses successeurs, a fait des emprunts à la France et à l'Allemagne, en hommes et en choses, en denrées et en idées. Aujourd'hui la Russie a ses historiens, et il en est de premier ordre ; elle connaît ses origines et le développement de son influence mondiale. Mais c'est en France autant qu'en Russie que ces matériaux ont été mis à profit et en lumière. Les travaux publiés, — certains sont décisifs, définitifs, — nous donnent donc la vue de ce que depuis deux siècles ont été les relations des deux pays.

En présence de cette masse de documents qui parlent du contact de nos deux civilisa-

tions, et que viennent corroborer ceux encore
insuffisamment utilisés des archives des minis-
tères des affaires étrangères de France et de
Russie, nous avons pensé qu'il n'était pas inutile de faire revivre certains coins du tableau
de ce rapprochement intellectuel des deux
pays. Ainsi verra-t-on ce que l'un a donné à
l'autre. Un lien unit donc les études que nous
offrons modestement au public, ainsi que celles
qui pourront suivre : c'est le lien des esprits
entre les deux nations, qui a commencé avec
Pierre le Grand pour aboutir à l'alliance actuelle. C'est pourquoi nous avons donné à ces
études le titre de *franco-russes*.

Et comme ce contact s'est surtout manifesté
au dix-huitième siècle, notre regard s'est plus
particulièrement tourné vers cette brillante
époque de l'histoire européenne, qui offre un
tel mélange de bien et de mal, et qui a été
marquée à la fois par une grande pourriture
morale où sombra l'ancien régime et par une
vibrante régénération sociale qui proclama et
consacra l'avènement de ce pouvoir nouveau :
le droit populaire, auquel aucun pays ne saurait plus se soustraire.

Mais il a été fait sur la France et la Russie

de nombreux travaux qui donnent déjà une idée singulièrement précise de ce que furent leurs relations au dix-huitième siècle. Il semble, néanmoins, qu'avant d'entreprendre un grand travail d'ensemble marquant définitivement comment l'Europe civilisée pénétra en Russie et lui imposa quelque chose de son atmosphère morale, il y ait place pour des études spéciales ou monographies sur les Français et les Russes illustres qui en quelque façon furent appelés à faire œuvre d'exportation. Ce champ d'exploration est infini. D'ailleurs, les essais que nous présentons au public, en apportant une contribution modeste à l'histoire des relations de la France et de la Russie, nous permettront d'étudier de face ou de côté quelques-unes des curieuses attitudes de ce dix-huitième siècle si fécond en spectacles de toute sorte.

Ch. DE L.

Mars 1909.

BIBLIOGRAPHIE

DOCUMENTS ET OUVRAGES CONSULTÉS

Documents inédits

Correspondance politique aux archives du ministère des affaires étrangères de France (fonds de Russie, nombreux tomes, années 1762 à 1796).

Mémoires et documents aux archives du ministère des affaires étrangères de France (*Mémoires du comte de Langeron, du chevalier d'Éon et du baron de Breteuil*). (Mémoires et documents, tomes IX, XI, XII, XX à XXV et XXXI).

Ouvrages publiés

Archives du prince Alexandre Kourakine (avec sa correspondance et ses souvenirs de voyage) (partie en russe), un volume in-4, 1894.

Archives des comtes Panin (Éditées par Alexandre Bruckner avec introduction (en russe), sept volumes in-4 (de 1888 à 1892).

Archives des princes Worontzof. Moscou, 1879-1887, 34 volumes grand in-8 (principalement les tomes VIII, XIV, XVIII, XX et XXI).

ARAGON (Le marquis D'). — *Un Paladin au dix-huitième siècle : Le Prince Charles de Nassau-Siégen* (1784-1789), un volume in-8, 1893.

ARNETH. — *Marie-Antoinette, Joseph II et Léopold II.* Leipzig, 1866, 2 volumes in-8.

L'Avènement au trône de l'empereur Nicolas Ier (Ouvrage rédigé d'après l'ordre d'Alexandre II par le baron Korff). Traduit du russe, 1857, un volume in-8.

Bertrand (Joseph), de l'Académie française. — *Diderot* (Collection des grands écrivains français). Paris, 1889, un volume in-12.

Bilbassof (Le professeur). — *L'Impératrice Catherine II* (en allemand). Berlin, 1891, deux volumes in-8.

— *Diderot à Saint-Pétersbourg*. Saint-Pétersbourg, un volume in-12.

Bled (Victor du). — *Le Prince de Ligne et ses contemporains*. Paris, 1890, un volume in-16.

Bourguet (Alfred). — *Études sur la politique étrangère du duc de Choiseul*. Paris, un volume in-8, 1907.

Bouzet (Charles du). — *La Jeunesse de Catherine II*. Paris, une brochure in-12, 1860.

Broglie (duc de). — *Le Secret du Roi*. Paris, 1878, deux volumes in-8.

Bruckner (Le professeur Alexandre). — *Histoire de la Russie* (en allemand), un volume in-8, 1896.

— *L'Européanisation de la Russie* (en allemand), un volume in-8, 1888.

— *Catherine II et la Révolution française.* Une étude dans la *Russische Revue*.

— *Joseph II et Catherine II*. Une étude dans le *Grenzboten* (1870).

Brusse (Nicolas), *Catherine la Grande : Ses rapports avec Voltaire*. Une brochure in-12, 1882.

Catherine II. — *Mémoires*. (Écrits par elle-même). Londres, 1859, un volume in-8.

— *Instruction pour le Code* (Traduite en français). Lausanne, 1769, un volume in-12.

Chrapovitzki. — *Journal de 1782 à 1793*. Pétersbourg, 1874, un volume in-8. (Édition Barsoukof).

Cisternes (Raoul de). — *Le Duc de Richelieu*. Paris, 1898, un volume in-8.

Corberon (Le chevalier de). — *Un Diplomate français à la cour de Catherine II* (1775-1780). *Journal intime du chevalier de Corberon*, chargé d'affaires de France en Russie, publié par M. L. H. Lalande, deux volumes in-8, Paris, 1901.

Correspondance inédite du roi Stanislas-Auguste Poniatowski et de Mme Geoffrin. Paris, 1875, un beau volume in-8.

Correspondance littéraire, philosophique et critique, de Grimm, Diderot, Raynal et Meister. (Édition Assézat et Maurice Tourneux). Paris, 1880, seize beaux volumes in-8.

Correspondance littéraire adressée à S. A. I. le grand-duc Paul, de 1774 à 1789, par Jean-François Laharpe. Paris, 1801, quatre volumes in-8.

La Cour de Russie il y a cent ans (1725-1783) [Extraits des dépêches des ambassadeurs anglais et français]. Berlin, 1860, un volume in-8.

COURNAULT (Charles). — *Lettres inédites de Diderot à Falconet. (Revue moderne.* Années 1866-1867).

CZARTORYSKI (Prince Adam). — *Mémoires du prince Adam Czartoryski et correspondance avec l'empereur Alexandre I*er. Paris, 1887, deux volumes in-8.

DASCHKOF (Comtesse). — *Mémoires de la comtesse Daschkof* (Traduction d'Alfred des Essarts). Paris, 1859, quatre petits volumes in-16.

DAUDET (Ernest). — *Histoire de l'Émigration : Les Bourbons et la Russie pendant la Révolution française.* Paris, un volume in-8.

— *Histoire de l'Émigration : Coblentz (1789-1793).* Paris, un volume in-8.

— *Histoire de l'Émigration : Les Émigrés et la seconde coalition (1797-1800).* Paris, 1886, un volume in-8.

— *Une Vie d'ambassadrice : La princesse de Liéven.* Paris, 1902, un volume in-8.

— *Mémoires du comte Valentin Eszterhazy* (avec introduction). Paris, 1905, un volume in-8.

— *Lettres du comte Valentin Eszterhazy à sa femme* (avec introduction). Paris, 1907, un volume in-8.

DOLGOROUKOW (Prince Pierre). — *Mémoires de feu le prince Pierre Dolgoroukow.* Bâle et Genève, 1871, deux volumes in-8.

DUCROS (Louis). — *Diderot : L'Homme et l'écrivain.* Paris, 1894, un volume in-12.

FLASSAN (DE). — *Histoire de la diplomatie française.* Paris, 1811, six volumes in-8.

FLEURY (Comte). — *Fantômes et silhouettes.* Paris 1902, un volume in-8.

— *Les Dernières années du marquis et de la marquise de Bombelles*. Paris, 1906, un volume in-8.

Forneron (H.). — *Histoire générale des Émigrés*. Paris, 1884, trois volumes in-8.

Frédéric II. — *Mémoires de Frédéric II, roi de Prusse*, écrits en français par lui-même, avec des notes par MM. E. Boutarie et E. Campardon. Paris, 1866, deux volumes in-8.

Geffroy (G.). — *Gustave III et la cour de France*. Paris, 1867, deux volumes in-12.

Grimm. — *Correspondance avec Catherine II* (Recueil de la Société impériale d'histoire russe, tomes XXIII et XLIV, publiée par l'académicien Grot).

Haumant (Émile), professeur à la Sorbonne : *La Russie au dix-huitième siècle*. Paris, 1905, un volume in-8.

Hertzen (A.). — *Le Monde russe et la Révolution* (Mémoires de Hertzen). Paris, 1862, trois volumes in-12.

Homberg (Octave) et Jousselin (Fernand). — *Un Aventurier au dix-huitième siècle : Le chevalier d'Éon (1728-1810)*, d'après des documents inédits. Paris, 1904, un volume in-8.

Jauffret. — *Catherine II et son règne*. Paris, 1860, deux volumes in-8.

Kobeko (Paul). — *La Jeunesse du tsar Paul Ier*, un volume in-12.

Krauel (D^r). — *La Correspondance du prince Henri de Prusse avec Catherine II*. Berlin, 1903, un volume in-8.

La Ferrière (Comte Hector de). — *Deux années de mission à Saint-Pétersbourg : Manuscrits, Lettres et documents historiques*. Paris, 1867, un volume in-8.

Laharpe. — *Le Gouverneur d'un prince : Frédéric-César de Laharpe et Alexandre Ier de Russie*. Lausanne, 1902, un fort volume in-12.

Lauzun (Duc de). — *Mémoires du duc de Lauzun (1747-1783)*. Paris, 1858, un volume in-12.

Lavisse (Ernest), de l'Académie française. — *La Jeunesse du Grand Frédéric*. Paris, 1891, un volume in-8.

Lebedief (P.). — *Les comtes Nikita et Pierre Panin* (en russe), Pétersbourg, 1863, un volume in-8.

Léger (Louis), de l'Institut. — *Le Monde slave*. Paris, 1897, un volume in-12.

Leroy-Beaulieu (Anatole), de l'Institut. — *L'Empire des tsars et les Russes*. Paris, 1897, trois beaux volumes in-8.

Ligne (Prince de). — *Œuvres*. Paris, 1860, quatre volumes in-12.

Masson. — *Mémoires secrets sur la Russie pendant les règnes de Catherine II et de Paul Ier*. Paris, 1863, un volume in-12.

— *Mémoires secrets sur la Russie et particulièrement sur la fin du règne de Catherine II et sur celui de Paul Ier*. Londres, 1802, quatre volumes in-8.

Métra. — *Correspondance secrète* (dix-huitième siècle), Paris, dix-huit volumes in-12.

Morane (Pierre). — *Paul Ier de Russie avant l'avènement (1754-1796)*. Paris, 1908, un beau volume in-8.

Morellet (l'abbé). — *Mémoires sur le dix-huitième siècle et la Révolution française*. Paris, 1822, deux volumes in-8.

Moriolles (Comte de). — *Mémoires du comte de Moriolles. (L'Émigration. La Pologne et la cour du grand-duc Constantin) (1789-1833)*. Paris, 1902, un volume in-8.

Nesselrode (Comte A. de). — *Lettres et papiers du chancelier comte de Nesselrode*. Paris, 1902-1906, quatre volumes in-8.

Nicolas Mikhaïlovitch (Le grand-duc). — *Le comte Paul Stroganof*, d'après des documents inédits. Paris, 1905, trois beaux volumes in-4.

— *Les Relations diplomatiques de la Russie et de la France, d'après les rapports des ambassadeurs d'Alexandre et de Napoléon (1808-1812)*. Paris, 1907, quatre beaux volumes in-4.

Perey (Lucien) et Maugras (Gaston). — *Correspondance de l'abbé Galiani*. Paris, 1881, deux volumes in-8.

Pingaud (Léonce), de l'Institut. — *Les Français en Russie et les Russes en France*. Paris, 1886, un beau volume in-8.

— *Un Agent secret sous la Révolution et l'Empire : Le comte d'Entraigues*. Paris, 1893, un volume in-8.

Pipyne (Alexandre). — *Le Théâtre de l'impératrice Catherine II* (avec introduction par Alexandre Pipyne) [en russe]. Saint-Pétersbourg, 1901, quatre beaux volumes in-4.

Rambaud (Alfred), de l'Institut. — *Catherine II et ses correspondants français* (*Revue des Deux-Mondes* de janvier et février 1877).

— *Catherine II dans sa famille* (*Revue des Deux-Mondes* du 1er février 1874).

— *Catherine II et la Révolution française* (*Revue politique et littéraire* du 16 octobre 1880.

— *L'Opinion russe pendant la Révolution française* (*Revue politique et littéraire* du 14 septembre 1878).

— *Histoire de la Russie.* Paris, 1878, un volume in-12.

Rapports des officiers dits fourriers de la chambre et chevaliers de service, attachés à la personne du grand-duc Nicolas. (Recueil de la Société historique russe, tome XCVIII, avec introduction et notes de M. Doubrovine, un volume in-4, 1897).

Recueil de la Société impériale historique russe (contenant une foule de correspondances et de documents précieux, en russe et en français). Saint-Pétersbourg, cent-dix beaux volumes in-4.

Recueil des instructions données aux ambassadeurs et ministres de France en Russie (publié par Alfred Rambaud). Paris, 1890, deux volumes grand in-8.

Reinach (Joseph). — *Diderot.* (Collection des grands écrivains français). Paris 1894, un volume in-12.

Rostoptchine (comte P.). — *Lettres au comte Woronzof.* (Tome VIII des archives Woronzof).

Rulhière. — *Histoire ou anecdotes sur la révolution de Russie en 1762.* Paris, 1797, un volume in-8.

Sabatier de Cabre. — *Catherine II : Sa cour et la Russie en 1772.* Berlin, 1861, une brochure in-8.

Schérer (Edmond). — *Melchior Grimm (L'Homme de lettres. Le Factotum. Le Diplomate).* Paris, 1887, un volume in-8.

Ségur (Comte de). — *Mémoires.* Paris, 1827, trois volumes in-8.

Ségur (Marquis de), de l'Académie française. — *Julie de Lespinasse.* Paris, 1908, un volume in-8.

Shilder (Général de). — *Histoire anecdotique de Paul Ier* (tirée du russe par Dimitri de Beckendorff). Paris, 1899, un volume in-12.

Sorel (Albert), de l'Académie française. — *Essais d'histoire et de critique.* Paris, 1883, un volume in-12.

— *Nouveaux essais d'histoire et de critique.* Paris 1898, un volume in-12.

— *L'Europe et la Révolution française.* Paris, huit beaux volumes in-8.

Soulavie (J. L.). — *Mémoires historiques et politiques du règne de Louis XVI, depuis son mariage jusqu'à sa mort.* Paris, 1801, six volumes in-8.

Tatistcheff (Serge). — *Alexandre Ier et Napoléon* (d'après leur correspondance inédite) (1801-1812). Paris, 1891, un volume in-8.

Thouvenel (L.), — *Nicolas Ier et Napoléon III.* Paris, 1891, un volume in-8.

Tourneux (Maurice). — *Les Manuscrits de Diderot conservés en Russie.* Paris, 1885, une brochure in-8.

— *Un Factum inconnu de Diderot.* Paris, 1901, une brochure in-8.

— *Diderot et Catherine II.* Paris, 1899, un beau volume in-8.

Tronchin (Henry). — *Le conseiller François Tronchin et ses amis Voltaire, Diderot, Grimm.* Paris, 1895, un volume in-8.

— *Théodore Tronchin* (1709-1781). Paris, 1906, un volume in-8.

Waliszewski (K.). — *Le Roman d'une impératrice : Catherine II de Russie.* Paris, 1893, un beau volume in-8.

— *Autour d'un trône : Catherine II.* Paris, 1894, un beau volume in-8.

— *La Dernière des Romanov : Élisabeth de Russie.* Paris, 1902, un beau volume in-8.

Vandal (Albert), de l'Académie française. — *Elisabeth de de Russie.* Paris, 1882, un beau volume in-8.

— *Napoléon et Alexandre Ier.* Paris, 1896, trois beaux volumes in-8.

Vassiltchikof (Alexandre). — *Les Razoumowski* (Édition française par le professeur Alexandre Brückner). Halle, 1893, cinq beaux volumes in-8.

Vigée-Lebrun (Mme). — *Souvenirs.* Paris, deux volumes in-12.

LA FRANCE ET LA RUSSIE

AU XVIIIe SIÈCLE

CATHERINE II ET D'ALEMBERT

D'APRÈS DE NOUVEAUX DOCUMENTS

Les réflexions et la lecture avaient été le passe-
temps de Catherine II pendant les longues et pénibles années de son apprentissage de grande-duchesse
héritière.

Du siècle de Louis XIV elle ne connaissait pas
seulement les faits militaires et politiques ; elle
avait appris surtout et retenu que c'était grâce à
sa protection accordée aux lettres et aux arts que
Louis XIV avait conquis le titre de grand roi et
donné son nom à son siècle. Elle savait enfin quelle
influence et quel prestige toujours grandissants
exerçaient les écrivains français dans toute l'Europe
civilisée. L'exemple de Frédéric II était aussi de
nature à lui faire toucher du doigt le puissant intérêt qu'a un souverain à compter avec les maîtres
de la littérature, porte-voix de la renommée des

peuples et des rois. Elle conçut, assure-t-on, le projet de régner *seule* en Russie. Conçut-elle également celui de jouer le rôle d'un Louis XIV ? Elle forma, du moins, le dessein de se modeler sur Frédéric II. Pour cela, dès son avènement au trône, elle s'efforça d'entrer en relations avec les philosophes, et elle se mit en frais avec eux. Elle fut plus heureuse que le grand Frédéric. Voltaire et d'Alembert furent les seules étoiles de première grandeur que le roi de Prusse réussit à attirer. On connaît sa brouille avec Voltaire. D'Alembert seul lui demeura fidèle. Saint-Pétersbourg eut de plus puissants attraits que Potsdam. Catherine II reçut Diderot, Grimm, Falconet et d'autres écrivains ou artistes. Elle fut en correspondance avec eux et avec une foule d'autres grands esprits, parmi lesquels, au premier rang, Voltaire et d'Alembert.

Ce fut dès les premiers mois de son règne que Catherine fit offrir à d'Alembert de se rendre à Pétersbourg pour y diriger l'éducation du grand-duc héritier Paul. On sait que d'Alembert refusa. La souveraine, contrariée de ce refus, écrivit elle-même au philosophe, espérant le faire revenir sur sa détermination. C'est cette lettre fameuse du 13 novembre 1762 que l'Académie française, flattée des offres faites à l'un de ses membres les plus éminents, décida d'enregistrer dans ses procès-verbaux.

Les relations de Catherine II et de d'Alembert sont donc connues depuis longtemps. On sait éga-

lement que quelques années plus tard, d'Alembert
écrivit à l'impératrice de Russie pour lui demander
la mise en liberté de huit officiers français que ses
armées avaient fait prisonniers au siège de Cracovie.
Catherine II, assez mal disposée pour la France,
s'en tira par des promesses, qui ne l'engageaient à
rien, et ne tint aucun compte de l'intervention du
grand philosophe. Mais des rapports de Catherine II
avec d'Alembert il n'est que ces deux incidents qui
aient été mis en relief.

Aujourd'hui, après la publication dans les tomes X
et XIII du *Recueil de la Société impériale historique
de Russie,* des lettres que Catherine et d'Alembert
échangèrent, il est possible de reconstituer ce que
furent ces relations et d'en indiquer quelques dessous. Nous y serons aidé aussi par la correspondance de l'Impératrice avec les autres philosophes,
éparse dans les nombreux volumes de ce précieux
Recueil, ainsi que par une foule d'autres publications et documents.

Les relations entre Catherine II et d'Alembert
s'ouvrirent par un refus : celui du philosophe de se
rendre en Russie ; et elles cessèrent après un autre
refus : celui de la Tsarine de rendre à la France les
officiers auxquels le philosophe s'était intéressé.
Bien qu'il n'y ait aucun rapport entre ces deux
refus, il est curieux de les relever, l'un à l'origine,
l'autre à la fin de cette liaison épistolaire.

Les lettres échangées entre Catherine et d'Alembert ne sont pas nombreuses. Elles se réduisent à

une douzaine de la part de chacun des correspondants. La première est de 1762, les dernières de 1772. Elles sont donc toutes de la première période du règne de la grande souveraine. Cette correspondance, d'ailleurs, malgré la finesse des idées et l'agrément du style, ne saurait être rapprochée de celles que Catherine entretint avec Grimm, avec Voltaire, avec Diderot, avec Falconet, et dont nous connaissons l'importance.

L'Impératrice pardonna-t-elle à d'Alembert son refus de se charger de l'éducation du grand-duc? En apparence, oui; mais rien qu'en apparence. Il en résulta dans leurs relations une gêne qui ne se dissipa jamais. Et cette gêne, sensible dans les lettres de d'Alembert, l'est plus encore peut-être dans celles de la souveraine. Mais, tandis que le philosophe se confond en excuses et en compliments, Catherine se tient sur la réserve et, à l'opposé de ce qu'elle fait avec quelques-uns de ses illustres correspondants, elle lui communique peu de chose de ses projets ou de ses travaux et ne lui livre pas le fond de son âme.

Il est à remarquer que, si les relations de d'Alembert et de Catherine débutèrent par une lettre de celle-ci, c'est le philosophe qui sollicita la faveur de converser de temps en temps avec elle; et tandis que l'Impératrice entretint la plupart de ses correspondances avec une assiduité et un zèle vraiment merveilleux, elle s'inquiéta peu de d'Alembert, se contentant de répondre à ses lettres, à ses envois

d'ouvrages, et lui mesurant les distinctions et les
faveurs. Elle lui répond par de courts billets qui
font contraste avec les longues « pancartes » que
reçoivent Grimm, Diderot ou Voltaire. Et aussitôt
que d'Alembert interrompt sa correspondance, la
Tsarine se garde bien de la reprendre ! Enfin, le langage de Catherine à l'égard de d'Alembert manque
de cette prévenance, de cette cordialité, de cette
intimité que l'on a plaisir à rencontrer dans ses
relations avec quelques autres de ses amis littéraires. Grimm et Diderot avaient, il est vrai, sur
d'Alembert, l'avantage d'avoir fait le voyage de
Saint-Pétersbourg et de s'être longuement entre-
tenus avec la souveraine. Il s'en faut, aussi, que
celle-ci considère d'Alembert avec le même esprit
de confiance et de bienveillance.

Néanmoins, bien que les deux correspondants
ne s'abandonnent pas toujours à leurs sentiments
intimes et vrais, il est facile d'en déduire quelques
renseignements sur le caractère et la tournure d'esprit de la grande tsarine ; et quant à d'Alembert,
il est curieux de voir comment il se tira de son rôle
d'épistolier-courtisan. Ses lettres confirment le
jugement de l'histoire. Elles ne nous le montrent
guère différent de ce que nous le connaissions ;
mais elles sont des indices positifs sur son caractère
que nous savons indépendant, froid et intègre. Nous
pourrons dire avec M. Alfred Rambaud, dans la trop
courte étude qu'il a consacrée à la correspondance
de Catherine II : « Les lettres de d'Alembert ont

souvent quelque chose d'affecté, de solennel, de pédantesque. Il démontre, il déclame, il multiplie les formules de respect. D'Alembert, le plus indépendant peut-être des philosophes du dix-huitième siècle, a l'air d'un courtisan, mais d'un courtisan guindé et malhabile. Rien ne montre mieux combien il avait peu l'habitude du métier. » M. Charles Henry, qui en 1887 a publié un ouvrage : *Œuvres et correspondances inédites de d'Alembert,* dans lequel il a donné la majeure partie des lettres de Catherine II et du grand philosophe, a pu reprocher à ce dernier un ton parfois emphatique.

Voilà qui permettrait de conclure que d'Alembert, qui, au dire de Grimm, était en 1763 de tous les philosophes celui qui avait le plus de réputation à Paris et à l'étranger, aurait été un détestable courtisan.

I

C'est d'Odar ([1]), conseiller de cour et bibliothécaire de Catherine II, qui demanda à d'Alembert, de la part de Panin, gouverneur du grand-duc héritier, de concourir à l'éducation du jeune prince. Il écrivit à d'Alembert le 2 septembre 1762, et lui fit valoir, non pas les avantages matériels, indignes d'un philosophe, qu'il en retirerait, mais la grandeur du rôle qu'on l'invitait à tenir, et l'étendue des services qu'il rendrait : « Je sais bien que les richesses et les honneurs ne sont pas ce qui détermine un philosophe, mais l'occasion de faire un bien si important ne peut que vous tenter, d'autant plus qu'elle est accompagnée du bonheur d'approcher une des princesses les plus accomplies. »

Il était naturel que d'Alembert consultât ses amis ; poussé par certains à accepter une offre aussi belle, et vivement engagé par d'autres à la rejeter, il fut

---

([1]) Le baron de Breteuil, ambassadeur de France à Saint-Pétersbourg, porte sur Odar, dans son *Mémoire sur la Russie* du 1er septembre 1763 (Archives du ministère des affaires étrangères, *Mémoires et documents,* tome IX), ce piquant jugement : « Le sieur Odar est un homme qui s'est toujours donné à moi comme chérissant la France de préférence à toutes les autres puissances. Il est Piémontais, homme d'esprit, mais je ne crois pas qu'on puisse connaître un plus avide et plus hardi coquin. Il n'y a que la légèreté et l'indiscrétion qu'il porte aussi loin que la friponnerie. Il importe, au reste, de le ménager, et avec quelque argent l'on en peut tirer parti. »

pris d'une cruelle hésitation. Sa réponse à d'Odar
est, néanmoins, claire et décisive. Il n'y a pas à s'y
tromper. Son refus n'est pas simulé. Il n'est pas
une manœuvre destinée à obtenir des avantages
plus considérables. Les raisons qu'il allègue sont
plausibles, et témoignent de sa modestie comme
de son peu d'ambition. « Je suis, dit-il, infiniment
flatté, comme je le dois, de la proposition que vous
voulez bien me faire au nom de M. de Panin à qui
je vous prie de faire agréer ma reconnaissance et
mon respect. Ce que vous me faites l'honneur de
me dire des qualités éminentes de votre auguste
Impératrice doit rendre précieux, à tout homme qui
pense, l'avantage de l'approcher et le bonheur de
mériter sa confiance dans une éducation qui lui est
si chère. Mais, monsieur, plus cette confiance m'ho-
norerait par les devoirs sacrés qu'elle impose, plus
elle m'effraie par l'incapacité que je me sens d'y
répondre. Quelques connaissances philosophiques
et littéraires acquises dans la retraite, peu d'usage
des hommes et encore moins des cours, peu de
lumières sur les matières épineuses du gouvernement dans lesquelles un prince doit être instruit,
tout cela, monsieur, est bien loin des talents nécessaires pour remplir dignement la place qu'on me
fait l'honneur de me proposer. Il y a trente ans que
je travaille uniquement et sans relâche, si je puis
parler de la sorte, à ma propre éducation, et il s'en
faut bien que je sois content de mon ouvrage. Jugez
du peu de succès que je devrais me promettre d'une

éducation infiniment plus importante, plus difficile et plus étendue. »

On ne saurait blâmer d'Alembert d'avoir opposé un si noble refus aux propositions qui lui étaient faites, et il est difficile d'admettre que sous sa plume cette modestie cache autre chose. D'Alembert était de ces solides esprits qui ne tirent pas vanité de leur valeur, ni de leur réputation. Certes, « sensible à la gloire et aux satisfactions de l'amour-propre », comme le dit Joseph Bertrand, mais « sans ostentation de vertu ». Il le pensait ainsi qu'il le disait. Il entrevoyait l'importance et les difficultés de l'œuvre qu'on lui réservait, et il craignait réellement de s'y montrer insuffisant.

D'Alembert ne s'en tenait pas, d'ailleurs, à ce motif. Il pensait bien que Panin, pénétré de l'étendue de ses connaissances, essaierait de le faire revenir sur son refus. Il fit donc valoir que sa fortune, bien que médiocre, était suffisante à ses désirs, et que sa santé, naturellement faible, ne pourrait pas supporter le climat rude de la Russie. « Enfin, monsieur, disait-il, c'est une des maximes de ma philosophie de ne point changer de situation quand on n'est pas tout à fait mal. Mais ce qui éloigne absolument de moi toute envie de me transplanter, c'est mon attachement pour un petit nombre d'amis à qui je suis cher, qui ne me le sont pas moins, et dont la société fait ma consolation et mon bonheur. Il n'y a, monsieur, ni honneurs ni richesses qui puissent tenir lieu d'un bien si précieux. » Dans le cercle d'amis auquel d'Alembert fait allusion, il faut mettre en première ligne Mlle de Lespinasse.

Il était difficile de répondre à des arguments si sages, si désintéressés, qui respiraient la franchise et l'honnêteté. D'Alembert en ajoutait encore un autre, qui, à ses yeux, était d'un grand poids : Frédéric II lui avait fait, dix ans auparavant, les offres les plus avantageuses, et depuis lors les avait renouvelées plusieurs fois. Il les avait toujours déclinées. Mais le roi-philosophe, son premier bienfaiteur, lui faisait depuis huit ans une pension qui lui avait été continuée pendant la guerre de Sept ans : « Je jouis de ses bienfaits sans avoir la consolation de lui être utile, et je me croirais indigne de l'opinion favorable que les étrangers veulent bien avoir de moi, si j'étais capable de faire pour quelque prince que ce fût ce que je n'ai pas eu le courage de faire pour lui. » Et l'on sait ce que le philosophe pensait du roi de Prusse : en 1763 il écrira à Mlle de Lespinasse (¹) : « Milord Maréchal a raison, c'est le premier des philosophes, et si vous pouviez le voir et l'entendre, vous concluriez que rien n'est plus vrai... Enfin, c'est un prince digne d'être aimé et respecté. »

Catherine II ne se tint pas pour battue ; elle voulut venir à bout de cette résistance.

D'ailleurs, Odar n'avait pas été seul à sonder

(¹) Lettres des 1er juillet et 18 août 1763, écrites pendant que d'Alembert se trouve auprès du roi de Prusse.

d'Alembert. Ses efforts s'étaient combinés avec d'autres : Catherine tenait extrêmement à attacher à son fils l'esprit froid et mathématique du grand philosophe qui faisait partie depuis 1754 de l'Académie française. Dans la crainte d'un refus, elle avait chargé le comte Schouvalof de lui écrire.

La lettre de Schouvalof est du 20 août 1762. Ce qui avait donné à l'Impératrice l'idée de son grand mérite, disait-il à d'Alembert, c'était « le fameux ouvrage de l'*Encyclopédie* » ; et comme l'*Encyclopédie* rencontrait en France des obstacles de toute sorte et les entraves du gouvernement, Catherine lui faisait dire que l'ouvrage pourrait être imprimé à Riga ou dans quelque autre ville de l'empire, et pourrait être achevé en Russie. « S'il vous faut un secours en argent pour subvenir aux frais qui naturellement doivent être considérables, vous n'avez qu'à parler. Enfin on sera charmé de vous prêter tous les secours que vous jugerez nécessaires pour achever un travail glorieux pour notre siècle et utile à tout le genre humain. »

De plus, Pictet, de Genève, que d'Alembert avait vu lors de sa visite à Voltaire, et qui se trouvait à Pétersbourg, lui avait écrit une longue lettre pour l'exhorter à accepter les propositions de l'Impératrice. Pictet n'avait pas été invité à faire cette démarche ; il ne la faisait que dans le but de s'attirer les faveurs de Catherine II ; mais à son avis ces offres étaient la plus grande marque d'estime qui pût être faite aux idées philosophiques dans la personne d'un

de leurs plus vaillants défenseurs, et il n'admettait
pas que d'Alembert pût se dérober à cet honneur :
« Si vous hésitez, il faut que la personne de notre
auguste souveraine, son caractère, son esprit, ses
talents, ne vous soient pas du tout connus. Je voudrais vous la peindre, monsieur, mais la tâche est
au-dessus de mes forces, et je ne connais que la
plume d'un Voltaire, d'un Diderot, d'un d'Alembert,
qui pût en parler dignement. » Ce n'est pas, malgré
son enthousiasme pour la Tsarine, que Pictet eût
rien abandonné de ses idées démocratiques : « Je suis
républicain ; j'ai sucé avec le lait les mœurs de mon
pays ; il y a trop peu de temps que je l'ai quitté
pour avoir changé de façon de penser. J'y suis atta-
ché par des liens presque indissolubles. » Mais
Pictet était sous le charme d'une souveraine qui se
laissait bercer par l'esprit philosophique, et qui, à
son avis, consacrait tous ses instants à rendre son
empire florissant et son peuple heureux. « Je sais,
disait-il, que mille liens vous attachent à Paris,
que vous y avez autant d'amis que de personnes
qui vous connaissent, que vous êtes au centre des
lettres, des arts, des talents ; mais un philosophe
est fait pour sentir qu'il se doit à l'instruction des
hommes. Quelle ne sera pas la satisfaction dont
vous jouirez, lorsque vous verrez vos principes de
philosophie et de morale devenir ceux de ce jeune
prince, et, en assurant son bonheur et sa gloire,
assurer aussi la félicité de tant de millions de vos
semblables ! Parlerai-je de l'*Encyclopédie,* de ce

livre cher et précieux à tous ceux qui pensent, dont le bigotisme et l'hypocrisie ont arrêté l'impression? tache à jamais honteuse pour la France ! Vous devez à la république des lettres de l'achever, et comment pourriez-vous trouver une occasion plus favorable que la protection que l'Impératrice lui accorde ? » Et Pictet joue d'un dernier argument : De l'avis de Catherine II, d'Alembert est trop philosophe pour que la fortune puisse le tenter et l'attirer ; c'est son amour pour l'humanité et les sciences, a-t-elle dit un jour, qui le décidera. Pictet répète le propos, et le souligne : « C'est ce mot que Sa Majesté m'a fait l'honneur de m'adresser, qui m'a mis la plume à la main ; il m'a fait tant d'impression, il peint si bien ses sentiments, que j'ai voulu vous le communiquer. »

Ainsi que nous l'avons dit, d'Alembert répondit à d'Odar qu'il ne se sentait pas la capacité de concourir à l'instruction du grand-duc de Russie.

C'est alors, au mois de novembre 1762, que pour vaincre cette résistance, Catherine se décida à écrire elle-même au philosophe. Elle fit passer sa lettre par l'intermédiaire de Panin.

Nous connaissons de l'Impératrice une foule de lettres où, à côté d'un jugement sain, le pittoresque du style le dispute parfois à une éloquence émue. Celle-ci, qui est une des plus connues, ne saurait être classée parmi les meilleures. En 1762, Catherine II est déjà familiarisée avec notre langue ; elle la parle couramment, s'y exprime avec une grande clarté, et en entend déjà les plus fines nuances. Mais elle commet encore des incorrections et des fautes d'orthographe que l'on ne retrouvera guère dix ou douze ans plus tard. « Philosophe comme vous êtes, je comprends qu'il ne vous coûte rien de mépriser ce qu'on appelle grandeurs et honneurs dans ce monde ; à vos yeux tout cela est peu de chose et aisément je me range de votre avis. Mais être né ou appelé pour contribuer au bonheur et même à l'instruction d'un peuple entier, et y renoncer, me semble, c'est refuser de faire le bien que vous avez à cœur. Votre philosophie est fondée sur l'humanité ; permettez-moi de vous dire que de ne point se prêter à la servir tandis qu'on le peut, c'est manquer son but. Je vous sais trop honnête homme pour attribuer vos refus à la vanité ; je sais que la cause n'en est que l'amour du repos pour cultiver les lettres et l'amitié, mais à quoi tient-il ? Venez avec tous vos amis, je vous promets à eux aussi tous les agréments et aisances qui peuvent dépendre de moi et peut-être vous trouverez plus de liberté et de repos que chez vous ; vous ne vous prêtez point aux instances du roi de Prusse et à la reconnaissance que vous lui avez ; mais ce prince n'a pas de fils. »

La souveraine faisait les choses largement. Elle promettait l'accueil le plus bienveillant non seulement à d'Alembert, mais encore à tous les amis dont il ne voulait pas se séparer. Catherine avait pensé qu'en mettant le philosophe dans l'obligation de lui répondre directement, elle briserait sa résistance ; à ses yeux il ne pouvait qu'accéder à des désirs si manifestement exprimés, et il s'empresserait de faire sa cour à une grande impératrice.

Il n'en fut rien. D'Alembert ne se laissa pas convaincre. Sa réponse à la Tsarine est ferme, digne, complimenteuse dans une juste mesure. Il se sent pénétré « de la plus vive reconnaissance », mais en même temps « de la plus vive douleur de ne pouvoir répondre aux bontés » d'une princesse « éclairée, courageuse et philosophe (phénomène si rare sur le trône !) ». Et il réédite les raisons qui le décident à décliner l'honneur qu'on lui veut faire : « Je ne suis nullement en état, par le genre d'études que j'ai faites, de donner à un jeune prince destiné au gouvernement d'un grand empire les connaissances nécessaires pour régner ; je ne pourrais tout au plus que le former par les faibles leçons aux vertus dont Votre Majesté Impériale lui donne bien mieux les exemples. Ma santé, d'ailleurs, ne pourrait résister au climat rigoureux de la Russie, et me rendrait incapable du grand ouvrage auquel Sa Majesté Impériale me fait l'honneur de m'appeler. Enfin, madame, le petit nombre d'amis que j'ai l'honneur d'avoir, aussi obscurs et aussi sédentaires que moi, ne pourraient ni consentir à notre séparation, ni se résoudre à abandonner avec moi une patrie dont ils ne sont pas mieux traités. » Et d'Alembert termine sa lettre : « Je conserverai précieusement toute ma vie la glorieuse marque que Votre Majesté Impériale vient de me donner de ses bontés et de son estime, mais l'honneur qu'elle me fait est si grand, il suffit tellement à mon bonheur, que je ne songerai même pas à m'en glorifier. »

Catherine II, malgré ce nouvel échec, fit encore une tentative. Elle s'avisa que peut-être d'Alembert n'était pas insensible aux hommages matériels et solides. Elle lui fit offrir par son ambassadeur Soltikof un revenu annuel de 100 000 livres, un hôtel à Pétersbourg avec toutes les immunités attachées aux ambassadeurs, sans compter une infinité d'autres agréments. Elle lui fit même entendre que si c'était le scrupule de déplaire à son bienfaiteur, le roi de Prusse, qui l'arrêtait, elle prierait elle-même ce monarque de l'engager à se rendre à Pétersbourg.

Grimm, relatant dans sa correspondance générale les avantages offerts à d'Alembert, ajoute : « On ne saurait pousser plus loin la passion des philosophes. »

Et d'Alembert ne dut pas subir seulement ce nouvel assaut d'une grande souveraine ; il fut aux prises avec ses amis, les uns l'engageant à accepter des avantages aussi précieux, les autres cherchant à le détourner d'un honneur aussi périlleux.

Le président Hénault, par exemple, lui écrit que sa réputation lui crée des ennemis et des envieux : « Il faut donc songer à vous défendre, et voilà une protection bien puissante qui s'offre ; gardez-vous bien de la refuser. Indépendamment des avantages pécuniaires, le plus grand de tous est de se garantir et de s'assurer des jours tranquilles... Ce choix est illustre et vous met hors de pair. Il vous met à l'abri des méchants. C'est le conseil de votre véritable ami, et ce n'est pas une option ; c'est un parti forcé ! Vous reviendrez dans votre pays sur un autre pied que vous n'en êtes sorti, décoré de la confiance d'une impératrice et hors de portée des traits impuissants de la canaille littéraire. »

Au contraire, l'abbé de Canaye, de l'Académie des inscriptions, un fidèle ami auquel d'Alembert a dédié son *Essai sur les gens de lettres,* lui recommande d'avoir la sagesse et l'héroïsme de résister. Une situation de 100 000 livres de rentes, avec un rang brillant, l'estime et la confiance d'une grande impératrice, et la satisfaction ainsi que la gloire de donner au plus vaste empire du monde un souverain digne de commander, sont des avantages de nature à « ébranler l'âme la plus forte ». L'abbé de Canaye en convient. Mais il met son ami en garde contre le peu de solidité des gouvernements de la Russie, « le pays du monde le plus en proie aux révolutions » ; de plus, ajoute-t-il, les ennemis de d'Alembert répéteront qu'il a résisté aux propositions de Catherine II tandis qu'elle a parlé de philosophie et d'humanité, mais qu'il a cédé devant des offres « qui n'ont jamais triomphé que des âmes vaines et intéressées ». On ne manquera pas d'insinuer, dit-il, qu'après avoir fait valoir les rigueurs du climat, d'Alembert a cédé devant 100 000 francs de revenus.

Nous savons ce que d'Alembert pensait de la

« canaille littéraire ». Il estimait que la multiplication des journaux était déjà un dommage et une plaie pour les lettres. Malgré la « canaille littéraire », son parti était pris ; les arguments de ceux qui l'engageaient à décliner l'invitation de la Tsarine l'emportèrent sur son esprit indécis. Il préféra la haine, les critiques et les intrigues de ses adversaires, sur le sol de la patrie, à toutes les satisfactions pécuniaires et d'amour-propre qui lui étaient offertes en pays étranger. De la sorte, d'Alembert ne quitta pas Mlle de Lespinasse.

Mais, — et cela se conçoit, — d'Alembert fut pris de quelques hésitations, car il s'excuse auprès de l'ambassadeur Soltikof d'avoir longuement réfléchi sur les « offres prodigieuses » qui lui étaient faites, et d'avoir mis un grand retard à faire connaître sa détermination. « Mais ma réponse est la même que celle que j'ai eu l'honneur de faire connaître à Sa Majesté Impériale. Je conserverai toute ma vie la plus profonde reconnaissance des bontés dont elle m'accable et le plus vif regret de n'en pouvoir profiter. » Et Grimm écrira : « Rien n'a pu déterminer M. d'Alembert à consacrer six ou huit ans de sa vie à l'éducation du grand-duc. »

Après cet exposé des démarches qui furent faites auprès de d'Alembert et des réponses qu'il y fit, n'est-il pas permis de prendre pour une boutade ce que le grave géomètre, faisant allusion à l'hémorroïdale explication que Catherine II avait donnée de la mort de Pierre III, écrivait crûment à Voltaire :

« Savez-vous qu'on m'a proposé, à moi qui n'ai pas l'honneur d'être jésuite, l'éducation du grand-duc de Russie ? Mais je suis trop sujet aux hémorroïdes ; elles sont trop sérieuses en ce pays-là, et je veux avoir mal au derrière en toute sécurité. » Au fait, n'est-il pas superflu d'aller chercher si loin une explication toute naturelle à son refus ? Sait-on ce que d'Alembert répondit à Beccaria qui, en 1767, le consulta amicalement sur l'offre de la Tsarine de venir s'établir à Pétersbourg ? « Mon ami, vous êtes bien, et le plus grand ennemi du bien, c'est le mieux. » Beccaria remercia du conseil et resta où il était. Pourquoi d'Alembert ne se serait-il pas appliqué à lui-même cette sage formule ?

D'Alembert échappait à Catherine II. Pour son premier essai auprès des philosophes, l'impératrice de Russie avait la main malheureuse. Cela ne l'empêcha pas d'entrer bientôt en relations avec Voltaire et avec Mme Geoffrin, et elle eut l'esprit et le bon goût de ne pas trop se plaindre de d'Alembert. Plus d'une fois, au contraire, elle louera son talent et se complaira à faire valoir ses mérites.

Elle ne se consola pas, néanmoins, de cet échec. Il est donc naturel que les relations qui suivirent entre la Tsarine et d'Alembert aient été empreintes d'une certaine gêne. Dans les marques de respect et les compliments de d'Alembert se retrouve quelque peu la préoccupation constante de se faire pardonner son refus ; et l'estime que Catherine témoigne au philosophe couvre imparfaitement son dépit.

« Le désintéressement de d'Alembert, fait justement remarquer Joseph Bertrand, fut admiré à Saint-Pétersbourg comme à Paris. Catherine eut comme Frédéric l'ambition de l'avoir pour ami [1]. » Cela est juste. Mais M. Bertrand ajoute : « La correspondance entre Catherine et d'Alembert ne fut plus interrompue. » Ce point n'est pas tout à fait exact. La correspondance du philosophe et de la souveraine ne dura pas longtemps, et elle cessa aussitôt que d'Alembert l'interrompit. Il est juste d'ajouter qu'elle ne fut pas banale, certes, mais que le langage de Catherine manque de ce laisser-aller, de cet abandon et de ce piquant que nous aimons tant chez elle.

------

[1] *D'Alembert*, par Joseph BERTRAND, de l'Académie française. (Un vol. de la *Collection des grands écrivains français*, libr. Hachette.)

II

L'insistance que l'Impératrice avait mise à attirer d'Alembert à Pétersbourg prouve l'importance
qu'elle y attachait, et la blessure qu'elle ressentit
de son refus. Après un tel échec, ce n'était pas à
elle à poursuivre des relations qui avaient si mal
débuté. D'Alembert s'était contenté de répondre par
un court billet à l'ambassadeur Soltikof; il comprit
qu'il devait une lettre à la souveraine qui faisait un
tel cas de ses talents. Une nouvelle édition de ses
Mélanges de littérature et de philosophie et de ses
Éléments de musique venait de paraître. Il en profita pour l'offrir à l'impératrice de Russie.

Il lui était difficile de ne pas dire un mot des
bontés de la Tsarine. Il le fit avec tact et réserve.
« Que je me croirais heureux si une seule page de
ces cinq volumes pouvait être utile à l'éducation
précieuse que la faiblesse de mes talents et ma
situation ne m'ont pas permis d'entreprendre! Mais,
Madame, un prince qui a le bonheur d'avoir une
mère telle que vous n'a besoin ni d'instituteurs ni
de livres. Votre Majesté Impériale, depuis la lettre
qu'elle m'a fait l'honneur de m'écrire, vient encore
de mettre le comble à ses bontés en me faisant offrir
par son ambassadeur la fortune la plus immense et
les distinctions les plus flatteuses. Mais, Madame,
si quelque chose avait pu me déterminer à quitter

la France et mes amis pour me charger d'un travail supérieur à mes forces, la lettre de Sa Majesté Impériale eût été pour moi le plus puissant de tous les motifs : ceux de l'intérêt et de la vanité sont bien faibles en comparaison. » D'Alembert avait à cœur de se disculper d'avoir jamais songé aux profits matériels de la mission que l'Impératrice avait voulu lui confier. Et c'était vrai. On sait que le philosophe était d'un réel désintéressement. Frédéric lui avait offert, quelques années auparavant (1751), la survivance au fauteuil présidentiel de l'Académie des sciences de Berlin, qui allait être vacant, et en plus 12 000 livres de pension, un logement au château de Potsdam, la table à la cour, etc. Et d'Alembert n'avait accepté qu'en 1754 une pension de 1 200 livres que le roi de Prusse avait voulu lui faire. Il est permis d'affirmer que le philosophe ne fut pas plus ébloui par les offres magnifiques de Catherine que par celles de Frédéric. Tout au plus avait-il eu un court moment d'hésitation.

C'est dans cette épître que d'Alembert annonce à la Tsarine la résolution prise par l'Académie française d'insérer sa lettre dans ses registres, « comme un monument précieux de la faveur distinguée qu'une des plus grandes princesses de l'univers daigne accorder aux Lettres ».

Il faut croire que d'Alembert n'était pas fâché d'entretenir une correspondance avec l'Impératrice ; en effet, prétextant des occupations d'un souverain qui interdisent à un philosophe de l'importuner, il semble prendre congé d'elle et exprime le regret de se trouver désormais obligé de lui offrir en secret son admiration et ses hommages. D'Alembert espérait sans doute que la Tsarine, relevant l'insinuation, lui dirait qu'elle aurait plaisir à correspondre avec lui. Si le philosophe nourrit cette pensée, il ne se trompa pas. Catherine n'était pas femme à omettre de remercier d'Alembert de son envoi. D'ailleurs, en 1763, Catherine avait grand besoin de l'appui des philosophes, d'où le soin qu'elle mit à les flatter et à les attirer. Elle y gagna une réputation exagérée de libéralisme qui lui a survécu.

La réponse de Catherine à d'Alembert est du 18 avril 1763. Elle est curieuse et mérite qu'on s'y arrête. Ce n'est pas surtout pour ce que la Tsarine lui dit de ses écrits : « Je ne les ai point regardés avec indulgence ; je leur ai rendu justice. J'y ai trouvé la grandeur du génie ornée de la bonté du cœur, et employées l'une et l'autre à instruire le genre humain, que vous aimez *malgré le refus dont vous vous glorifiez*. » Mais Catherine y témoigne son étonnement que sa lettre précédente ait été enregistrée par l'Académie française ; et sa joie se traduit par cette saillie : « Il me semble que votre Académie a fait par là une injure aux autres souverains du dix-huitième siècle. » Catherine, comme on pense, n'était pas fâchée de se distinguer des « autres souverains » ! Cette lettre est curieuse aussi parce que Catherine n'y voile pas son dépit du refus de d'Alembert de diriger l'éducation du grand-duc

héritier : « Permettez que je vous dise que l'on vous
reprochera toujours de n'avoir pas fait à l'humanité
le plus grand bien possible qui était en votre pouvoir. » Dans les lettres qui suivront, l'Impératrice
ne jugera pas moins sévèrement, et avec une insistance qui ne se dément jamais, le refus du philosophe.

Malgré cet incident, Catherine ne demande pas
mieux que de recevoir des lettres de d'Alembert,
et elle le lui dit d'une façon très nette, ainsi que
l'estime qu'elle a de ses ouvrages : « Mes occupations, quelque pénibles qu'elles soient, ne m'empê-
cheront point de lire vos ouvrages ni encore moins
vos lettres. Si votre philosophie avait de la condes-
cendance, vous me feriez plaisir de me donner quelquefois des moments perdus et d'être persuadé qu'il
y en a peu qui ont plus d'estime pour tout ce qui
sort de votre plume que moi. »

Et ce n'était pas là une vaine formule de poli-
tesse. Catherine II était sincère ; en 1763 elle faisait
grand cas du talent de d'Alembert ; et il n'y a pas
que ses efforts pour se l'attacher qui le prouvent.
Mais le refus qu'elle a ressenti la rend sobre d'é-
loges. Dans sa correspondance avec Grimm, elle ne
s'étendra pas sur d'Alembert, et son nom ne revien-
dra que fort rarement sous sa plume. Et quand il
mourut, en 1783, elle ne dira même pas ce que per-
dent la science et la philosophie ; elle se bornera à
rappeler les causes de leur différend. Voilà plus qu'il
n'en faut pour marquer combien Catherine oublia

peu le refus du philosophe. Si celui-ci s'était rendu à Pétersbourg et y avait réussi dans sa délicate mission, il n'y a pas à douter, en effet, que son décès n'eût été de la part de la Tsarine un prétexte à de longs commentaires et à des regrets répétés. Quoi qu'il en soit, il n'est pas permis de mettre en doute la sincérité des jugements que la Tsarine portait en 1763 sur le philosophe. Celui-ci, mis en lumière par le fameux *Discours préliminaire* de l'*Encyclopédie*, dont il avait été le principal rédacteur, était surtout l'auteur des *Mélanges de littérature et de philosophie* et des *Éléments de musique ;* de plus, outre de nombreuses notices académiques, il avait déjà écrit dans l'*Encyclopédie* son article sur *Genève* qui avait soulevé les protestations véhémentes du consistoire et de l'Église de cette ville, ainsi que celles de la Sorbonne, et qui avait achevé de le rendre célèbre. Enfin, les attaques dont il avait été l'objet en France n'avaient pas peu contribué à sa renommée. La Tsarine était la première à célébrer le mérite et l'âme élevée du grand écrivain.

C'est dans l'été de 1763 que d'Alembert se rencontra avec Frédéric II. La guerre de Sept ans, qui élevait la monarchie prussienne au rang de grande puissance, venait de prendre fin. D'Alembert avait aussitôt envoyé à Frédéric des compliments sur la conclusion de la paix : « Puissiez-vous, Sire, jouir longtemps de cette paix et de cette gloire si justement acquises. » Frédéric y avait répondu en donnant rendez-vous au philosophe dans le pays de

Clèves. D'Alembert connaissait déjà le roi de Prusse. Il le rejoignit à Gueldre, et l'accompagna jusqu'à Potsdam ; il passa quelques mois avec « le grand homme », ainsi qu'il l'appelle, et se déclara enchanté de son séjour en Allemagne. « On ne saurait avoir, écrit-il le 20 juillet 1763 à Mˡˡᵉ de Lespinasse, l'esprit plus droit et le goût plus juste que l'a ce prince. » Et un autre jour : « Le roy est toujours aussi digne d'attachement et de respect par la simplicité de sa conversation et de sa personne. » D'Alembert reçut les compliments du roi de Prusse pour avoir décliné les propositions de la Tsarine, et à ce propos Frédéric lui tint « les discours les plus obligeants et les plus pleins de bonté ». Et quelques jours avant son retour en France, d'Alembert écrira à son amie : « Vous ne sauriez croire l'effet que ce refus d'aller en Russie a fait à mon avantage. » En quittant Potsdam, en septembre 1763, le voyageur s'arrêta à Gotha pour y faire sa cour à la duchesse de Saxe-Gotha. Nous savons, par la correspondance de Grimm avec cette princesse, que d'Alembert éprouva un vif regret de ne pas la rencontrer. C'est à cette princesse que, deux mois plus tard, Grimm fera passer une copie de la lettre que d'Alembert avait reçue de l'Impératrice de Russie.

Pendant son séjour auprès du roi de Prusse, d'Alembert s'abstint d'écrire à Catherine II. Il lui avait dit précédemment que si Pétersbourg était moins éloigné de Paris, il s'empresserait d'aller se prosterner aux pieds de la grande souveraine qui

avait songé à faire sa fortune et à consacrer sa renommée. Est-ce parce qu'il n'avait pas été formellement invité à rendre visite ? Est-ce parce qu'il
redoutait les fatigues du voyage, ou plutôt parce
qu'il craignait de se trouver en présence de Catherine II ? Toujours est-il que d'Alembert n'arriva pas
en Russie ; et la Tsarine ne lui en marqua aucun
déplaisir.

Mais, peu de temps après son retour d'Allemagne,
il adressa à la Tsarine une lettre (¹) dont certains
passages méritent d'être cités. Catherine l'avait
accusé de s'être « glorifié » de ce qu'elle appelle
son *refus*. Il se défend de cette accusation : « Ma
philosophie et ma vanité même seraient plus flat-
tées de contribuer au bonheur d'un grand peuple
que de m'en défendre. » C'est dans cette lettre qu'il
ajoutera : « S'il n'eût été question que de faire du
prince qui vous intéresse un assez bon géomètre,
un passable littérateur, peut-être même un médiocre
philosophe, je n'aurais pas désespéré d'y réussir ;
mais il y a loin d'un géomètre, d'un littérateur,
d'un philosophe même, à un grand roi ; et personne,
Madame, ne le sait et ne le prouve mieux que vous. »
Il défend aussi l'Académie française d'avoir voulu
faire injure aux souverains qui n'écrivent pas de
lettres comme celle de la Tsarine : l'Académie res-
pecte tous les princes, et elle en estime quelques-
uns. « La lettre de l'impératrice de Russie, conser-

(¹) Lettre du 15 octobre 1763.

vée dans les archives de l'Académie, dit-il, servira d'encouragement à ceux qui cultivent la littérature et sera une consolation pour ceux qui aiment la philosophie en butte aux persécutions. »

Nul mieux que d'Alembert ne savait à quoi s'en tenir sur les attaques et les intrigues des ennemis de la philosophie et de la pensée libre. Aussi ne se cache-t-il pas à Catherine du peu de cas qu'il fait de ses adversaires : « Nos prêtres, aussi dangereux en France qu'ils le sont ailleurs, également ennemis de la cour, des parlements et des philosophes, et n'osant attaquer la cour et le parlement, écrivent contre les philosophes pour se dédommager. Ils ressemblent à cet homme ivre sur lequel il était tombé quelques tuiles du haut d'une maison, et qui, pour se venger, jetait des pierres au premier étage, ne pouvant, disait-il, les jeter plus haut. » D'Alembert a contracté avec le roi de Prusse l'habitude de converser de toute chose : les lettres, la philosophie, la religion font surtout l'objet de leurs entretiens. Frédéric aime le parler simple et a banni de sa correspondance l'étiquette royale ; il n'oublie pas qu'il est roi, mais il a permis à d'Alembert de l'oublier. Il a abondé dans le sens des philosophes, a encouragé leur zèle, et s'est fait ennemi du fanatisme, à leur suite et plus qu'ils ne le sont euxmêmes. Catherine n'a pas voulu rester en arrière et a déclaré partager ces idées. Il n'est donc pas surprenant que d'Alembert se laisse aller à dire à la Tsarine ce qu'il pense de la religion et de ceux qui la compromettent. Dans les lettres qui suivront, nous le verrons revenir sur ce sujet, et mettre autant d'empressement à maudire ceux qui le pourchassent qu'à proclamer les maximes de liberté les plus pures et les plus justes.

D'Alembert dit aussi à Catherine qu'il vient de passer quelques mois auprès du roi-philosophe, qui l'a comblé de bontés. Il ajoute que le roi de Prusse a bien voulu examiner ses *Éléments de philosophie* et lui a conseillé de leur donner plus d'étendue. Il sollicite de la Tsarine la même faveur; il la prie donc de vouloir bien lui indiquer ce qui manque à son ouvrage : « Le public et l'auteur y gagneraient également, et ce n'est point, Madame, à votre rang, c'est à votre personne que je demande cette grâce. » Catherine se déroba à la prière de d'Alembert, et montra même peu d'empressement à lui répondre.

Le philosophe a promis à la Tsarine de ne l'importuner de ses lettres qu'avec « la réserve et la discrétion convenables », se contentant de lui rappeler de loin en loin quel intérêt il prend à sa gloire et au bonheur de son peuple; cependant, au bout de cinq mois d'attente, le 20 mars 1764, d'Alembert écrit une nouvelle lettre à la souveraine; il s'en excuse, mais il craint que la précédente n'ait été égarée. Après avoir loué la Tsarine des bienfaits dont elle a déjà doté son pays, de la sagesse de son gouvernement, de la considération et de la sympathie qu'elle a pour les lettres, « enfin de l'esprit de tolérance qui l'anime, et dont les États vont retirer de si grands avantages », il s'écrie que la lumière vient désormais du Nord, et que la superstition n'a qu'à se bien tenir. A ce sujet, il se félicite que la France ait chassé les jésuites, ces grands apôtres de l'intolérance, mais il s'indigne que ce soit le même esprit d'intolérance, et non la raison pure, qui les ait fait bannir : « Les parlements, dit-il, tiennent pour la *grâce efficace,* et les jésuites pour la *grâce versatile;* c'est à cause de ce désaccord que ceux-ci sont exilés, au lieu de l'être pour les dangers que leur fanatisme turbulent fait courir à l'État laïque. La philosophie voit tout cela ; elle en rit et elle en profite. Elle dit comme le grand prêtre dans *Athalie :*

> Qu'importe de quel bras Dieu daigne se servir ? »

Ce vers ne serait pas indigne de Racine, et le grand prêtre Joad eût pu le dire. N'empêche qu'il est de Voltaire, et qu'il se trouve dans *Zaïre* (¹)!

D'Alembert termine sa lettre en revenant sur ses *Éléments de philosophie,* auxquels il a donné les développements que lui a conseillés le roi de Prusse : « Que je me trouverais heureux si les lumières et les conseils de Votre Majesté Impériale me mettaient à portée d'y donner la perfection qui y a manqué ! »

La Tsarine mit si peu d'empressement à écrire au philosophe que, quelques mois plus tard, quand

______

(¹) *Zaïre ;* acte II, scène I.

le prince Galitzine lui remit, de la part de Catherine,
une magnifique médaille de son avènement au trône,
il attendait encore sa réponse. D'Alembert écrivit
aussitôt à l'Impératrice pour la remercier de cette
« nouvelle marque de bonté » et pour l'assurer de
son « éternelle et respectueuse reconnaissance ». Il
ne lui ménage ni les éloges, ni les remerciements,
ni les marques d'admiration ; il lui rappelle enfin
que deux lettres sont restées sans réponse et la prie
de nouveau de l'aider de ses sages avis pour perfectionner les « faibles ouvrages » qu'elle a bien
voulu ne pas désapprouver.

L'Impératrice n'avait pas oublié d'Alembert. Malgré ses occupations multiples et les soucis de sa
politique, elle voulut enfin lui consacrer quelques
instants. Mais ce retard était calculé. Par le ton de
sa lettre, en effet, il est facile de se convaincre que,
si elle ne veut pas déplaire au philosophe, il y a
chez elle le désir de lui marquer quelque ressentiment. Et elle le dit sans réticences. Sa lettre est
du 23 avril 1764 : « Deux raisons m'ont empêché
de vous répondre jusqu'ici ; la première c'est qu'encore tout étonnée de votre refus, je n'y pensais
qu'avec chagrin ; la seconde, c'est la tâche au-dessus
de mes forces que vous me donnez de vous dire
mon avis sur vos ouvrages. » Nous savons combien
Catherine aimait à discuter de littérature et de philosophie avec Grimm, avec Voltaire, avec Falconet, avec Diderot. Peut-on croire qu'elle n'eût pas
éprouvé un égal plaisir à *raisonner* avec d'Alembert,

si celui-ci s'était prêté à ses desseins ? Or, de ses œuvres elle lui dit : « J'admire et je me tais. » Elle ne se tait pas, il est vrai; elle avoue qu'elle vient de relire ses ouvrages et qu'elle s'est naturellement arrêtée sur tout ce qui pouvait être utile à son métier; mais elle ajoute qu'elle se trouve fort incapable de formuler des conseils : « J'ai toujours admiré dans vos ouvrages la *vasticité* et la solidité en même temps de votre génie, qui, sans faire tort à personne, n'a point d'égal. » Et elle s'étonne que la philosophie si sage et pacifique de d'Alembert ait été l'objet de si vives attaques; l'évêque du Puy, dit-elle, a beau traiter d'impies ceux qui donnent à Locke et à Newton le nom de grands hommes, ces grands hommes ne souffriront pas de la « picqûre d'une guêpe ». Mais c'est à peu près tout.

Avec ses correspondants préférés, Catherine eût disputé sur les méfaits de certains prêtres, sur l'esprit jésuitique, et elle eût déversé son ironie sur les partisans de la *grâce versatile* et sur ceux de la *grâce efficace*. Avec d'Alembert elle se contente de quelques lignes qui ne réclament aucune réplique. Certes, elle lui dit que ses lettres ne sont jamais trop longues et qu'elle les lit avec autant de plaisir qu'elle a d'estime pour leur auteur : « C'est de quoi je vous prie d'être persuadé. » Mais avant de clore sa « pancarte », elle lui lance ce coup droit : « Vous me donnez beaucoup de louanges et vous n'avez pas voulu me connaître; ou peut-être vous êtes de l'avis de ceux qui disent que les grands valent mieux

à être connus de loin que de près. » N'oublions pas
que d'Alembert avait récemment rendu visite au roi
de Prusse, et c'est de quoi aussi l'esprit jaloux de
la Tsarine avait sans doute pris ombrage.

Le 7 juin 1764, d'Alembert avait remercié Catherine de la médaille qu'elle lui avait fait remettre ;
huit jours après ([1]), il répond à la « pancarte » de
la souveraine. La lettre est longue ; nous n'en citerons que de courts fragments : « Vous avez la bonté
de me dire, Madame, que vous ne pensez qu'avec
chagrin à ce que vous appelez mon *refus*... Soyez
persuadée que je vous ai dit l'exacte vérité sur mon
peu de talent pour toute espèce d'éducation aussi
importante que celle du souverain d'un grand empire. Celui qui se sentirait les talents nécessaires
pour former un prince éclairé et vertueux serait, je
crois, coupable envers le genre humain, s'il refusait
d'aller faire une si grande et si bonne œuvre, dût-il
y aller à pied et gratuitement ; mais on ne serait
pas moins blâmable si, après s'être examiné soi-
même et s'être reconnu incapable d'une si grande
entreprise, on succombait par vanité ou par intérêt
aux sollicitations même les plus honorables et les
plus avantageuses. La nature de mes ouvrages vous
a-t-elle fait découvrir en moi les qualités qui me
manquent absolument : le talent d'enseigner, si
différent de celui d'écrire, les connaissances dont
il est nécessaire de s'être occupé pour être en état

______

([1]) Lettre du 15 juin 1764.

de les transmettre à un jeune prince destiné à gouverner des millions d'hommes, la facilité de savoir
se plier et souvent se contraindre, la fermeté et la
prudence également indispensables pour écarter les
obstacles moraux qui s'opposent de toutes parts,
surtout dans une cour, au bien qu'on voudrait et
qu'on pourrait faire? Voilà, Madame, ce qui ne m'a
pas permis d'accepter la place dont Votre Majesté
Impériale a voulu m'honorer, et ce sera le regret
de toute ma vie que de m'en être trouvé si peu
digne. » Et au soupçon de l'Impératrice que d'Alembert ne soit du nombre de ceux qui croient que
« les grands valent mieux à être vus de loin que de
près », le philosophe, un peu gêné, ne sait répondre
que ceci : « Cette maxime, assez vraie en elle-même,
n'est pas faite pour Votre Majesté Impériale. »

Mais il y a plus dans la lettre de d'Alembert. Il
se plaint que la Tsarine lui ait répondu par des
compliments quand il demandait des conseils, à l'inverse de Frédéric de Prusse qui a eu la bonté de
le lire « avec plus d'intérêt ou de sévérité ». Puis
il arrive à son sujet favori : les jésuites. Il félicite
le Nord de ne les avoir jamais soufferts ; et sur la
prétendue civilisation des nations méridionales, —
parmi lesquelles la France, — qui les ont supportés
et plus d'une fois encouragés, il a un mot final
d'une énergie et d'une justesse frappantes : « L'explication de l'énigme est toute simple ; la partie
moyenne de la nation, c'est-à-dire la partie qui ne
peut rien et qui ne fait que voir sans agir est plus

éclairée que jamais ; les corps et la plus grande part
des grands, c'est-à-dire la partie puissante, sont à
cent ans en arrière de la partie éclairée ; et on peut
comparer la nation française à la vipère, où tout est
bon excepté la tête. »

Ce mot eut le don de frapper l'esprit de Catherine II, car, dans sa réponse, — du 20 septembre
1764, — elle s'y arrête et a comme un pressenti-
ment de ce que pourrait produire la force de l'opinion publique éclairée contre les sottises des puissants. Mais il n'y a qu'une allusion, et, craignant d'en
avoir trop dit, elle s'écrie : « Mais cessons ce badi-
nage ! » Elle n'en poursuit pas moins ses diatribes
contre les fanatiques et contre les persécuteurs des
âmes indépendantes ; à son avis il y en a partout,
et elle en a fait elle-même la triste expérience ; sa
formule est expressive et piquante : « C'est une
maladie de cerveau à laquelle une certaine sorte
d'éducation contribue comme un corps d'habit mal
fait rend bossues les petites filles. » Elle en conclut
que d'Alembert n'a qu'à se moquer de la clameur
des sots ; mais, en vue de prévenir les maux qui en
pourraient résulter, elle conseille au philosophe d'é-
crire le catéchisme dont il caresse le projet. « C'est
bien assez, ajoute-t-elle, que les fanatiques aient
arrêté l'*Encyclopédie !* » Elle s'enquiert aussitôt de
ce qu'il advient de celle-ci : « Je vous prie de me
dire si tout de bon vous ne travaillez plus à ce dictionnaire. La défense de l'imprimerie existe-t-elle
encore ? Toutes les facilités vous les auriez... »

Catherine avait encore l'ambition de donner à l'Europe l'exemple de la tolérance, et son désir eût été que la grande œuvre encyclopédique vît le jour en Russie.

Ce n'est pas qu'elle approuvât toutes les opinions des philosophes, même celles déjà éditées dans l'*Encyclopédie*. Sceptique, avide de succès et de gloire, elle flatte les douces manies des philosophes afin de se faire bien voir d'eux ; mais ces compliments ne tirent pas à conséquence, et elle se garde bien de passer de la théorie à la pratique. Elle prend grand intérêt à leurs travaux et au triomphe de leurs idées, mais surtout afin qu'ils la couvrent d'éloges. Cependant, ce besoin de réclame pour elle et pour son empire n'est pas son seul mobile : à cause des questions littéraires et philosophiques, elle éprouve quelque satisfaction intellectuelle. Bien plus sincèrement que le roi de Prusse, elle pourrait s'écrier : « Quels plaisirs surpassent ceux de l'esprit ! » Et elle jouera aussi bien que lui son rôle de protectrice et d'amie des lettres et des arts ! Frédéric, pour être agréable à Voltaire et à d'Alembert, a affiché avec un cynisme excessif ses sentiments athées ; il l'a fait dans un langage qui surprend parfois les philosophes eux-mêmes ; ceux-ci apportent plus de tact dans leurs attaques et s'abstiennent de ces violences. On sent chez le roi la volonté de paraître athée. Chez Catherine il n'y a pas cette volonté ni ce cynisme d'expression. Elle se joint aux philosophes pour crier contre les fanatiques et les sots,

— ils ne font qu'un ; — mais elle n'insulte pas aux saintes croyances. Quand elle traite de philosophie ou de religion, elle raisonne avec ses adversaires, discute leurs opinions et donne les siennes avec une rare indépendance de jugement. Pour ce qui regarde le monument de l'*Encyclopédie,* puisque le gouvernement français commet la sottise de l'interdire, pourquoi, se dit-elle, la Russie ne l'élèverait-elle pas ? Et c'est ainsi qu'elle offre de servir la cause de la civilisation et de la liberté.

Mais, si Catherine met généralement à l'aise ses correspondants, faisant assaut d'esprit avec eux, avec d'Alembert elle redoute toujours d'en trop dire et d'engager la discussion. Malgré l'insistance du philosophe, elle se refuse à lui dire ce qui manque à ses *Éléments de philosophie,* et elle feint de croire que leur auteur a demandé des éloges plutôt que des critiques. « Cessez donc de prétendre que je vous dise mon avis sur vos ouvrages. Je ne puis vous dire ce qui y manque, mais bien ce que j'y ai trouvé. Une profondeur de raisonnement jointe à une vaste étendue de génie, l'agrément du style et une grande aisance à manier et à rendre claire pour les ignorants (comme moi, mettez) telle matière qu'il vous plaît. »

D'Alembert a été nommé il y a quelques mois membre de l'Académie des sciences de Saint-Pétersbourg. La souveraine a beaucoup approuvé ce choix. Mais c'est le moment où elle fait travailler aux règlements de son académie ; elle le dit à d'Alembert et lui annonce qu'elle lui demandera un jour son avis sur ces règlements. Ce jour-là, Catherine marque plus de confiance et cache soigneusement les regrets qu'elle a ressentis du fameux refus dont elle ne s'est jamais consolée.

D'Alembert ne pouvait se soustraire à répondre à une lettre qui témoignait une si profonde estime et qui paraissait marquer l'oubli d'un grief ancien. Il remercia l'Impératrice de l'envoi d'une médaille de la maison des Enfants-Trouvés qui avait été frappée d'après un dessin imaginé par Catherine elle-même, et que Betzki, premier curateur de cet établissement, lui avait fait parvenir avec la lettre de sa gracieuse souveraine. Puis il se déclare aux ordres de la Tsarine pour répondre de son mieux aux questions qu'elle voudra bien lui poser sur les règlements de l'Académie des sciences. Du reste, il n'attend pas le signal et donne un avis qu'on ne lui demande pas encore : « Je crois qu'en général il faut traiter les gens de lettres et les artistes comme les commerçants : les encourager, les protéger et les laisser faire. » C'était dire à l'Impératrice : Gardez-vous bien de soumettre votre Académie des sciences à des règlements qui étoufferaient l'initiative de ses membres. Aussi Catherine prit-elle l'initiative de ne jamais les soumettre au philosophe ! Certes, d'Alembert raisonnait bien et voyait juste. L'art n'est pas fait pour être enfermé en des limites étroites ; d'Alembert donnait son avis avec une franchise dont on ne saurait trop le louer, mais il le donnait sans qu'on le lui eût encore demandé.

Catherine avait paru prendre quelque intérêt aux ouvrages du philosophe. D'Alembert déclare à sa correspondante qu'il a en portefeuille de quoi former deux nouveaux volumes; mais il ignore s'il les fera paraître. Ce n'est pas qu'il s'inquiète des clameurs des sots; mais ceux-ci ne se contentent pas de crier; il en est un grand nombre qui ont le pouvoir en mains : « Les matières délicates auxquelles je touche, quoique avec toute la réserve et la précaution possibles, me font craindre de nouvelles persécutions. » Et ces persécutions arrêtent le philosophe. En novembre 1764, d'Alembert, découragé par les tracasseries et les attaques, aspire surtout au repos. Ces vers du bon La Fontaine, qui sont pour lui la devise du sage quand on a le bonheur d'être un simple et obscur particulier, lui reviennent à la mémoire :

> Le repos! le repos! trésor si précieux
> Qu'on en faisait jadis le partage des dieux!

Il semble que le philosophe désenchanté regrette de ne pouvoir être cet obscur particulier! C'est aussi à cause de ces persécutions qu'il a quitté l'*Encyclopédie;* les mauvais procédés des libraires et de quelques-uns de ses collègues ont achevé de l'en dégoûter : L'*Encyclopédie,* dit-il à l'Impératrice, paraîtra en entier et incessamment; mais il n'y prendra aucune part.

D'Alembert, cependant, ne se livre pas au divin

repos du bon La Fontaine. Le 15 avril 1765, en effet, il envoie à Catherine ce livre : *De la destruction des Jésuites en France*. Une courte lettre accompagne l'ouvrage. Il prie l'Impératrice de vouloir bien accorder quelques instants à la lecture de ce travail dont il n'a pas avoué être l'auteur. Et il exprime l'espoir de lui offrir des ouvrages plus importants dans le courant de l'année, si sa santé lui permet d'y mettre la dernière main.

C'est au milieu d'une armée de 33 000 hommes que Catherine reçut le livre de d'Alembert. Elle le lut avec attention, comme elle le faisait de la plupart des travaux des philosophes, et elle lui répondit peu après, pénétrée de la substantifique moelle de l'ouvrage, dont elle approuve le but : le triomphe de la « saine raison ». Sa lettre est du 27 juin 1765. Catherine n'aime pas les jésuites ; ce qu'elle en dit à d'Alembert, dont elle aurait pu vouloir flatter les idées, ne suffirait pas, il est vrai, pour nous permettre de le croire ; mais nous n'avons qu'à consulter sa correspondance, à examiner la plupart de ses actes et à scruter soigneusement sa pensée pour être convaincu. Quelques années plus tard elle appellera les jésuites ses « chers gueux » et elle leur donnera asile dans la Russie-Blanche où ils lui rendront des services pédagogiques ; aussi écrira-t-elle à Grimm : « Mes coquinets sont de fort bons diables sans esprit ni malice : qu'on les laisse vivoter en paix ; ils ne feront ni bien ni mal ; ils ressemblent au Jupiter sans nez. » Et certes, il serait permis de douter du jugement et du sens critique de la Tsarine, si nous ne savions que ce sont là cajoleries du bout des lèvres. En 1780, au sortir d'un *Te Deum* qu'elle a entendu chez les jésuites, à Polotsk, elle s'écriera : « Tous les autres ordres sont des cochons près d'eux..... Ah ! qu'il y en a qui ont l'air coquins ! »

Il est donc permis d'affirmer que, malgré des cajoleries passagères, l'Impératrice ne tenait pas ses « chers gueux » en grande estime. Aussi, en 1765, ne s'en cache-t-elle pas avec d'Alembert, qu'elle sait être leur ennemi juré. Cependant, à l'inverse de beaucoup de leurs adversaires, elle ne met dans son langage aucune violence ni haine quand elle parle des jésuites : « Son fanatisme hait la persécution. » Nous pouvons donc croire à sa sincérité quand elle écrit à d'Alembert : « Malgré l'esprit et les finesses qu'on attribue à l'ordre des jésuites, il me semble que la plus lourde faute qu'ils ont faite et qu'aucun institut ne peut commettre, c'est de ne pas s'établir sur des principes qu'aucune raison ne puisse renverser, car on a beau dire, le vrai ne peut se détruire ; mais les illusions se détruisent, toutes les disputes qui en dérivent deviennent absurdes. » Et après avoir payé un juste tribut d'éloges à la *Destruction de l'ordre des Jésuites,* et répété que le bon sens doit triompher de l'absurde, Catherine insiste pour que d'Alembert n'hésite plus à achever le catéchisme dont il l'a entretenue : « Hélas ! monsieur, si les persécutions imbéciles des fanatiques vous font peur, au moins confiezm'en une copie. » Elle s'engage même à ne jamais dire de qui elle tient le manuscrit; elle n'en fera usage, pour l'avancement du règne de la raison, qu' « avec toute la prudence civile et politique » dont elle est capable.

Par réciprocité, Catherine a songé à soumettre « certain cahier » au philosophe; mais elle y renonce pour le moment, le travail étant inachevé. Elle veut parler de son *Instruction pour le Code,* à laquelle elle travailla pendant plusieurs années, et qu'elle soumit, du moins en partie, aux délibérations de sa grande commission, dont les résultats répondirent si peu aux espérances. « Si vous l'approuvez, dit-elle, j'en serai contente; vous y verrez comme pour l'utilité de mon empire j'ai pillé le président de Montesquieu, sans le nommer; j'espère que si de l'autre monde il me voit travailler, il me pardonnera ce plagiat pour le bien de 3o millions d'hommes qui en doit résulter; il aimait trop l'humanité pour s'en formaliser. Son livre est mon bréviaire. »

L'année suivante, elle lui écrira : « Monsieur, mes principales occupations depuis deux ans se réduisent à copier et à apprécier les principes du président de Montesquieu. » Et elle ne s'exprimait pas autrement avec ses autres correspondants. Le nom de Montesquieu revient souvent sous sa plume; elle nourrit pour lui la plus chaude admiration, et c'est lui qu'elle eût sûrement cherché à attirer à Pétersbourg! Mais Montesquieu était mort en 1755. Mercier de La Rivière lui sera bientôt recommandé par

Diderot, et elle le fera venir à Pétersbourg. Nous verrons plus loin qu'elle n'eut pas lieu de s'en féliciter.

Nouvelle lettre de d'Alembert. Celle-ci n'est que du 26 octobre 1765. Il débute par des excuses que nous voudrions un peu moins tragiques : « Une maladie dangereuse qui m'a mis aux portes du tombeau, et dont je ne suis pas encore bien rétabli, m'a empêché... » Les persécutions que lui ont valu son ouvrage : *De la destruction des Jésuites,* ont contribué à ce fâcheux état de sa santé. Est-ce avec beaucoup de tact qu'il s'étend sur le nouveau genre de persécutions imaginé par ses ennemis ? La modique pension qui lui est due à l'Académie des sciences par droit d'ancienneté lui est refusée depuis six mois ; l'Académie des sciences, en corps, a, par deux fois, fait des démarches en sa faveur ; mais le gouvernement du roi ne lui a pas encore donné satisfaction. L'insistance du philosophe à raconter cet incident pourrait être mal interprétée. Nous croyons que d'Alembert ne nourrissait aucune pensée de derrière la tête. Au dix-huitième siècle, d'ailleurs, les pensions étaient fréquentes, et d'Alembert lui-même en recevait une de Frédéric. Le gouvernement de Louis XV était seul à n'en pas accorder aux écrivains qui par leur génie ou par la puissance du talent avaient conquis la renommée et dirigeaient l'opinion publique. C'est le gouvernement de Louis XV qui avait tort contre ceux de Prusse et de Russie.

Catherine II, du reste, estima qu'il était suffisant,

pour les services que lui avait rendus d'Alembert, de correspondre avec lui, de le complimenter sur ses ouvrages et de le consulter sur quelques menues questions. Dans sa réponse, d'un mot cruel, et dont le sous-entendu en dit long, elle coupe court à toute demande indiscrète : « J'ai su votre maladie ; j'ai tremblé pour vos jours ; votre rétablissement a calmé mon inquiétude ; je n'ai pu croire que le chagrin d'une injustice y ait eu part ; *vous avez refusé bien au delà de ce qu'on vous retient aujourd'hui.* »

Et, après cette boutade, elle s'en tire par une autre, celle-ci spirituelle. « Ce qui me console de cette injustice, avait dit d'Alembert, c'est que le roi, mon souverain, l'ignore, qu'on lui cache sans doute ce que j'ai tâché de mériter par mes travaux, les marques d'estime que les étrangers m'ont données, les sacrifices que je fais à ma patrie, enfin mon attachement pour sa personne, qui, à la vérité, ne s'étend pas jusqu'à ses ministres. » Catherine y répond : « Vous devez avoir en France une profusion de grands hommes, puisque le gouvernement ne se croit pas plus obligé à encourager ceux dont le génie est admiré dans les pays les plus lointains. Il est, dites-vous, consolant pour vous que votre souverain l'ignore ; je trouve qu'il ne l'est nullement pour lui ; c'est apparemment la délicatesse de ceux qui l'entourent qui lui en ôtent la connaissance. » Mais il ne suffit pas à la Tsarine de critiquer notre gouvernement et de relever ses inconséquences ; elle tient surtout à ce qu'on sache et à ce qu'il soit répété que, chez elle, les choses ne se passent pas avec cette insouciance et ce mépris de la justice : « Au Nord, l'on a des sentiments moins raffinés ; l'on ne permet pas aux souverains d'ignorer quels sont les esprits distingués qui ont droit à leurs bienfaits ; ils sont obligés d'encourager les talents, ou bien on les soupçonnerait de n'en point avoir eux-mêmes. »

La lettre de Catherine est du 21 novembre 1765. L'Impératrice y parle de son *Instruction pour le Code* dont d'Alembert lui a demandé la communication ; mais elle ne la lui envoie pas. « C'est l'ouvrage d'un écolier ; il devient volumineux, il y a déjà plus de cent pages. Je les trouve tantôt bonnes, tantôt insuffisantes ; ce que j'y vois de meilleur, c'est qu'il y règne une bonhomie parfaite ; nous verrons ce que les fanatiques y opposeront. » Elle lui fait simplement parvenir par Mme Geoffrin un billet où elle lui pose cette question : « On demande si d'une accumulation de belles choses mises en pratique, il en résultera un bel et bon effet général. » Et, comme elle désire avoir une réponse précise, elle développe sa question ; mais à la développer elle découvre sa pensée, cite des exemples et formule une règle qu'elle dicte en quelque sorte à celui dont elle demande l'avis : « Exemple : *Il est beau de pardonner,* voilà une belle maxime générale ; cependant, un législateur, un roi, etc., qui la mettrait constamment en pratique, ouvrirait la porte à tous les crimes : c'est que cette maxime n'est vraie dans sa généralité que pour les particuliers et non pour les États ; encore n'est-il pas sûr qu'elle soit sans restriction pour les particuliers mêmes... Ma conclusion est qu'il peut résulter un mauvais effet général d'une accumulation de belles maximes mises en pratique. »

Certes, nous ne pouvons que louer une telle sagacité de jugement, car le législateur ou le souverain doit démêler les causes différentes de lieux, de temps, de personnes, de circonstances, de tempérament des nations, etc., qui constituent chaque cas, et doit se laisser guider par elles. Il serait enfin permis de se demander si c'est par pur délassement d'esprit que la Tsarine, au milieu de ses impérieux devoirs et de ses préoccupations politiques, se livre à ces discussions philosophiques et morales.

Quoi qu'il en soit, d'Alembert envoie la consultation demandée. Et, le 11 août de l'année suivante, il demande à la Tsarine si elle en a été satisfaite : « La manière générale dont Votre Majesté Impériale avait énoncé cette question ne m'a pas permis d'y faire une réponse plus précise et plus détaillée. » D'Alembert, néanmoins, se fera un plaisir de fournir de nouveaux éclaircissements si on le désire.

Au reçu de cette lettre du philosophe, le 31 août, Catherine remercie son correspondant de la réponse qu'il a faite à sa « question vague ». Elle la trouve juste et n'en a pas été surprise. Mais elle s'abstient d'en dire davantage, sous le prétexte qu'il est impossible de parler par lettre de choses qui conviennent mieux à une conversation. Il est visible que Catherine se dérobe à la discussion philosophique que d'Alembert semble solliciter.

D'Alembert a félicité la Tsarine d'avoir fait l'acquisition du savant Euler, « dont le nom dans les sciences est si célèbre, et à si juste titre ». C'est une conquête qu'elle a faite sur le roi de Prusse. Nous savons que, pendant son séjour de 1763 en Allemagne, d'Alembert avait obtenu de Frédéric qu'il augmentât la pension d'Euler, « le plus grand sujet de son Académie des sciences ». Catherine répond que « M. Euler et ses fils » sont arrivés à Pétersbourg, qu'ils ne sont point effrayés du climat de la Russie, qu'ils ne se glaceront point, et que « leur zèle pour les sciences et leur génie réchaufferont » son Académie.

Dans sa lettre du 11 août 1766, d'Alembert avait dit que le parlement de Paris, « plus intolérant que les capucins et ignorant que la Sorbonne », venait d'achever de s'avilir en condamnant au feu des jeunes gens de seize à vingt ans que l'Inquisition de Rome elle-même eût à peine punis d'un an de prison. La fine critique de Catherine ne se fait pas attendre : « Vos climats doux et bénis délient l'esprit ; le nôtre, rigoureux et engourdi, ne saurait pousser si loin la pénétration ; nous laissons les savants tout doucement s'occuper de leurs sciences et l'on ne brûle personne. »

C'est à la fin de 1766 que d'Alembert publia le cinquième volume de ses *Mélanges de littérature*.

Il avait fait parvenir à l'Impératrice les quatre premiers. Il lui fit remettre le cinquième par le prince Galitzin, et lui annonça l'envoi par une lettre du 15 décembre, « lui demandant pour cette nouvelle production la même indulgence dont elle a bien voulu honorer les volumes précédents. Ce qui me flatterait encore davantage, ajoute-t-il, c'est que Votre Majesté Impériale voulût bien m'honorer de ses réflexions et même de ses critiques. Elle trouverait en moi autant de reconnaissance que de docilité. » Son éloquente conclusion n'est pas faite pour nous surprendre : « Nos prêtres et nos parlements sont toujours aux prises pour leurs sottises théologiques ; ce sont des mendiants qui se disputent pour des haillons. Les prêtres sont les mêmes partout, depuis Lisbonne jusqu'à Tobolsk. Je ne sais si Votre Majesté Impériale sera assez heureuse pour mettre ceux de Pologne à la raison ; la raison et l'esprit de tolérance qui en est la suite ont bien de la peine à se faire entendre, lorsqu'ils contredisent les deux plus chers intérêts du cœur humain, le désir des richesses et celui de dominer. C'est aux souverains tels que vous, Madame, à donner là-dessus l'exemple ; il sera peut-être suivi un peu tard, mais enfin il le sera, et le genre humain en aura l'obligation à Votre Majesté Impériale, et au petit nombre de souverains qui lui ressemblent, ou qui lui ressembleront. »

Le 3 février 1767, Catherine remercie d'Alembert de l'envoi de son ouvrage. Est-ce parce qu'elle part le surlendemain pour un voyage de dix à onze mois à Moscou, à Kasan et sur la Volga? Est-ce parce que le plaisir qu'elle a pu avoir de correspondre avec le philosophe a considérablement faibli? Toujours est-il que sa « pancarte » est singulièrement brève et sobre d'éloges : « Je ne me crois pas en état de critiquer ce qui sort de votre plume. » Et d'Alembert ayant insisté pour avoir le manuscrit de l'*Instruction pour le Code* qu'elle lui avait précédemment annoncé, elle ajoute : « Ce dont je vous ai dit plusieurs fois que je m'occupe ne ressemble plus à ce que j'ai voulu vous envoyer. J'ai effacé, déchiré et brûlé bien la moitié, et Dieu sait ce qui deviendra du reste; mais enfin il faudra bien se déterminer d'ici au terme que j'ai fixé. »

Les réponses de l'Impératrice n'étaient guère encourageantes pour le philosophe. Celui-ci, cependant, n'avait à se reprocher aucune maladresse; tout au plus avait-il trop peu ménagé les allusions au roi de Prusse, qui pouvaient faire voir ses préférences. D'Alembert avait conscience que l'état d'esprit de la souveraine à son égard s'était modifié; néanmoins, il lui écrivit encore le 14 août 1767. Sa lettre est très courte. Il se borne, presque, à lui signaler une collection précieuse d'estampes d'après les plus grands maîtres, de pierres gravées, de médailles, etc., qui se trouve à vendre à Berlin. Si la Tsarine juge à propos d'en faire l'acquisition, elle n'aura qu'à donner ses ordres à son ambassadeur à Berlin. Il termine ainsi : « Je vois toujours avec regret que Votre Majesté Impériale ne me fait point l'honneur de m'aider de ses conseils pour la perfection de mes ouvrages. »

C'est sur ce mot de regret que s'arrêtera pendant plusieurs années la correspondance de Catherine et de d'Alembert. L'Impératrice, en effet, ne répondit pas au philosophe. Est-ce parce que ses voyages et les graves affaires de l'Empire l'en empêchèrent? Nous savons que malgré ses occupations Catherine trouvait toujours le temps de faire face à sa correspondance. Est-ce parce qu'elle voulut ôter à d'Alembert l'envie de recommander les collections d'objets d'art dont ses amis pourraient vouloir se défaire? Nous savons qu'elle recherchait les collections rares et que Grimm ne se fit pas faute, pendant de longues années, de lui en signaler et recommander une foule. Est-ce parce qu'elle se sentit importunée et ennuyée par les demandes réitérées d'avis critiques du philosophe? Est-ce tout bonnement parce qu'elle jugea qu'une correspondance avec d'Alembert, qui nourrissait des préférences pour Frédéric de Prusse, était devenue sans utilité pour elle? Toujours est-il que, devant un accueil aussi peu encourageant, d'Alembert s'abstint d'insister. Nous savons, cependant, qu'il était un épistolier infatigable. Il fallut un motif grave pour lui faire rompre ce silence.

III

C'est seulement cinq ans plus tard, le 3o octobre
1772, que d'Alembert reprit la plume. Cette fois, ce
n'est pas pour solliciter de la Tsarine des avis critiques ou bien pour lui signaler des collections
artistiques ; c'est dans un but tout humanitaire.

Huit de nos officiers de la légion de Lorraine,
entraînés en Pologne, après s'être brillamment
conduits sous les murs de Cracovie, avaient été
faits prisonniers par l'armée russe. On assurait qu'ils
avaient été envoyés en Sibérie. Plusieurs personnes
s'étaient intéressées à leur sort ; le duc d'Aiguillon,
notamment, était intervenu en leur faveur. Il avait
échoué comme les autres. Les parents et amis de
ces braves officiers pensèrent que l'Impératrice de
Russie accorderait peut-être, à un philosophe avec
lequel elle était en relations, ce qu'elle avait refusé
à un ministre puissant. Ils s'adressèrent à d'Alembert. Celui-ci reçut en octobre 1772 un mémoire où
on le priait de présenter sa requête à Catherine II.
D'Alembert ne crut pas devoir se dérober à cette
prière. Il aurait pu considérer qu'étant donnés l'arrêt de ses relations avec la Tsarine et les conditions
dans lesquelles cet arrêt s'était produit, il y aurait
peut-être imprudence à lui demander une grâce. Il
ne pensa même pas que Catherine lui avait jadis
fixé des limites au droit de pardonner. Il n'écouta

que son cœur et se laissa guider par son esprit de justice.

La tâche était délicate. Le philosophe s'en acquitta avec tact. Dans sa lettre du 30 octobre 1772, il débute en s'excusant d'avoir si longtemps respecté les nobles et importantes occupations de la souveraine. Et il ajoute : « Il y a bien plus longtemps encore que ces mêmes occupations m'ont privé des marques de bienveillance dont Votre Majesté Impériale daignait autrefois m'honorer. » D'Alembert n'est pas dupe du silence de Catherine ; néanmoins il lui fait respectueusement remarquer que si depuis cinq ans il est privé de ses nouvelles, c'est sans doute parce qu'elle en a été empêchée. Après ce préambule il indique les motifs de son intervention, s'adressant à la grande âme de la Tsarine, lui déroulant un *cas* où elle trouvera une occasion précieuse d'exercer sa bienfaisance et sa générosité naturelles, ainsi que d'accroître sa gloire. La triste aventure des huit officiers « est venue jusqu'à moi, dit-il, au fond de la retraite où je vis depuis longtemps, loin des troubles et des puissances de ce monde, et où je cultive en silence, dans la société de quelques sages, les lettres et la philosophie. La situation déplorable de nos malheureux compatriotes a profondément affecté l'âme de ces sages et la mienne. Nous avons cru pouvoir nous flatter qu'une âme aussi élevée et aussi sensible que la vôtre ne serait pas moins touchée que nous de cette situation que sans doute elle ignore, et que pour faire cesser leurs peines Votre Majesté Impériale n'avait besoin que de les connaître. »

C'est donc au nom de la philosophie et au nom des principes d'humanité que d'Alembert demande le pardon et l'oubli. « Votre Majesté Impériale n'ignore pas à quel point la philosophie, pour qui votre nom est si respectable et si cher, est aujourd'hui non seulement décriée, mais persécutée même dans une grande partie de l'Europe. Elle n'a presque de ressource et d'appui que dans la protection que lui accordent l'immortelle Catherine et quelques princes dignes de l'imiter. Elle ne connaît d'autres ennemis que ceux de Votre Majesté Impériale : la superstition et le fanatisme ; et elle se trouve très honorée de partager avec une si grande princesse des adversaires aussi acharnés qu'absurdes, si constamment et si inutilement déchaînés contre les lumières que vous cherchez à répandre. » Il rappelle à l'Impératrice qu'elle n'a nulle part en Europe de plus ardents et de plus zélés admirateurs que les philosophes, et il la conjure, au nom de l'humanité qui dit *pardon* après *victoire,* de rendre la liberté à de malheureux officiers qui se sont bravement conduits. Si elle laisse parler son cœur, la république des lettres « ne laissera ignorer ni à la France, ni à l'Europe, que cette même Impératrice, qui du fond du Nord a fait trembler Constantinople, écrasé la hauteur ottomane et ébranlé la couronne sur la tête du Sultan, s'est montrée plus grande encore après la victoire que dans la victoire même ».

L'Impératrice de Russie, qui avait tant de fois applaudi aux idées d'humanité et d'apaisement, pouvait-elle se dérober à un pardon pour lequel d'Alembert plaidait si chaleureusement ? Il semble que non ; car, pour retenir huit malheureux prisonniers, pouvait-elle invoquer quelque raison d'État ? C'était, au contraire, pour la souveraine, une heureuse occasion de se montrer au monde dans la plénitude de sa générosité. D'Alembert, dont nous connaissons la nature froide, et qui ne se laissait pas facilement aller à l'enthousiasme, avait la conviction que la Tsarine se laisserait gagner à ses arguments ; la philosophie pourrait, dès lors, avec allégresse, jeter cette bonne action à la face de ses irréconciliables adversaires.

D'Alembert fut vite détrompé. Catherine, en politique qui ne cède pas aux mouvements du cœur, et en adversaire résolue de la France dont elle n'aimait ni le souverain, ni les ministres, refusa de s'incliner devant la philosophie ; et en un style qui mérite d'être relevé, elle se plaça sur un terrain où il était difficile de l'atteindre. Sa réponse — du 20 novembre — est même faite pour nous surprendre ; car en 1772 elle est encore pleine d'égards pour les philosophes ; et avec d'Alembert, malgré le *faux départ* de leurs relations, elle ne s'est jamais départie d'une apparente bienveillance. La lettre de la Tsarine n'est que la réponse à un solliciteur dont on est pressé de se débarrasser : « On vous a représenté vos compatriotes enchaînés, gémissant et manquant de tout au fond de la Sibérie. Eh bien, monsieur, rassurez-vous et vos amis aussi, et apprenez que rien de tout cela n'existe. Les prisonniers de votre nation, faits dans différents endroits de la Pologne, où ils fomentaient et entretenaient les dissensions, sont à Kiowie (Kiev), où ils jouissent, de leur propre aveu, d'un état supportable... Voilà pour le moment tout ce que je puis vous dire d'eux. Accoutumée à voir répandre par le monde les traits de la plus noire calomnie, je n'ai point été étonnée de celle-ci; une même source peut les avoir produites, aussi ce n'est pas de cela que je m'embarrasse, j'en suis bien consolée par tout ce que vous me dites de flatteur de la part des gens éclairés de votre patrie, à la tête desquels vous vous trouvez. »

Se douterait-on que Catherine a correspondu pendant plusieurs années avec d'Alembert, qu'elle a sollicité ses services, qu'elle lui a prodigué les éloges? La Tsarine joue même de l'ironie; elle insiste surtout sur le bruit malveillant d'après lequel elle aurait expédié les prisonniers français au fond de la Sibérie; et c'est pour s'étonner que les philosophes aient pu prêter foi à une pareille calomnie! Son intention évidente est de ne pas relâcher les prisonniers; mais elle ne formule aucun refus absolu, et s'en tire adroitement en rassurant d'Alembert sur le sort matériel de ses protégés.

D'Alembert fut peu flatté du résultat de sa mission. « Voltaire, dit M. Alfred Rambaud, sur une telle réponse, se fût bien gardé d'insister. Il connaissait la Tsarine, et l'irritation qu'elle éprouvait à retrouver partout les officiers français. D'Alembert, avec cette candeur d'honnêteté, cette obstination de bienfaisance, cette ardeur de sentiments qui surexcitent parfois les natures froides, revint à la charge. » D'Alembert insista, en effet; mais la réponse de Catherine, à la fois évasive et très claire, ne facilitait pas une nouvelle démarche; aussi se montra-t-il visiblement gêné. Il excuse, d'abord, les philosophes d'avoir cru les prisonniers sur le chemin de la Sibérie. Il avait pensé que Catherine, comme il arrive « aux monarques les plus vigilants », ignorait ces calamités, et que les lui signaler suffirait pour les faire cesser. Puis, au nom de l'humanité et de la philosophie, il renouvelle ses instances en faveur des prisonniers français. Sa lettre ne le cède pas en éloquence à la précédente. Il assure la Tsarine que la superstition serait confondue et humiliée si l'héroïne de la Russie disait aux prisonniers : « Allez, soyez libres, retournez en France et remerciez la philosophie. » La suprême consolation de d'Alembert serait que ses amis pussent graver sur sa tombe ces mots : « Il obtint de l'immortelle Catherine, au nom de la philosophie et de l'humanité, la liberté des prisonniers français. »

Cette insistance ne fut pas du goût de la souveraine. « Monsieur d'Alembert, lui répliqua-t-elle, j'ai reçu une seconde lettre, écrite de votre main, au sujet des prisonniers français, qui contenait mot

à mot la même chose que la première (¹); celle-ci
a été suivie d'une troisième que je suppose être une
réponse à la mienne. » Le début est peu engageant ;
la suite n'est pas plus rassurante. Elle s'étonne que
d'Alembert ait mis un tel empressement à vouloir
« délivrer d'une captivité qui n'en a que le nom
des boute-feux qui soufflaient la discorde partout
où ils se présentaient ». Et elle accable le philosophe du poids de son ironie : « Je vous promets
que dès que ma paix sera faite, je dirai à vos compatriotes les paroles que vous me dites : Allez, soyez
libres, retournez en France et remerciez la philosophie. «

Mais, jusqu'au jour de la paix, Catherine déclare
ne pouvoir rien faire, car à côté des huit officiers
français, il se trouve des milliers de prisonniers
turcs et polonais, qui, à son avis, ne sont que les
victimes de ceux auxquels d'Alembert prête son
appui, et qui seraient en droit de se plaindre si elle
en relâchait quelques-uns. « Je vous le demande,
y aurait-il de la justice à donner de l'avantage à
ceux qui ont causé le mal, et à laisser dans une
situation moins avantageuse ceux qui leur ont servi
de jouet? La vraie humanité plaide plus pour ceux-
ci que pour les autres. Mais soyez assuré, Monsieur,
que je remettrai en liberté les uns et les autres *à
votre prière,* dans son temps. Alors vous pourrez

(¹) Pour être plus sûr que sa requête arrivât jusqu'à elle, d'Alembert avait fait parvenir à la Tsarine deux exemplaires de sa première
ettre, et par deux voies différentes.

ajouter, à l'inscription que vous me dites, le nom
des prisonniers turcs à ceux des prisonniers français. Au reste, je souhaite, pour le bien de la philosophie, que de longtemps encore vous n'ayez besoin
d'aucune épitaphe. » Il eût été difficile de pousser
plus loin le sarcasme. Comme l'a dit M. Maurice
Tourneux, d'Alembert s'était attiré « une fin de non-
recevoir ironique et hautaine ». D'Alembert n'avait
rien à répondre. Cette lettre de la Tsarine mit fin à
leurs relations, « et la brouille fut consommée » (¹).

Deux mois après, à la fin de février 1773, l'Impératrice eut la pensée de s'ouvrir à Voltaire de la
démarche de d'Alembert ; elle le fit sur ce ton rail-
leur : « J'ai reçu de M. d'Alembert une seconde et
troisième lettre sur le même sujet ; l'éloquence n'y
est pas épargnée ; il a pris à tâche de me persuader
de relâcher ses compatriotes, mais n'y a-t-il de l'humanité que pour vos compatriotes ? Que ne plaide-
t-il pour les prisonniers turcs et polonais, dupes
et victimes des premiers ? Ces gens-là sont plus
malheureux que ceux-ci. Il est vrai que les vôtres
ne sont pas à Paris, mais aussi pourquoi l'ont-ils
quitté ? Personne ne les y a obligés. J'ai envie de
répondre que j'en ai besoin pour introduire les belles
manières dans mes provinces. » Au dernier moment,
il est vrai, elle se ravisa et retrancha ce dernier passage de sa « pancarte » (²).

(¹) M. WALISZEWSKI, *Autour d'un trône,* page 219.
(²) Ce passage n'existe que sur la minute.

Mais cet incident nous fait toucher du doigt les dispositions de Catherine à l'égard des philosophes. Elle ne se rend pas facilement à leurs théories et ne cède pas à leurs « utopies humanitaires ». Elle est souvent d'accord avec eux, mais c'est surtout sur le papier, qui « souffre tout ».

Certes, d'Alembert eût fait un médiocre diplomate, mais, en la circonstance, Voltaire lui-même n'eût pas mieux réussi. Sans doute la Tsarine n'eût pas répondu à Voltaire ou à Diderot de la même façon qu'elle le fit à d'Alembert. Mais, outre qu'elle n'avait pas pardonné à ce dernier de n'avoir pas voulu diriger l'éducation de son fils, elle fut sans doute peu flattée de voir le philosophe ne renouer des relations, après un silence de cinq ans, que pour lui adresser une requête. Dans ces lettres de 1772, le dépit de la souveraine n'est pas très visible ; il n'en existe pas moins. Il y eut toujours entre Catherine et d'Alembert une gêne qui ne se dissipa jamais. De plus, adresser à la Tsarine une requête de ce genre était en quelque sorte toucher à sa politique, et Catherine n'était pas disposée à supporter la moindre immixtion. « Si d'Alembert avait tenté de s'immiscer avec Frédéric dans les affaires du gouvernement, fait judicieusement remarquer M. Joseph Bertrand, il n'aurait pas eu sans doute plus de succès qu'avec Catherine, mais on l'aurait éconduit moins sèchement. »

Faut-il admettre avec M. Alfred Rambaud que la démarche eut du moins pour effet d'arrêter les prisonniers français sur le chemin de la Sibérie? Nous le voudrions croire, mais rien ne le prouve. « Une des causes de la dureté de Catherine à l'égard du philosophe fut peut-être le peu d'empressement que mit celui-ci à continuer les relations commencées. Elle accueillit d'autant plus mal ses missives philanthropiques qu'elles venaient après un silence de six années. Elle ne comprit pas son excès de réserve et de délicatesse, et pensa qu'il faut mériter les faveurs par un peu plus d'assiduité. » Certes, comme le dit M. Rambaud, Catherine fut blessée du peu d'assiduité de d'Alembert et ne comprit pas son excès de réserve ; mais ce n'est pas là qu'il faut aller chercher la cause du refus qu'elle opposa au philosophe. Elle nous en donnera elle-même plus tard l'explication ([1]) : « Je n'ai jamais douté que la lettre de d'Alembert au sujet des prisonniers français pris à Cracovie, qu'il m'écrivit, n'eût été dictée par le ministère d'alors ; je suis bien aise de savoir que je ne me suis pas trompée. » Si l'Impératrice refusa l'élargissement des prisonniers français, c'est donc surtout parce qu'elle voulait être désagréable au gouvernement de Louis XV ; et d'Alembert ne peut être rendu responsable de cet échec.

Il ne faut pas, d'ailleurs, s'exagérer les sentiments qu'elle nourrissait pour d'Alembert. Elle n'eut jamais un grand penchant pour lui ; et depuis la brouille il y a de part et d'autre épigrammes et cri-

---

([1]) Lettre à Grimm du 8 mai 1784.

tiques amères. Catherine apprit un jour que d'Alembert avait vivement critiqué l'annexion de la Crimée, et le décès du philosophe empêcha la Tsarine de se justifier à ses yeux. Mais, quand elle apprit sa mort, en 1783, elle ne marqua à Grimm aucune affliction ; pas le moindre banal adieu, si ce n'est ceci : « Je suis fâchée de la pusillanimité que d'Alembert a marquée dans sa maladie : les forces du corps avaient apparemment emporté avec elles celles de l'esprit. » Quel contraste avec le langage qu'elle avait tenu lors du décès de Voltaire !

Lorsque, en 1782, le grand-duc Paul, voyageant sous le nom de comte du Nord, alla à Paris, il se rendit chez d'Alembert et, par les marques les plus vives de respect, « s'efforça de réparer la blessure faite par sa mère à l'amour-propre du philosophe ». Il fit allusion au projet qu'avait conçu sa mère de lui donner le philosophe pour précepteur, et il lui dit : « Vous devez comprendre, Monsieur, tout le regret que j'ai de ne vous avoir pas connu plus tôt. »

IV

Y a-t-il lieu de regretter que d'Alembert ait refusé
d'aller à Saint-Pétersbourg ? On peut se demander,
en effet, si les principes éducateurs du grand encyclopédiste eussent si magnifiquement transformé
l'âme du grand-duc !

Nous croyons qu'il eût échoué dans la mission
que Catherine II voulait lui confier. D'Alembert
était un savant, et non un pédagogue. Eût-il réussi
à apprendre au grand-duc Paul beaucoup de sa
science et de sa philosophie ? Il est permis d'en
douter.

M. Alfred Rambaud, dans une étude datant d'une
douzaine d'années, a émis l'avis que le philosophe
aurait exercé sur le prince un tel ascendant que
son influence éducatrice aurait eu nécessairement
un effet salutaire. « Qui sait ce qu'aurait pu devenir
en de telles mains un prince bien doué après tout,
dont les circonstances ou, peut-être, une fatale
influence héréditaire avaient aigri le caractère ? »
Et, dans un livre récent (¹), M. Pierre Morane
exprime le même sentiment : « Le froid géomètre
aurait su mieux que personne plier le grand-duc à

(¹) *Paul I*er *de Russie avant l'avènement au trône*, par Pierre
MORANE, un volume in-8, 1908. Librairie Plon.

une discipline morale, redresser son caractère en faisant l'éducation de son intelligence. » M. Pierre Morane conclut même que ce prince, « honnête et droit, plein de velléités pour le bien, aurait pu devenir tout le contraire de ce qu'il a été : un prince d'idylle et de conte moral ».

Certes, bien que nous refusions à d'Alembert les talents d'un parfait pédagogue, il est certain que sous son influence immédiate le tempérament du grand-duc Paul en eût pu être adouci, et le caractère quelque peu redressé ; mais nous ne partageons pas l'optimisme de MM. Rambaud et Morane. Il est douteux que d'Alembert eût réussi à en faire le souverain idéal qu'il rêvait.

Est-il utile d'énumérer les nombreux arguments qui semblent prouver que le grand-duc Paul, marqué de tares héréditaires, n'aurait pas tiré grand profit d'un si puissant éducateur ? Parce que les humiliations et les meurtrissures auxquelles sa jeunesse fut soumise eurent un écho dans son âme, assombrirent son caractère, et firent que « sa rudesse devint de la défiance et de la sauvagerie », est-ce à dire qu'elles eurent quelque fâcheuse action sur ses facultés de compréhension ? Pas le moins du monde. Le régime d'isolement qui lui fut imposé par sa mère ne pouvait aucunement atrophier ses organes intellectuels. M. Pierre Morane, qui a tracé du grand-duc un portrait aussi bienveillant que brillant, ne se contente pas de nous dire qu'à huit ans Paul « était un enfant assez mal

tourné, disgracieux et d'une santé peu robuste ».
Les propos qu'il lui prête dénotent une intelligence
qui veut rester obstinément fermée à toutes les connaissances : « Il était sauvage, défiant, agressif.
Il était incapable d'application soutenue, de travail
continu, de régularité. »

Croit-on, dès lors, que la patience d'un d'Alembert ne se serait pas brisée contre une telle inertie
intellectuelle ? L'indépendance de caractère du
grand écrivain eût difficilement supporté la résistance d'un écolier présentant si peu de ressources
et si rebelle à tout travail. Il aurait accompli son
devoir d'éducateur avec une conscience scrupuleuse, mais ce n'est pas avec la complaisance d'un
courtisan qui veut plaire coûte que coûte. Et comme
Paul était un enfant à ne faire aucun cas de la réputation d'un tel maître, d'Alembert se serait vraisemblablement heurté à un *non possumus* complet.
S'imagine-t-on de quel poids aurait été sur la nature
fruste et entêtée d'un tel élève la parole autorisée
et hardie de l'encyclopédiste ? Paul eût-il même
compris ce qu'était un encyclopédiste ? Car il ne
faut pas oublier qu'il avait à peine neuf ans quand
la Tsarine conçut le projet d'appeler d'Alembert.
C'est par des niches, des pieds de nez et par une
insubordination de jeune sauvageon que l'enfant
aurait répondu aux leçons et aux conseils du savant !

Il est donc logique de penser que d'Alembert
n'eût pas réussi à vaincre les goûts de paresse du
jeune grand-duc, ni à meubler son esprit ainsi qu'à

former son caractère. Et il en eût été ainsi parce que chez Paul l'étoffe manquait. Malgré son ébauche de *flirt* avec une Tchoglokof, et son idylle plus ou moins platonique avec Catherine de Nélidof, qui dénotent une naïveté de sentiments que la Tsarine s'efforça, d'ailleurs, de déflorer, nous ne voyons pas Paul Ier en prince de conte moral.

Certes, nous ne méconnaissons pas le souci qu'aurait eu l'encyclopédiste d'arriver à un heureux résultat, s'il avait accepté la mission de présider à l'éducation du grand-duc. Mais nous ne pouvons pas lui faire un grief de son refus, car il y a de la différence entre philosopher et être pédagogue; or, le savant géomètre, accoutumé à démêler le pourquoi des choses, n'aurait pas été flatté de subir les rebuffades et les tracasseries d'un écolier dédaigneux de son enseignement et si peu compréhensif de la portée de ses idées.

On sait que l'éducation de Paul avait été confiée au comte Nikita Panin. C'est notre ambassadeur qui portait ce jugement : « M. Panin est un bonhomme. Ses grandes affaires sont la mollesse, le sommeil, le commérage et les filles. » Panin dirigea la diplomatie de son pays avec habileté et clairvoyance. Mais il échoua dans sa mission de gouverneur et d'éducateur; et il est certain que, non moins que d'Alembert, bien que pour de tout autres motifs, il n'avait rien d'un conducteur d'âmes.

Ce qui eût convenu au grand-duc, ce sont ces soins incessants de la famille, qui, par des caresses, ou du moins par de constantes marques d'affection, eussent pu calmer sa nature sauvage, apaiser sa défiance, arrêter ses écarts de conduite, dominer son tempérament d'impulsif. Cette atmosphère d'affection eût pu, seule, refréner ses penchants pervers et faire éclore quelques vertus; elle lui fit toujours défaut. Aussi peut-on dire que sa vie fut « noire et glacée comme une nuit d'hiver en Russie ». Mais ce n'est pas d'Alembert qui eût pu suppléer à ce manque de caresses maternelles.

Et ce n'est pas seulement auprès du grand-duc Paul que d'Alembert eût vraisemblablement échoué. Son caractère était droit et entier. « Honnête homme et homme de bien », nous dit M. Bertrand; assurément, mais pas homme de cour. A Péterhof il aurait été blessé par les préjugés, les sottises et les courbettes des courtisans, par les intrigues des ambitieux. L'allure générale de la cour de Russie lui eût sûrement déplu, et il n'aurait pas su cacher son mépris pour des hommes que la civilisation occidentale avait encore à peine touchés. Peut-être même aurait-il été l'objet d'intrigues auxquelles son caractère se serait difficilement plié et dont il aurait souffert. La fermeté de ses principes ne se serait pas laissée entamer au spectacle de ces intrigues et de ces bassesses de cour, mais sa réputation en eût peut-être été diminuée. S'il avait su cacher ses impressions et réprimer tous cris de révolte, il n'y eût du moins rien gagné, et les sciences y eussent perdu. Il est vraisemblable, en effet, que le philosophe n'eût pas été à Saint-Pétersbourg dans la possibilité de terminer l'œuvre scientifique et philosophique que nous avons de lui. Comme le dit M. A. Rambaud, « il est difficile de se figurer le philosophe à la cour de Russie. Le cabinet de l'Impératrice y était presque le seul lieu où il ne se fût pas trouvé dépaysé. » D'Alembert n'était pas l'homme qu'il fallait pour être le précepteur d'un grand-duc. C'est Grimm qu'il aurait fallu. Grimm possédait des connaissances fort étendues et il eût fait un éducateur consciencieux ; de plus, souple et complimenteur, il eût été un parfait courtisan. Il y a donc lieu de se féliciter que d'Alembert ait reculé devant le rôle qui lui était offert. « Toute ma vie je me féliciterai du voyage de Saint-Pétersbourg », a écrit Diderot. Il est permis de croire que d'Alembert se félicita de n'avoir pas fait ce voyage.

Bien que les relations de Catherine et du philosophe ami de Mlle de Lespinasse ne présentent pas ce pittoresque ni ce caractère d'intimité qui font le charme des « pancartes » de la Tsarine à Grimm, elles nous montrent quelques-unes des qualités de style des deux correspondants, et nous révèlent surtout quelque chose de leur état d'esprit.

Dans le portrait qu'il a tracé de lui-même, d'Alembert nous dit : « Sa conversation est très inégale, tantôt sérieuse, tantôt gaie, assez souvent décousue, mais jamais fatigante, ni pédantesque. » Ses lettres à l'Impératrice nous le donnent plus souvent sérieux que gai, d'un langage qui, en effet, n'est pas pédantesque ni fatigant, mais qui est plus travaillé que d'habitude. On sent parfois l'effort. Par contre, il doit être loué de n'avoir pas versé, comme le fit Voltaire, dans une plate adulation. Certes, il ne ménagea pas les compliments à la Tsarine ; pouvait-il faire autrement ? Mais il ne dépassa pas la mesure et ne se fit pas courtisan. Il est juste de lui en savoir gré.

Quant aux lettres de Catherine à d'Alembert, bien qu'elles manquent de cet abandon et de cette jovialité que nous aimons tant chez elle, il peut en être dit avec M. Ch. Henry : « Le ton parfois emphatique du philosophe fait contraste avec la toute gracieuse simplicité et l'exquise féminilité de sa correspondante. »

Cette exquise féminilité du parler de la Tsarine est bien autrement sensible dans ses lettres à Grimm, à Voltaire, à Mᵐᵉ Geoffrin, à Mᵐᵉ de Bielke, au prince de Ligne, etc. Cette courte correspondance avec d'Alembert nous révèle, cependant, quelque chose de l'âme de la grande souveraine : elle nous montre une Catherine désireuse de posséder d'Alembert parce qu'il est une des gloires du siècle, dépitée de n'avoir pas réussi à l'attirer, heureuse tout d'abord, néanmoins, d'entretenir avec lui des relations épistolaires qui peuvent servir à son bon renom en Europe, enfin nullement contrariée de rompre ces relations quand son trône et sa personne n'ont plus besoin des louanges des philosophes, et se dégageant définitivement de ces liens par un refus qui semble être, à dix ans de distance, le pendant et la réponse de celui que lui avait opposé le grand encyclopédiste.

A ces divers titres, il n'était pas inutile de suivre pas à pas les relations de ces deux esprits éminents.

MERCIER DE LA RIVIÈRE [1]
A SAINT-PÉTERSBOURG EN 1767

D'APRÈS DE NOUVEAUX DOCUMENTS [2]

Les relations de Mercier de La Rivière avec l'impératrice Catherine II ne furent ni longues ni heureuses. Elles furent brisées presque aussitôt qu'établies, et de La Rivière n'eut pas à se féliciter d'être allé en Russie.

Les rapports entre la grande souveraine et cet économiste distingué sont peu connus et n'ont fait l'objet d'aucune étude spéciale. Diderot, qui

---

[1] *Mercier* de La Rivière s'appelait en réalité : *Le Mercier* de La Rivière, ainsi que l'a fait remarquer M. Maurice Tourneux dans son bel ouvrage : *Diderot et Catherine II.* Et c'est de ce nom que furent signés les études et travaux qu'il publia.

Mais les contemporains avaient pris l'habitude, par abréviation, de le désigner sous ce nom : Mercier de La Rivière, et même fréquemment : de La Rivière. Grimm, dans sa *Correspondance,* le comte de Ségur, dans ses *Mémoires,* le chevalier de Corberon, dans son *Journal intime,* et plusieurs autres écrivains disent la plupart du temps : Mercier de La Rivière ; Diderot, Falconet, Catherine II, etc., écrivent plus volontiers : M. de La Rivière.

Les deux orthographes ont donc leur raison d'être. Mais, à la fin du dix-huitième siècle, l'auteur de *L'Ordre essentiel* était surtout connu sous l'appellation de Mercier de La Rivière. C'est pourquoi, malgré l'observation très juste de M. Maurice Tourneux, qui a consacré en 1899 quelques pages fort judicieuses à Le Mercier de La Rivière, nous n'avons pas cru devoir modifier le titre de cette étude.

[2] Cette étude a été publiée dans la *Revue d'histoire littéraire de la France* (numéro du 15 octobre 1897).

mettait Mercier de La Rivière à côté et même au-
dessus du président de Montesquieu, le recom-
manda à la Tsarine, comme il l'avait déjà fait de
Falconet. Catherine l'attira en Russie, et Mercier
de La Rivière se rendit, paraît-il, si désagréable dès
son arrivée dans l'empire des tsars, qu'il fut invité
à retourner dans son pays. C'est à quoi se rédui-
saient naguère les renseignements recueillis sur le
voyage de Mercier de La Rivière à Saint-Pétersbourg.

Le seul récit que nous possédions de ses mésa-
ventures est celui que nous en a laissé le comte de
Ségur, qui fut notre ambassadeur à la cour de
Russie de 1785 à 1789. Il les tenait de l'Impératrice
même, dont il avait su gagner la confiance. Voici
son récit, extrait de ses *Mémoires,* qui a besoin
d'être expliqué, complété, et même redressé en
certains points :

« Dès que de La Rivière fut arrivé à Moscou (¹),

(¹) Le comte de Ségur affirme que la Tsarine avait fait dire à
Mercier de La Rivière de *l'attendre* à Moscou ; d'après lui, le voyageur *précéda* la souveraine dans cette ville. C'est là, sans doute, une
défaillance de mémoire du comte de Ségur ; car la Tsarine n'avait pu
engager Mercier de La Rivière qu'à aller *la rejoindre* dans cette
ville. En effet, Catherine avait fait son entrée solennelle à Moscou
bien avant l'arrivée de La Rivière en Russie. Celui-ci était arrivé à
Pétersbourg dans les derniers jours de septembre ou les premiers
d'octobre 1767, et la Tsarine avait quitté sa capitale le 18 février
précédent. *D'ailleurs, Mercier de La Rivière n'alla jamais à Moscou.* Ségur, il est vrai, affirme le contraire, et d'autres écrivains l'ont
dit après lui. Mais, ainsi que nous le verrons plus loin, de La
Rivière attendit l'Impératrice à Pétersbourg, et il quitta la Russie
quelques semaines après son retour.

me dit l'Impératrice, son premier soin fut de louer trois maisons contiguës, dont il changea précipitamment toutes les distributions, convertissant les salons en salles d'audiences et les chambres en bureaux.

« Le philosophe s'était mis dans la tête que je l'avais appelé pour m'aider à gouverner l'empire et pour nous tirer des ténèbres de la barbarie par l'expansion de ses lumières. Il avait écrit en gros caractères sur les portes de ses nombreux appartements : *Département de l'intérieur, Département du commerce, Département de la justice, Département des finances, Bureau des impositions, etc.;* et en même temps il adressait à plusieurs habitants russes ou étrangers, qu'on lui indiquait comme doués de quelque instruction, l'invitation de lui apporter leurs titres pour obtenir les emplois dont il les croirait capables.

« Tout ceci faisait un grand bruit dans Moscou, et comme on savait que c'était d'après mes ordres qu'il avait été mandé, il ne manqua pas de trouver bon nombre de gens crédules, qui d'avance lui faisaient leur cour.

« Je tirai ce législateur de ses rêves ; je m'entretins deux ou trois fois avec lui de son ouvrage sur lequel j'avoue qu'il me parla fort bien ; car ce n'était pas l'esprit qui lui manquait. La vanité seule avait momentanément troublé son cerveau. Je le dédommageai convenablement de ses dépenses. Nous nous séparâmes contents ; il oublia ses songes de premier ministre et retourna dans son pays, en auteur satisfait, mais en philosophe un peu honteux du faux pas que son orgueil lui avait fait faire. »

Nous savions enfin par une lettre de Catherine à Voltaire le peu de succès que Mercier de La Rivière avait obtenu en Russie, et le cas qu'elle en avait fait. C'est le 22 octobre/2 novembre 1774 qu'elle écrivit à Voltaire cette plaisanterie que Ségur rapporte dans ses *Mémoires,* et qui fit à l'époque le tour des salons ainsi que la joie des admirateurs de l'Impératrice : « Monsieur de La Rivière est venu ici pour nous *législater.* Il nous supposait marcher à quatre pattes, et très poliment il s'était donné la peine de venir de la Martinique pour nous dresser sur nos pattes de derrière. »

Quant aux modernes historiens qui ont eu à leur disposition les documents dont nous comptons nous servir, il n'en est aucun qui ait jugé à propos de donner de l'incident un récit complet. M. Waliszewski, dont les travaux sur la grande Catherine sont les plus étendus et les plus complets, ne consacre que deux pages à Mercier de La Rivière ; et M. Léonce Pingaud, dans son bel ouvrage : *Les Français en Russie et les Russes en France,* lui en consacre moins encore. Quant à M. Louis Ducros, dans son *Diderot,* il se borne à noter, sans la raconter, l'histoire de la grandeur et de la décadence de l'économiste. Et ils sont les seuls, à notre connaissance, qui aient relevé les courtes relations de Mercier de La Rivière avec la souveraine de toutes les

Russies. La question reste donc entière, et bien
que le récit du commerce d'une grande impératrice
avec un écrivain de la valeur de Mercier de La Rivière ne soit pas d'une importance considérable,
l'incident n'ayant aucune portée politique, il n'est
pas inutile de relever les erreurs répandues et de
rétablir les faits dans leur exactitude la plus scrupuleuse.

En l'état actuel des documents mis au jour, il
n'est pas possible de reconstituer dans tous ses
détails le séjour que Mercier de La Rivière fit en
Russie, ni d'indiquer sur quels points précis por-
taient ses plans de réforme. Il est également assez
difficile de délimiter les torts que la Tsarine et
l'économiste eurent l'un à l'égard de l'autre. Mais
la correspondance de Catherine II récemment publiée dans le *Recueil de la Société impériale historique russe*, et surtout la correspondance, encore
inédite, de notre chargé d'affaires à Saint-Pétersbourg (¹), ainsi que les autres documents dont nous
disposons aujourd'hui (²), permettent, malgré leurs
contradictions nombreuses, de reconstituer l'ensemble du voyage de Mercier de La Rivière, et

______

(¹) Archives des affaires étrangères, fonds de Russie.

(²) Parmi les matériaux que nous avons également consultés, nous
citerons l'ouvrage du professeur Bilbassof : *Diderot à Saint-Pétersbourg*, qui contient en annexe deux lettres de Mercier de La Rivière,
datées de Saint-Pétersbourg, et adressées, l'une à Diderot, l'autre à
l'abbé Raynal. Nous citerons aussi la correspondance de Diderot et de
Falconet, dont la partie retrouvée a été publiée par M. Charles Cournault, et dont certains fragments sont précieux pour l'étude de cet
incident.

d'établir assez sûrement pour quels motifs l'Impératrice mit, à se défaire de l'économiste, autant d'empressement qu'elle en avait mis à le faire venir.

Certes, l'opinion que nous avions de La Rivière — grâce à Catherine II et à Ségur — n'en sera pas très sensiblement modifiée. De La Rivière, en effet, eut le don de mécontenter en Russie tous ceux qui l'approchèrent, d'agacer singulièrement la souveraine, et il est très vrai qu'il réussit si peu dans sa mission qu'il dut l'abandonner avant de l'avoir commencée. Cependant, les documents nouveaux nous permettent d'atténuer la fâcheuse opinion que l'on s'était faite de lui, et de marquer certaines responsabilités. Ils nous initient aux dessous de ces courtes relations et ils nous prouvent que, si de La Rivière ne sut pas s'attirer les bonnes grâces de l'Impératrice, celle-ci, prévenue contre lui dès son arrivée à Pétersbourg, loin de retenir son hôte ou du moins de faciliter un arrangement, fit tout au monde pour s'en débarrasser.

Il n'est donc pas inutile de retracer le tableau de ce petit incident, qui constitue un chapitre assez piquant des relations que Catherine *le Grand* — pour parler comme le prince de Ligne — entretint avec les encyclopédistes et avec la plupart de nos écrivains les plus illustres.

I

Écrivain illustre, Mercier de La Rivière croyait l'être. Rectifions cette opinion qu'il avait de lui. Il était un esprit distingué. Il eut son heure de célébrité. C'était en 1767, au moment où parut l'ouvrage auquel il dut sa réputation : *L'Ordre naturel et essentiel des sociétés politiques.*

L'ouvrage, magnifiquement lancé, eut un succès retentissant. Deux éditions en parurent simultanément, l'une in-4, l'autre in-12, et le libraire n'eut pas à le regretter. Le succès s'éteignit assez rapidement, et la réputation de l'auteur n'est pas arrivée jusqu'à nous (¹). Toujours est-il que ses amis placèrent l'ouvrage à côté de l'*Esprit des lois*. Mercier de La Rivière se laissa faire complaisamment et, peut-être, échauffa le zèle de ses partisans.

C'est à ce moment que l'impératrice Catherine, au courant de ce qui se passait à Paris, « fit l'acquisition » de La Rivière et crut avoir trouvé en lui l'homme indispensable pour mener à fin et à

____

(¹) Né à Saumur en 1719, Mercier de La Rivière mourut en 1801. Ses principaux ouvrages, outre son traité *De l'ordre naturel et essentiel des sociétés politiques,* — le seul qui eût mérité de survivre, — furent : *L'Intérêt général de l'État ou la Liberté du commerce du blé; De l'instruction publique ou Considérations morales et politiques sur la nécessité, la nature et la source de cette instruction; Lettre sur les économistes.*

bien l'œuvre immense de législation dont elle voulait doter la Russie.

L'oubli dans lequel est tombé Mercier de La Rivière est tel qu'il importe de rappeler brièvement ce que fut l'auteur de l'*Ordre essentiel*.

De La Rivière avait été conseiller au parlement de Paris et intendant de la Martinique. Accusé d'avoir, dans notre colonie, favorisé les Anglais au détriment du commerce français, il avait dû résigner ses fonctions ; rentré en France, il avait présenté au duc de Choiseul un mémoire apologétique de son administration, où il s'était disculpé de tous les griefs portés contre lui, et qui parut à Grimm « l'ouvrage d'un homme d'État ».

Soit au parlement de Paris, soit à la tête du gouvernement de la Martinique, La Rivière avait déployé une grande habileté et fait preuve d'une profonde connaissance des affaires. Il était un légiste distingué, et les fonctions qu'il avait remplies lui avaient valu la réputation d'un administrateur expert et plein de ressources.

Il s'affilia à la secte des économistes. Il devint le disciple de Quesnay et le collaborateur du marquis de Mirabeau. Est-ce à cause de cela que Grimm, dans sa fameuse *Correspondance,* le maltraite si rudement ? C'est bien possible. On sait, en effet, que, si la critique de Grimm se distingue par le bon sens, elle n'est pas plus exempte de passion que de lourdeur germanique. Son esprit n'éclate pas en notes claires. Quand il veut malmener quelqu'un, il le fait sans ménagements. Or, Grimm, ami des encyclopédistes, éprouve la plus sainte horreur pour le « fretin économique » qui se préoccupe de réformer la société par des principes nouveaux. Il n'aura pas de mots assez sévères pour le « ton cynique » et l'attitude grotesque de chef de secte du Dr Quesnay, ancien médecin de la Pompadour. Il n'aura pas de mots assez ironiques pour les chimères du marquis de Mirabeau et, tandis qu'il annoncera pompeusement les ouvrages de l'abbé Galiani sur le commerce des blés — parce que l'abbé Galiani est de ses amis — il malmènera durement les ouvrages de Mercier de La Rivière et les doctrines de la « coterie » économique. A son avis, *L'Ordre essentiel des sociétés politiques* est un détestable ouvrage, un des plus mauvais qu'il connaisse ; il n'a jamais essuyé, dit-il, « une lecture plus pénible et plus assommante », et il reproche à l'auteur de n'avoir mis dans son livre qu'un ramassis « de choses triviales et de lieu... communs si ridiculement outrés et exagérés qu'ils en sont devenus absurdes ». L'auteur, dira-t-il encore, « a l'air d'un homme ivre d'eau ». Si La Rivière n'est qu' « ivre d'eau », Grimm ne nous fera pas croire qu'il soit bien dangereux, ni que la secte des économistes ruraux fasse courir de grands dangers à la société et à la morale. Il faut donc faire quelques réserves à la critique de Grimm, surtout quand il parle de ce « fretin économique ». Il est plus juste de dire que La Rivière n'était pas le premier venu, et que son *Ordre essentiel* n'était pas l'œuvre d'un sot. Grimm avoue, d'ailleurs, que l'ouvrage fit sensation et donna lieu à de nombreuses réponses, dont une de l'abbé de Mably.

De La Rivière eut donc son heure de vogue. Les admirateurs de son ouvrage furent nombreux, et Diderot lui apporta le suffrage de son autorité. Grimm explique, il est vrai, comment Diderot s'engoua de l'ouvrage de Mercier de La Rivière. Il ne peut pas nier que Diderot soit un bon juge, mais, parmi les œuvres que son ami est appelé à juger, il distingue celles qui sont vraiment supérieures, et celles qui « n'ont ni idées, ni talent, ni style ». Pour celles-ci, Diderot « trouve plus court de les refaire dans sa tête ; il lit dans le livre ce qui n'est que dans son imagination et, prêtant ainsi à un pauvre homme son génie et sa vue, il en fait avec très peu de frais un homme merveilleux ». Il y faut joindre la bienveillance naturelle de Diderot qui lui fait facilement découvrir des chefs-d'œuvre.

Au dire de Grimm, c'est ce qui arriva pour l'ouvrage de La Rivière. Diderot le jugea pour ce qui n'y était pas, plus que pour ce qui s'y trouvait. L'enthousiasme de Diderot n'eut plus de bornes, quand il apprit que Mercier de La Rivière, qu'il avait recommandé à Catherine II, partait pour la Russie. Certes, on serait tenté de donner raison à Grimm quand on voit Diderot placer La Rivière au-dessus de Montesquieu. L'*Ordre essentiel* ne saurait supporter la comparaison avec l'*Esprit des lois*.

Mais il s'y trouvait des idées généreuses et il y
régnait un esprit de libéralisme qui flattaient
Diderot (¹).

Aussi, quand de La Rivière part pour la Russie,
Diderot lui remet pour son ami Falconet, qui travaille à la statue équestre de Pierre le Grand, une
lettre destinée à être lue de l'Impératrice, et où se
trouvent ces passages enthousiastes : « Dans six
semaines, au plus tard, vous recevrez cette lettre,
et vous embrasserez celui qui vous la remettra,
parce qu'il te remettra une lettre de ton ami. Je ne
vous nomme point cet homme. Il a reçu de la nature une belle âme, un excellent esprit, des mœurs
simples et douces... Ah! si Sa Majesté Impériale a
du goût pour la vérité, quelle sera sa satisfaction !
Je la devine d'avance et la partage. Nous nous pri-
vons de cet homme pour vous. Il se prive de nous
pour elle. Il faut que nous soyons tous étrangement
possédés de l'amour du genre humain. Il sera précédé d'un ouvrage intitulé : *De l'Ordre naturel et
essentiel des sociétés politiques*. C'est l'apôtre de la
propriété, de la liberté, et de l'évidence... Jetez-vous
bien vite sur ce livre. Dévorez-en toutes les lignes
comme j'ai fait... Nous envoyons à l'Impératrice
un très habile, un très honnête homme. Nous vous
envoyons à vous un galant homme, un homme de
bonne société. Ah! mon ami, qu'une nation est à

____

(¹) L'auteur, devançant son époque, y soutenait, par exemple, la
cause de la liberté de la presse.

plaindre, lorsque des citoyens tels que celui-ci y sont oubliés, persécutés et contraints de s'en éloigner, et d'aller porter au loin leurs lumières et leurs vertus... Lorsque l'Impératrice aura cet homme-là, et de quoi lui serviront les Quesnay, les Mirabeau, les Voltaire, les d'Alembert, les Diderot ? A rien, mon ami, à rien... C'est celui-là qui la consolera de la perte de Montesquieu ([1]). »

([1]) Les lettres de Diderot à Falconet dont nous avons parlé plus haut ont été publiées par M. Charles Cournault, dans la *Revue moderne*, en 1866 et 1867. Elles sont au nombre de vingt-trois, et nous y ferons plus d'un emprunt. Ces lettres du philosophe furent écrites pendant les années que Falconet passa en Russie. La lettre dont nous citons ici un fragment est de juillet 1767.

II

En 1767, Catherine II travaille depuis plusieurs
années à une refonte et à une codification de la
législation. Ces lois ne sont pas œuvre facile, car
« elles doivent servir pour l'Asie et pour l'Europe,
et quelle différence de climat, de gens, d'habitudes,
d'idées même ! » Quand elle écrit cela à Voltaire, elle
se trouve à Kasan, où il y a « vingt peuples divers,
qui ne se ressemblent point du tout. Il faut cependant leur faire un habit qui leur soit propre à tous. »
Elle écrit à cet effet une *Instruction pour le Code,*
qui est l'objet de tous ses soins. Pour ce travail elle
s'inspire du président de Montesquieu, avec lequel
elle s'est familiarisée quand elle était grande-duchesse. Elle a écrit à Mme Geoffrin : « L'*Esprit des
lois* est le bréviaire des souverains, pour peu qu'ils
aient le sens commun. » Et elle a été tout aussi
catégorique avec d'Alembert. Elle lui a déclaré,
comme nous l'avons vu plus haut, qu'elle a si bien
pillé le président de Montesquieu, que si, de l'autre
monde, il la voit au travail, il lui pardonnera ce
plagiat en raison du bien qui doit en résulter pour
l'humanité. Du reste, elle a pillé Beccaria non
moins que Montesquieu. Enfin, quand Diderot sera
à Pétersbourg, Catherine lui communiquera également son *Instruction pour le Code,* et l'encyclopédiste l'annotera.

Diderot fit mieux que l'annoter. Catherine II trouva plus tard dans sa bibliothèque un cahier intitulé : « *Observations sur l'Instruction de S. M. I. aux députés pour la confection des lois* (¹). » Diderot écrivit ce commentaire après son voyage de Russie, car durant son séjour à Pétersbourg il ne le fit pas connaître à la Tsarine. Mais l'Impératrice fait cette découverte en 1785, à un moment où elle trouve subversives et dangereuses les théories du grand encyclopédiste, et où elle ne fait plus cas de lui. Aussi il faut voir avec quel dédain elle parle du « vrai babil de Diderot, dans lequel on ne trouve ni connaissance des choses, ni prudence, ni prévoyance » (²). Par contre, elle attribue toujours les plus grands mérites à son *Instruction pour le Code,* qu'elle entrevoit avec des yeux d'auteur, — bien que Montesquieu et Beccaria aient quelques titres à en réclamer la paternité. — Aussi elle ajoute : « Si mon *Instruction* avait été du goût de Diderot, elle aurait été propre à mettre toutes les choses sens dessus dessous. Or, je soutiens que mon *Instruction* a été non seulement bonne, mais même excellente et bien appropriée aux circonstances, parce que, depuis dix-huit ans qu'elle existe, non

---

(¹) M. Maurice Tourneux a publié ces *Observations,* ainsi que les autres travaux que Diderot composa pour la Tsarine, dans les *Appendices* de son ouvrage : *Diderot et Catherine II* (un beau volume in-8, 1899. Librairie Calmann Lévy).

(²) Lettre à Grimm du 23 novembre 1785. — Les lettres de l'Impératrice à Grimm ont été publiées dans le tome XXIII du *Recueil de la Société impériale historique russe.*

seulement en aucun point elle n'a fait aucun mal,
mais encore que tout le bien qui s'est fait et dont
tout le monde convient est parti des principes éta-
blis par cette *Instruction*. »

Nous ne saurions être d'un avis contraire. Catherine savait mieux que Diderot ce qui convenait à
l'esprit, aux mœurs et aux traditions de la Russie,
ainsi qu'à son régime autocratique. Mais en 1767
elle se serait bien gardée de faire la critique de
Diderot, même si elle en avait eu envie. Dans les
premières années de son règne, elle nourrissait
pour l'encyclopédiste un culte fervent et qui n'était
pas entièrement de commande. Certes, la Tsarine,
pour se concilier les faveurs des grands écrivains,
exagérait prodigieusement les louanges, mais il
entrait néanmoins, dans cette admiration, une part
de sincérité.

Il a été dit que Catherine convoqua en 1767 une
assemblée de notables afin d'amuser l'Europe, et
que cet essai n'aboutit à rien de sérieux. Notre
chargé d'affaires Rossignol déclare que « ce phénomène extraordinaire n'est qu'une comédie ». L'abbé
Raynal ne pensera pas différemment. Et aussi le
duc de Choiseul, dont on connaît le mépris pour
l'Impératrice ; — celle-ci le lui rendait bien. — A
la date du 23 janvier 1767 il écrit à notre représentant à Pétersbourg : « Si le code des lois auquel
Catherine II travaille doit être prêt pour être publié
à Moscou, il semble que cette princesse, en appe-
lant des jurisconsultes de différentes parties de

l'Europe, cherche plutôt des admirateurs que des coopérateurs. Elle paraît ambitionner bien vivement d'être législateur de son Empire, mais le gros de la nation est encore trop barbare pour lui promettre autre chose que la gloire stérile d'avoir peut-être fait un beau roman [1]. » Quelques jours après, le 15 février [2], au moment même où l'Impératrice se rendait à Moscou pour présider à l'ouverture de cette grande assemblée de notables, Choiseul s'exprime ainsi : « L'entreprise de donner un nouveau code de lois à toute la Russie est sans doute grande et magnifique. Il est plus beau encore de vouloir y faire concourir ses sujets et de créer à cet effet des ordres dans un État dont le propre paraissait être de n'en point admettre ; mais l'écueil sera dans l'exécution d'un projet qui paraît au-dessus de la portée de ceux qu'on y veut faire participer [3]. »

On sait que cette grande assemblée, après de nombreuses et laborieuses délibérations, n'accoucha d'aucune réforme considérable ; elle aurait pu tout bouleverser ; en réalité elle n'aboutit à aucun résultat sérieux. Nous voulons bien croire que la Tsarine n'en fut pas autrement contrariée. Cepen-

---

[1] Archives des affaires étrangères, *Correspondance de Russie*, tome LXXX, année 1767. Correspondance inédite.

[2] C'est le 18 février, vers les 3 heures de l'après-midi, au bruit du canon de la citadelle et de l'amirauté, que la souveraine quitta Pétersbourg. Elle alla coucher à sa résidence de Tsarskoié-Selo, et le lendemain se mit en marche pour Moscou.

[3] Archives des affaires étrangères, *Correspondance de Russie*. tome LXXX, année 1767. Correspondance inédite.

dant il convient de dire, avec M. L. Pingaud, qu'elle n'eût pas « laissé six ans en séance ces législateurs improvisés ou leurs représentants, ni laissé discuter par eux des projets inconciliables avec l'autorité traditionnelle des tsars, si elle eût jugé l'entreprise absolument chimérique » (¹). Il est permis de croire, en effet, que Catherine apporta dans cette œuvre législative l'ardent désir de redresser des abus et un amour réel du bonheur de son peuple. Sa *Correspondance,* où elle parle souvent de son *Instruction pour le Code,* semble établir la sincérité du but qu'elle poursuivait.

Cette *Instruction* vit le jour en 1767 (²). Mais Catherine y travaillait depuis plusieurs années, puisqu'elle avait voulu en communiquer le manuscrit en 1765 à d'Alembert. Dans ces deux ans elle l'avait si bien remaniée qu'elle l'avait rendue méconnaissable ; elle en transforma même l'esprit. Après s'être laissée guider par les tendances libérales des philosophes, elle en atténua considérablement la portée au profit des traditions nationales. Cette *Instruction* avait été si longtemps sur le métier, et soulevait des questions d'une telle importance, que la Tsarine en parlait comme d'une de ses œuvres le plus près de son cœur. Et son œuvre de codification ne se borna pas à cette *Instruction.* Elle poursuivit

---

(¹) *Les Français en Russie et les Russes en France,* p. 33.

(²) L'original, signé de Catherine II, est du 30 juillet 1767, à Moscou.

ses réformes — sur le papier — avec un zèle irré-
gulier, mais louable.

Grimm et Voltaire sont les confidents avec lesquels elle s'entretient le plus volontiers de ses travaux. Quand la politique l'absorbe, elle écrit à
Grimm : « La *législomanie* va clopin-clopant. » En
1775 elle annonce à Voltaire qu'elle part pour
Moscou afin d'y reprendre le grand ouvrage de législation ; et elle n'omet pas de noter qu'elle est
fort heureusement privée des lumières de « Solon-
La Rivière ». D'autre part, elle écrit à Grimm :
« Apprenez une nouveauté : il y a une maladie nouvelle, qui s'appelle la *législomanie,* dont on dit que
l'Impératrice de Russie est fort attaquée pour la
seconde fois : la première, elle ne fit que des principes ; cette fois-ci, c'est tout de bon la besogne.
Oh ! la pauvre femme ! Elle en mourra, ou elle
achèvera. » En 1782, elle fut reprise d'une nouvelle
crise de *législomanie* (¹) : « Imaginez-vous que nous
législatons, malgré les vaines déclamations de l'abbé
Raynal contre nous, depuis 6 heures du matin
jusqu'à 9. » Et en 1769 elle avait écrit à Voltaire (²) : « Nos loix vont leur train : on y travaille
tout doucement. Il est vrai qu'elles sont devenues
causes secondes, mais elles n'y perdront rien. Ces
loix seront tolérantes ; elles ne persécuteront, ne
tueront ni ne brûleront personne. Dieu nous garde

(¹) Lettre du 1er avril 1782.
(²) Lettre du 3 juillet 1769.

d'une histoire pareille à celle du chevalier de La Barre ! On mettrait aux Petites-Maisons les juges qui oseraient y procéder. » La Tsarine tient surtout à ce que les institutions dont elle veut doter la Russie ne se ressentent pas des effets de la guerre ; aussitôt que les événements politiques lui laissent quelque répit, la *législomanie* reprend le dessus.

Ne résulte-t-il pas de ces quelques citations, prises au hasard, que, si le grand travail de 1767 fut une plaisanterie, celle-ci fut bien longue, et que la comédie eut plusieurs actes ? N'est-ce pas Catherine II qui a dit que, pour composer un Code, « il faut pêcher dans le cœur, dans l'expérience, dans les lois, coutumes et mœurs d'une nation » ? C'est de cette règle qu'elle s'inspira, avec l'aide de Montesquieu et de Beccaria, pour composer son *Instruction* qui marquait le cadre et l'esprit des travaux soumis à l'assemblée des notables.

Si les réformes introduites dans la législation en 1767 et 1768 furent à peu près nulles, c'est que les députés, sans expérience et sans connaissances spéciales, ne surent pas démêler l'inextricable fouillis des coutumes et des lois à mettre sur pied (¹). De plus, les vues d'ensemble leur faisaient défaut. Enfin, si leur œuvre resta caduque, c'est

---

(¹) La *Commission des lois* ou *Assemblée des notables* tint près de deux cents séances en 1767 et en 1768, à Moscou d'abord, puis à Pétersbourg. Les procès-verbaux de ces séances ont été publiés dans les tomes IV, VIII, XIV, XXXIII, XXXVI, XLII et LXVIII du *Recueil de la Société historique russe.*

qu'il leur était impossible de résoudre la question
qui se trouvait à la base de toutes les autres : l'af-
franchissement des serfs.

Aucune question, en effet, ne préoccupa plus
Catherine II que celle du servage. Du temps où
elle n'était que grande-duchesse, elle esquissait
déjà des projets sur l'émancipation des paysans, et
durant tout son règne elle songea à la suppression
des serfs. Si elle n'aboutit pas à améliorer leur situation, c'est qu'elle acquit la conviction qu'une
réforme sociale de cette importance, pour ne pas
conduire à un bouleversement, a besoin d'être mûre,
surtout dans un pays d'absolutisme. Catherine
songea cependant à l'abolition du servage, car il a
été retrouvé dans ses papiers un projet d'ukase
concernant l'organisation des paysans libres, sur-
chargé de corrections, et auquel, sûrement, elle
avait longtemps travaillé.

S'il est donc permis de dire que l'assemblée de
1767 ne fit office que de « cabinet de lecture » (¹),
écoutant avec recueillement et attendrissement les
projets qui lui étaient soumis, et les sanctionnant
d'un *oui* résigné, il semble nécessaire d'ajouter que
la Tsarine n'eût pas été fâchée d'un peu plus de
besogne et d'un résultat plus positif. Certes, il faut
faire la part d'une grande exagération quand l'Impératrice écrit à Grimm (²) : « Ce qui a fait la for-

----

(¹) M. WALISZEWSKI : *Le Roman d'une Impératrice*, p. 337.
(²) Lettre du 5 avril 1787.

tune de mon assemblée de députés, c'est que j'ai
dit : « Tenez, voilà mes principes ; dites vos plain-
« tes : où est-ce que le soulier vous blesse ? Allons,
« remédions ; je n'ai point de système, je souhaite
« le bien commun : il fait le mien. Allons, travaillez,
« faites des projets ; voyez où vous en êtes. » Et ils
se mirent à visiter, à ramasser les matériaux, à
parler, à rêver, à disputer, et votre très humble
servante était à écouter et très indifférente pour
tout ce qui n'était pas utilité commune et bien
commun. » Nous savons, en effet, que Catherine
n'oublie jamais de se faire valoir et que, sous des
apparences de modestie, elle y réussit admirablement. Il n'en est pas moins vrai qu'elle suivit avec
un vif intérêt les premiers travaux de son assemblée des notables, et l'encouragea à faire grand et
bien ; puis, absorbée par les événements de sa politique, elle y prêta une attention moindre ; mais elle
eut des crises de *législomanie* toutes les fois que
ses occupations le lui permirent.

Son *Instruction* ne contient-elle pas des mots
comme celui-ci, qui est tout un programme ? « Les
peuples n'ont pas été créés pour nous ; nous n'exis-
tons que pour nos peuples. » Si Catherine n'appliqua pas la maxime à la lettre, elle s'en inspira du
moins assez souvent. La vérité est peut-être dans
ce qu'a écrit Ségur : « Comme elle est ambitieuse
de tous les genres de gloire, Catherine II a voulu
prétendre à celle de législatrice ; mais elle a dû
s'apercevoir qu'il est plus facile, malheureusement,

de faire de grandes conquêtes que de bonnes lois. »
Soit ; les résultats de cette *législomanie* furent médiocres ; mais Catherine II n'en eut pas moins le
réel désir de faire quelque chose, et ses efforts
portent la marque de quelque sincérité.

En 1767, il n'était pas sans avantages pour l'Impératrice d'avoir l'air d'adopter les idées libérales à
la mode de Paris. Dans ce but elle fit choix de
Mercier de La Rivière, afin de donner le change à
l'Europe. Eut-elle jamais la pensée de l'appeler à
présider les séances de cette grande assemblée des
notables, ou de lui donner la haute direction de ses
travaux ? Rien n'est moins sûr. L'assemblée des
notables, en effet, ne comprenait que des individus
disposés à suivre les ordres de leur souveraine.
Celle-ci pouvait-elle mettre à leur tête un législateur désireux de tout défaire et de tout refaire ?
Elle songea, du moins, à s'inspirer de ses vues et à
utiliser ses connaissances administratives et légis-
latives. Si elle ne donna pas suite à ce projet, et si
elle pria Mercier de La Rivière de retourner chez
lui, comme nous allons le voir, c'est qu'au lieu de
trouver en lui une souplesse dont elle se serait fort
accommodée, elle découvrit un esprit d'indépendance dont elle ne voulut pas faire l'épreuve.

Si Montesquieu eût vécu lorsque Catherine monta sur le trône de Russie, elle eût sûrement cherché à l'attirer à Pétersbourg. A son défaut, elle se contente de ceux qui, par leur talent et leur réputation, peuvent lui être de quelque utilité. Elle apprend, en 1767, que le *Traité des délits et des peines* de Beccaria obtient un succès considérable et a été traduit dans presque toutes les langues. L'ouvrage vient d'être interdit en France, comme « manquant de respect à la législation ». « C'est un crime nouveau, ajoute-t-elle, mais il serait à souhaiter qu'on suivît les maximes de M. Beccaria. » Il est certain que le gouvernement de Louis XV ne sut tirer parti d'aucune des gloires littéraires du royaume ; et il ferma les portes de la France à l'ouvrage de Beccaria où il y avait beaucoup à apprendre ! Aussitôt la Tsarine s'informe si Beccaria serait disposé à aller en Russie. Elle lui avancera 1 000 ducats pour les frais du voyage ; et davantage s'il en a besoin, car elle entend qu'il ne « souffre aucune difficulté en rien ». Quand il sera arrivé en Russie, on l'emploiera « à la partie qu'il a choisie lui-même par la publication de son livre » ; l'Impératrice fera les sacrifices nécessaires pour qu'il ne regrette pas d'être venu.

Ces offres sont des premiers mois de 1767. Beccaria les déclina. A ce moment Catherine II apprend que l'ouvrage de Mercier de La Rivière est annoncé à Paris et y fait beaucoup de bruit. Et elle est informée que de La Rivière, dont on fait le plus grand cas, se rendrait volontiers en Russie. Elle est tenue au courant par son ambassadeur à Paris, le prince Dmitri Galitzin, qui fréquente le monde littéraire, où il lui recrute des admirateurs, et qui a eu l'occasion de dîner avec Mercier de La Rivière « dans la chaumière de la rue d'Anjou », en compagnie de Diderot, de Grimm et de l'abbé Raynal (¹). Elle écrit aussitôt à Panin de lui procurer un homme si précieux ; elle « tremble » que le gouvernement français ne le laisse pas partir, malgré toutes ses maladresses habituelles ; aussi recommande-t-elle d'agir avec toute la célérité et les précautions nécessaires : « Souvenez-vous surtout de ne point compromettre son nom, afin que le ministère de France ne l'empêche pas de venir ici. Ayant été longtemps employé à la Martinique, il y a de très bonnes idées dans son mémoire, et il nous sera plus utile qu'à eux qui ne savent pas s'en servir (²). »

Il ressort de cette lettre que la Tsarine avait eu connaissance du mémoire de Mercier de La Rivière, qu'elle faisait le plus grand cas de son mérite, et qu'elle tenait essentiellement à l'avoir. Elle eût été

(¹) Elle dit : l'abbé du Rainal.

(²) Lettre de Catherine II à Panin. *Recueil de la Société impériale historique russe*, tome XX, p. 240.

extrêmement contrariée si le gouvernement français était allé à la traverse de ses projets. Comme du statuaire Falconet, elle se fût volontiers écriée que l'économiste La Rivière n'avait pas son pareil et que, pour tout dire, il était « l'ami de l'âme de Diderot ».

Mercier de La Rivière ne se fit pas répéter une offre qui comblait ses vœux. Catherine lui fit remettre 12 000 livres pour les frais du voyage, et l'économiste se mit en route huit jours après la publication de son ouvrage (¹). Nous savons par cette mauvaise langue de Grimm qu'il emmena avec lui sa femme et sa maîtresse dans le même carrosse (²). Il faut croire que sa femme était de bonne

---

(¹) Mercier de La Rivière quitta la France dans le courant du mois d'août 1767. Après avoir fait un arrêt de quinze jours à Riga, il arriva à Pétersbourg dans les derniers jours de septembre ou les premiers d'octobre. En effet, la lettre qu'il écrivit à Diderot est du 4 octobre, et il se trouvait à Pétersbourg depuis quelques jours.

Grimm, parlant de ce voyage dans sa *Correspondance*, dira : « Un M. de La Rivière ose entreprendre le voyage de Russie avec la folle et ridicule présomption d'inspirer et de diriger le génie immortel de Catherine II, et fait publier, chemin faisant, dans les gazettes, qu'il va porter l'évidence dans le Nord. » C'est par des louanges de cette sorte que La Rivière se fit précéder en Russie. Aussi, par un juste retour des choses d'ici-bas, quand il aura quitté la Russie, la *Gazette de Hambourg* se moquera de ses prétentions, et dira qu'appelé à Moscou pour composer un nouveau Code et présider l'assemblée des huit cents députés qui devaient l'aider dans cette entreprise, il n'a réussi qu'à se créer des ennemis et à se faire chasser de l'Empire.

(²) Devenu veuf en 1772, Mercier de La Rivière épousa en secondes noces, en 1800, cette *amie* qui l'avait accompagné en Russie, et qu'il avait voulu y faire passer pour femme de condition. Elle s'appelait Marie-Anne-Élisabeth Estève, veuve Baurand, et était née le 28 février 1731. (Voir *Diderot et Catherine II*, de M. Maurice TOURNEUX, p. 20.)

composition ! Quant à l'amie de sa femme, petite chanteuse au concert de la reine, elle ne fit pas plus que lui fortune en Russie. Grimm, qui ne déteste pas les comparaisons bibliques, ajoute : « M. de La Rivière ressemble au bonhomme Abraham, voyageant entre Sara et Agar ; mais le bon patriarche fit une très méchante action en abandonnant la servante Agar au milieu du désert. C'est de quoi je crois le patriarche de *l'évidence et de l'ordre essentiel* incapable. »

Catherine II se trouvait à Moscou et y avait donné rendez-vous à de La Rivière. L'économiste allait-il être appelé à présider l'assemblée des notables ou, du moins, à diriger ses travaux ? La Tsarine ne s'était pas expliquée à cet égard, mais Mercier de La Rivière était le seul à n'en pas douter. Cependant, après un long voyage, La Rivière arriva fatigué à Pétersbourg. Panin, sous la direction duquel il avait été placé, lui fit dire de s'occuper utilement, pour le service de l'Impératrice, en attendant son retour. « Cela ne me sera pas difficile », écrivit aussitôt La Rivière à son ami Diderot. Voilà une fatigue qui a tout l'air d'arriver fort à propos et qui pourrait peut-être servir à expliquer les changements de dispositions de la Tsarine à l'égard du voyageur !

Peu de jours après son arrivée à Pétersbourg, en effet, de La Rivière écrit à Diderot. Il vante les qualités et les bontés de Catherine, mais ses éloges sont pesés, mesurés ; il ne se fait pas courtisan. Il s'étonne presque d'être sans nouvelles directes de

l'Impératrice. Celle-ci a fait pourvoir à sa dépense
quotidienne et à son logement. Mais La Rivière se
plaint des rigueurs du froid et de son état de santé
« assez fâcheux ». Il ne sait pas s'il pourra se faire
au climat de la Russie ; il n'en laisse rien voir aux
collaborateurs qui l'ont accompagné, de crainte de
les inquiéter, mais il prendra une décision au printemps. Dans cette incertitude, il n'a pas cru devoir
accepter le logement que lui a offert l'Impératrice.
« Vous sentez, écrit-il à Diderot, que dans cette
position, je ne dois point abuser de l'honnêteté de
l'Impératrice, et lui faire faire une dépense qui dans
six mois n'aurait plus d'objet. Cela ne m'empêchera
point de lui être utile, de la mettre dans le cas de
pouvoir aisément se passer de moi, et d'arriver
sans le secours d'aucun étranger au but qu'elle
s'est proposé ([1]). »

Il est donc établi que dès son arrivée en Russie,
La Rivière eut la crainte de n'y pouvoir pas rester.
Est-ce réellement à cause du climat rigoureux et
de son état de santé ? Est-ce à cause de l'accueil
qui lui fut fait ? Notons simplement qu'il recom-
manda à Diderot de ne pas annoncer son retour en
France, de peur d'alarmer ses amis qui le croiraient
gravement malade. Mais il est permis de se demander si Catherine, déjà informée de l'importance que
s'attribue Mercier de La Rivière, et des airs qu'il
se donne, ainsi que de son entourage féminin, ne

______

([1]) Lettre du 4/15 octobre 1767.

trouva pas plus sage de mettre fin à des propos inconsidérés et de l'employer à des vues plus modestes. Le langage réservé de l'économiste à l'égard de la Tsarine n'est pas fait pour dissiper ce doute.

Quelques jours après [1], c'est à l'abbé Raynal qu'écrit Mercier de La Rivière. Il a appelé Diderot : « Très digne ami » ; il dit à Raynal : « Mon cher abbé », et il lui parle sur le ton de l'intimité : « Retenu par des maladies dans ma route, je viens d'arriver dans la saison des pluies ; les chemins sont presque impraticables pour les voitures. Si Sa Majesté Impériale revient comme on le dit par les premiers traîneaux, je n'irai point à Moscou ; si elle diffère son retour jusques en février, comme quelques-uns le débitent, je serai dans le cas d'y aller. J'attends des nouvelles directes et positives à ce sujet par le retour du courrier qu'on a expédié pour donner avis de mon arrivée. »

On sait que Catherine resta à Moscou plus-longtemps qu'elle ne l'avait projeté ; néanmoins, Mercier de La Rivière n'alla pas l'y retrouver.

C'est pendant son séjour à Moscou qu'elle entretint avec Falconet une curieuse correspondance qui a été publiée par la *Société impériale historique russe*. Le nom de La Rivière revient dans un grand nombre de « pancartes » de la souveraine ; et celle-ci ne dissimule pas à quel point la conduite et les allures de l'économiste voyageur lui ont déplu.

---

[1] Lettre du 19/30 octobre 1767.

« Mon cher abbé, a écrit Mercier de La Rivière à
Raynal, tout est à faire dans ce pays. Pour parler
mieux encore, il faudrait dire : Tout est à défaire et
à refaire. Vous sentez bien qu'il est impossible que
le despotisme arbitraire, l'esclavage absolu et l'ignorance n'aient pas planté des abus de toute espèce
qui ont jeté des racines très profondes, car il n'y a
point de plante si féconde, si vigoureuse que les
abus. Ils croissent partout où l'ignorance les cultive... Vous voyez que j'ai lieu d'espérer que mon
voyage ne sera pas infructueux à l'humanité. »
Mercier de La Rivière, cependant, craindra « le
chapitre des événements » jusqu'au jour où il pourra
exécuter les projets qu'il a en tête.

On pense sans peine que celui qui avait de la
Russie et de son gouvernement une opinion aussi
sombre ne pouvait guère faire la conquête de l'Impératrice. La Rivière avait pris cette idée de la
Russie quinze jours après y être arrivé ; autant dire
qu'il l'avait conçue avant d'entreprendre le voyage.
Son projet était de tout démolir, puis de recons-
truire d'après les théories agricoles et économiques
dont il avait fait l'exposé dans son ouvrage. Pendant que le marquis de Mirabeau faisait dans ses
terres du Limousin une expérience partielle, lui
l'aurait faite en grand dans un empire de 20 millions d'habitants. Mercier de La Rivière était trop
plein de son sujet et trop infatué de son mérite pour
attendre que l'Impératrice lui indiquât sur quelles
matières devaient porter ses travaux. Il ne lui en

laissa vraisemblablement pas le temps. Il lui décrivit peut-être l'état lamentable de son empire, et lui exposa ses projets pour le régénérer (¹). Une telle attitude était faite, on en conviendra, pour mécontenter l'Impératrice. Il se l'aliéna entièrement.

Ainsi s'explique le récit que Catherine II fit plus tard à Ségur. Les impressions qu'elle communique à Falconet, au moment même où elle les ressent, ne sont pas différentes.

Le 12 octobre 1767, au moment même où La Rivière vient d'arriver à Pétersbourg, elle s'adresse au sculpteur : « Dites-moi votre avis sur M. de La Rivière ; entre nous soit dit, je souhaite qu'il ne le prenne pas sur un ton trop haut, car d'ailleurs il pourrait me devenir inutile ; voyez un peu, je vous prie, ce qui en est (²). » C'est que Mercier de La Rivière s'annonce mal. Tout le long de la route n'at-il pas fait dire par les gazettes qu'il était appelé en Russie pour y gouverner l'Empire des Tsars ? Et Catherine II en a eu sûrement connaissance.

Il est curieux d'examiner comment se comportèrent ensemble les deux amis de Diderot, ou plutôt, quel accueil le statuaire fit à l'économiste. Dans les premiers jours Falconet fréquenta peu La Rivière, et n'eut pas à se plaindre de lui. Il ne peut le juger

---

(¹) C'est avec Panin que correspondait Mercier de La Rivière. C'est donc sans doute à lui que l'économiste fit part de ses impressions sur la Russie et des réformes qui lui paraissaient indispensables.

(²) *Recueil de la Société impériale historique russe*, tome **XVII**. C'est dans ce tome qu'a été publiée toute la correspondance entre la Tsarine et Falconet.

que par les éloges que lui en a fait Diderot ; aussi
a-t-il envoyé à la Souveraine la lettre de l'encyclopédiste que le voyageur lui a apportée ; mais Catherine ne s'est pas laissée prendre à ce panégyrique.
Cependant La Rivière a été mal reçu à Pétersbourg,
et cela se comprend puisqu'il a fait répéter partout
qu'il arrive en Russie pour en chasser les abus. De
plus, il s'est fait accompagner par des collaborateurs qu'on ne lui a pas demandés, ce qui semble
donner créance à ses projets. Son arrivée entre sa
femme et sa maîtresse a aussi indisposé les esprits.

A Pétersbourg, comme à Paris, la tolérance des
mœurs est grande ; encore ne faut-il pas avoir l'air
de braver l'opinion publique, et ne pas prêter le
flanc à la critique. Aussi, Falconet, assez embarrassé, se fait-il l'interprète de ces sentiments. Il
défendra son compatriote, d'abord assez mollement,
puis le jugera compromettant et l'accablera de ses
sarcasmes. Le 18 octobre, il répondra à l'Impératrice : « L'ordre de Votre Majesté Impériale me
serait des plus aisés à exécuter si je pouvais mettre
à part ce qui a précédé et ce qui environne M. de
La Rivière. Quand on est accompagné et qu'on a
été précédé, on n'est pas absolument soi. Un peu
trop d'amour-propre ou de confiance jetterait-il
quelque inconséquence dans sa conduite ? Je n'en
sais rien… Ce que je crois voir, c'est que son âme
est droite, et que tout le monde n'est pas disposé à la
juger favorablement. Ce qu'on écrit de Paris, et le
titre de l'ouvrage, suppose un homme du premier

mérite. Il me dit que si Votre Majesté veut le mettre à l'ouvrage, il avancera beaucoup en deux ans, dans une besogne où il pense qu'il y a tout à faire. L'un serait-il possible ? L'autre serait-il vrai ? »

Mercier de La Rivière se fait donc une fausse idée de l'objet et de l'importance de sa mission. Ce point ne paraît pas douteux. Il ne songe qu'à régénérer l'empire ! Il l'écrit à l'abbé Raynal ; il le dit à Falconet ; il le répète à tous ceux qui veulent l'entendre. Toute l'Europe a les yeux sur lui ; c'est lui qui le dit. Tant de fatuité ne pouvait qu'agacer l'Impératrice, et La Rivière, aveuglé, ne s'aperçut pas qu'il faisait fausse route. Un jour, Falconet écrira à la Tsarine ([1]) : « Est-il possible que l'auteur de l'*Ordre essentiel* en mette si peu dans sa conduite ? » Et le grand statuaire fera sa cour à la Souveraine en lui disant qu'elle a en Russie des hommes d'une intelligence et d'un savoir tels qu'il lui est bien inutile d'en aller chercher ailleurs.

Cependant Catherine trouva sans doute que Falconet était un peu dur à l'égard de son compatriote, car un jour elle intervint pour apaiser son courroux. Mercier de La Rivière, dit-elle, « bat la campagne en long et en large » ([2]) ; mais elle ajoute gaiement : « Diderot et le prince Galitzin, et Stackelberg, mon envoyé en Espagne, et l'abbé de Réal ([3]), et vous, et Panin, et moi, et l'auteur même de l'*Ordre essen-*

([1]) Lettre de Falconet du 13 novembre 1767.

([2]) Lettre de Catherine II du 29 novembre 1767.

([3]) L'abbé Raynal.

tiel, nous avons pris le change, nous avons la ber-
lue, nous croyons à des lettres, à des dires de vingt
personnes, mais nous étions des bêtes. »

Falconet craignit sans doute d'avoir trop noirci
son compatriote ; toujours est-il que le 14 décembre 1767 il répondit à la Tsarine : « Si d'un côté
Diderot me paraît avoir un peu raison, car il faut
en convenir, de l'autre M. de La Rivière monte un
peu haut l'importance de ses services. Mais, toutes
choses remises à leur juste valeur, y compris la tête
de ce galant homme, il pourrait servir utilement
Votre Majesté Impériale. » Catherine II n'en jugea
plus ainsi. « Cet homme-là, écrit-elle à Falconet,
ne croit pas en Dieu, il arrange son ordre naturel
comme les athées arrangent la création du monde,
et puis il vous plante là. »

C'est elle qui le planta là (¹). Elle lui fit de

____

(¹) On sait que Catherine II ne quitta Moscou que le 30 janvier
1768. Et il a été dit que Mercier de La Rivière, impatient de mettre
ses projets de réforme à exécution, plutôt que de faire sa cour à la
Souveraine de toutes les Russies, alla la rejoindre en cette ville. Il a
été dit enfin que c'est à Moscou que l'économiste loua ces nombreux
appartements et installa ces bureaux, ainsi que le rapporte Ségur,
qui firent rire, et achevèrent de le rendre insupportable. Il y a là une
erreur de fait, et une singulière exagération :

1º Mercier de La Rivière n'alla pas à Moscou. La dépêche de notre
représentant en Russie, encore inédite, que nous publions plus loin,
fixe désormais la question à cet égard. Certains historiens n'ont eu
que le tort d'accepter trop fidèlement le récit du comte de Ségur.

2º Quant à cette grotesque installation de bureaux quasi ministériels,
il est permis de la croire exagérée, puisque Mercier de La Rivière
n'accepta même pas le logement qui lui était offert. Mais cette exagération se comprend : Catherine II ne devait-elle pas expliquer le
retour de La Rivière en France ? Elle le fit à sa façon, et chercha
même à rendre le législateur en chambre aussi ridicule que possible.

grands compliments, mais lui fit entendre qu'elle n'avait plus besoin de ses services. Mercier de La Rivière sera généreusement indemnisé, et il quittera la Russie. Il se consolera en prédisant la ruine prochaine d'un empire qui a rejeté ses idées. Quant au prince Galitzin, qui avait recommandé La Rivière avec une chaleur que Diderot et l'abbé Raynal lui avaient communiquée, il expiera son erreur en allant prendre l'ambassade de La Haye ([1]). Il laissera après lui les regrets des encyclopédistes.

____

([1]) Le prince Galitzin quitta Paris à la fin de 1767.

IV

La correspondance de Diderot et de Falconet,
publiée par M. Charles Cournault, nous en apprend
davantage, à la fois sur la conduite de Mercier de
La Rivière en Russie et sur celle du statuaire à son
égard.

Une lettre de Falconet à Diderot et la réponse de
ce dernier sont surtout instructives. Nous ne saurions mieux faire que de publier les fragments
caractéristiques :

« Si jamais vous recommandez quelqu'un à l'Impératrice, écrit Falconet, faites qu'il se choisisse
une compagnie qui honore son jugement. Surtout,
qu'il n'écrive pas à la Souveraine et au ministre
que lui arrivant et son monde font *six maîtres* ;
parce que cette sorte de ridicule ne manque jamais
son effet, surtout quand on n'attend qu'*un homme*.
Que dans une lettre où il dira qu'il n'est point intéressé, il ne fasse pas observer que la cour de France
lui donnait *40 000 écus par année, non compris les
gratifications ;* parce que cet avis serait regardé
comme l'explication des honoraires qu'il n'aurait
pas voulu fixer avant son arrivée en Russie ; et que
pour mettre un sens convenable à cette explication,
on entendrait qu'elle signifie 80 000 écus non compris les gratifications, parce qu'on ne peut donner
moins à un homme de premier mérite qui veut bien

s'expatrier dans les neiges par pur amour de l'humanité et pour mettre le sceau à la gloire d'une grande Impératrice. Il lui faut au moins le double de ce qu'il avait dans sa patrie : cela saute aux yeux.

« S'il se trouve au cercle de l'Impératrice, il ne dira pas assez haut pour être entendu : *un homme comme moi;* parce que les assistants ne voudront jamais prendre ces quatre mots pour de la modestie.

« Lorsqu'il disputera sur un endroit de l'*Ordre naturel,* il ne dira point à son adversaire avec emportement : *Il faut être bien bête pour ne pas m'entendre,* premièrement parce qu'on ne pourra jamais se persuader que celui qui dit en bonne compagnie cette brutalité *ait reçu de la nature des mœurs simples et douces;* secondement, parce qu'on peut, sans être bête, ne pas entendre un écrivain qui ne s'entend pas lui-même.

« Ne voilà qu'une partie des *babiolles* sur lesquelles vos recommandés auront à s'observer; je ne vous parle pas des autres points, il y en a encore. Mais tenez pour sûr que, malgré vos lettres ici et vos sages conseils à Paris, l'apôtre de la liberté, sûreté et propriété s'est mal annoncé, s'est fait tout aussi mal précéder, et qu'il s'est fort mal conduit : tout cela dans la plus grande *évidence possible.* »

Au surplus, Falconet prétend que La Rivière lui a joué une vilenie qu'il qualifie d'horreur. L'anecdote est piquante et mérite d'être citée : « M. Gléboff, fils du gouverneur, homme plein de mérite,

qui a traduit en russe votre *Père de famille,* me dit
un soir que M. de La Rivière devait mener Mme Baurand souper et chanter dans une maison ; que les
princes tels et tels devaient s'y trouver ; que ce début faisait causer et que j'en devais avertir M. de
La Rivière. Je lui donnai aussitôt l'avis. Vous en
eussiez fait autant, parce que vous n'aimez pas ce
qui est malhonnête. Eh bien! ce galant homme et
sa mignonne ont dit à la dame chez qui la partie
s'est faite que je leur avais tenu d'elle des propos
affreux : je le sais de cette même dame, qui en
jetait les hauts cris contre moi ; je la crois détrom-
pée. Mon cher Diderot, quand vous aurez des ser-
pents mâles ou femelles, parbleu, ne me les adres-
sez pas. »

Enfin, Falconet prévint Diderot qu'il ne faudrait
pas que son ami continuât à prétendre que Catherine II l'a fait venir par ostentation, « parce que,
sans ostentation, l'Impératrice lui prouverait très
bien qu'elle l'a laissé venir, puisque lui et ses amis
le voulaient, et qu'au bout du compte, elle n'en a
pas besoin ; surtout à titre d'homme qui veut la
mettre en nourrice ».

S'il existait encore le moindre doute sur l'attitude de Falconet à l'égard de Mercier de La Rivière,
on conviendra que cette violente diatribe n'en laisse
subsister aucun. Il était du devoir de Falconet d'accueillir avec quelque bienveillance le compatriote
que Diderot lui adressait et lui recommandait, et
de lui prêter son appui ; le statuaire eût dû lui

faciliter sa mission en Russie et, au besoin, lui donner quelques sages avis sur la conduite qu'il avait à tenir dans un milieu aussi difficile que celui de Pétersbourg. Certes, le sculpteur ne lui ménagea pas les avis et remontrances, mais il s'appliqua surtout à le charger de toutes les maladresses, et à le desservir auprès de la Souveraine.

Mais, s'il y a lieu de condamner la conduite du grand statuaire, il serait imprudent de s'en montrer surpris ; le caractère difficile et ombrageux qu'on lui connaît explique tout.

Diderot était homme à reconnaître une erreur ; mais il avait le culte de l'amitié. Il connaissait le caractère de Falconet ; et il ne voulut pas croire à tant de fatuité et de fausseté. Il ne sacrifia pas La Rivière ; sa réponse ne se fit pas longtemps attendre. Dans la lettre (¹) où il annonce au grand sculpteur l'effet produit à Paris par la lecture du manuscrit de Rulhières sur la révolution de 1762, le philosophe se fâche tout rouge au sujet de Mercier de La Rivière. Il ne redresse pas seulement la façon dont Falconet a jugé son ami, mais encore il lui reproche de l'avoir desservi auprès de l'Impératrice:

« Mon ami, j'ai reçu votre *factum* contre M. de La Rivière, et j'en ai été on ne peut plus scandalisé. Je connais M. de La Rivière ; c'est un homme bon, sage et simple. C'est un homme d'un mérite très peu commun ; c'est ainsi que vous le jugeâtes

---

(¹) Lettre de Diderot à Falconet de mai 1768.

vous-même lorsqu'il se présenta chez vous. Vous ne me persuaderez pas qu'il soit devenu tout à coup injuste, insolent et insensé. Vous lui aurez attribué quelques propos indiscrets de caillètes. Vous aurez donné de l'importance à des choses qui ne méritaient que du mépris ; et vous vous serez manqué à vous-même et à votre nation en donnant aux Russes une scène tout à fait ridicule. Deux hommes de mérite français ne peuvent être ensemble un mois, à Pétersbourg, sans s'arracher les yeux ! Il me semble que j'entends d'ici les Russes s'écrier : Voilà donc ce que c'est que les *francxouski manières !* Vous avez manqué à l'Impératrice en portant à son auguste tribunal une misérable petite affaire de commissaire. Vous avez fait un mauvais mémoire, louche, entortillé, injurieux. L'Impératrice a bien besoin d'être troublée au milieu des soucis de son Empire d'un pareil commérage ; et où en serait notre monarque, s'il fallait qu'il entrât dans ces puérilités dont moi, pauvre petit chef de famille, je ne souffrirais pas qu'on m'importunât les oreilles ? Si j'avais été à côté de vous, ou vous vous seriez contenté de porter vous-même votre plainte à M. de La Rivière ; ou vous lui auriez écrit à lui-même, à lui seul, une lettre décente et modérée, et d'autant plus cruelle qu'il y aurait eu plus de décence et de modération ; ou, ce qui aurait infiniment mieux valu, vous seriez demeuré en repos.

« Je ne réponds pas des collègues de M. de La Rivière ; ce peuvent être des étourdis, des têtes échauffées, des espèces de missionnaires enthousiastes, à qui le zèle indiscret aura fait dire force inepties. Mais, pour M. de La Rivière, je ne suis ni plus ni moins sûr de son honnêteté et de sa réserve que de la mienne ou de tout autre homme quel qu'il soit. Il s'est montré ferme, incorruptible et prudent dans les chambres et séances du Parlement, fier et désintéressé dans l'administration de nos colonies, grand politique, grand logicien, homme d'expérience, homme à longue vue dans son ouvrage et dans ses entretiens. Je ne l'ai pas connu pendant un jour. Je l'ai vu, sondé, tâté par tous les côtés pendant des mois entiers, et je me suis toujours séparé de lui également satisfait de ses idées, de son ton, de ses manières, de ses lumières et de sa modestie.

« Une nation tout entière, ce qu'il y a de gens sensés et éclairés dans toute une nation ne se trompent pas, convaincus sur les qualités et le mérite d'un homme. Ah ! mon ami, si M. de La Rivière était arrivé clandestinement et seul à Pétersbourg ! M. de La Rivière n'a fait qu'une sottise, mais elle est grande. Je vous déclare que si M. de La Rivière n'est pas un homme sur lequel on puisse compter, dont on puisse répondre, il ne faut compter sur personne, il ne faut répondre de personne. Je vous déclare que rien ne peut lui ôter ici la réputation d'homme de bien. Je vous déclare que pour les bons penseurs, il n'y a nulle comparaison à faire de son ouvrage à celui de Montesquieu. Je vous déclare que cent mille pointes et autant de phrases ingénieuses de celui-ci n'équivaudront jamais à une ligne solide, pleine de sens et grave du premier. Nous sommes encore trop jeunes pour apprécier les vues de ce philosophe-ci. Il faut attendre. Je vous déclare que quelques gens à préventions, qui se sont donné les airs d'écrire contre ses principes, ont été pliés comme des capucins de cartes et fouettés comme des enfants ; je vous abandonne Agar et Sara avec tous leurs serviteurs ; mais laissez en paix le père des vrais croyants. Du reste, l'Impératrice, toujours grande, toujours sage, toujours magnifique et bienfaisante, vous a donné une bonne leçon par la manière honorable dont elle a renvoyé le législateur athénien. »

Il faut rire de l'exagération de Diderot plaçant son ami fort au-dessus de Montesquieu. Diderot avait le sens critique ; en cette circonstance il ne le prouva pas. Mais on conviendra que le blâme est complet et la réprimande justifiée. Nous en savons désormais assez pour certifier que le rôle de Falconet fut peu digne, et que celui-ci ne fut pas étranger à l'échec de la mission de Mercier de La Rivière auprès de l'Impératrice. Diderot est tellement outré de la conduite de son ami, le statuaire, qu'il va jusqu'à le mettre en garde contre un défaut dont il est lui-même moins exempt que tout autre : « Mon ami, vous êtes chaud, méfiez-vous du premier moment ([1]). » Et Diderot ajoute

---

([1]) Même lettre de mai 1768.

que cette aventure, encore plus déplaisante pour le prince de Galitzin que pour lui, ne se fût sûrement pas produite s'il s'était trouvé à Pétersbourg : « Je vous aurais lié les mains jusqu'au lendemain, et le lendemain vous n'y auriez plus pensé qu'avec indifférence et dédain (¹). » Tout cela n'empêchera pas Diderot d'aller en Russie : « J'irai certainement en Russie », dit-il, « mais je n'y enverrai plus personne (²). »

Après avoir exposé des jugements aussi divers sur Mercier de La Rivière, — celui de Diderot d'une part, et de l'autre ceux de Falconet et de l'Impératrice, — il serait permis de se demander où est la vérité. Est-ce Diderot qui a raison d'exalter M. de La Rivière au-dessus des plus grands parmi ses contemporains ? Ou bien est-ce la Tsarine quand elle écrit à Panin : « Mercier de La Rivière n'est qu'un hâbleur qui s'en fait beaucoup accroire et qui a l'air d'un charlatan (³) » ? La vérité est sûrement entre ces deux opinions extrêmes. De La Rivière était de ceux qui ne méritaient ni tant d'éloges ni tant de dédain.

Diderot reconnaît, d'ailleurs, que son ami a com-

(¹) Même lettre de mai 1768.

(²) Même lettre de mai 1768.

(³) Lettre de Catherine II au comte Nikita Panin, du 28 janvier 1768 (en russe). Traduction littérale : « Mercier de La Rivière est tout simplement un bavard qui s'en croit beaucoup, et il ressemble à un *doctour*. » Le mot russe *doctour* est employé ironiquement pour désigner celui qui joue au savant docteur ; on peut le traduire par *charlatan*.

mis une grosse sottise : s'être fait mal précéder et
plus mal encore accompagner. Cette faute initiale,
en effet, a tout compromis. Si de La Rivière s'était
présenté modestement, seul, et sans faire le fanfa-
ron, sans avoir la prétention de tout refaire, il n'aurait gêné personne ; il n'aurait déplu ni à Panin,
ni à la Souveraine, ni à la cour. Il aurait été placé
auprès du ministre Panin, mais avec ses entrées à
la cour, et il aurait eu un accès facile auprès de la
Tsarine. Il eût été consulté sur les questions de
jurisprudence et sur toute matière pouvant contribuer au bonheur de l'empire et à la gloire de sa
Souveraine ; il eut pû, dès lors, jouer un rôle en
Russie.

Car, il faut le dire, si de La Rivière fut si mal
accueilli à Pétersbourg, c'est qu'il y arrivait avec
l'idée d'en chasser les privilégiés. Il était pour tous
les parvenus des honneurs et de la fortune une per-
sonnalité gênante ; il eut contre lui la coalition des
intérêts. Les Russes des hautes classes firent tout
ce qu'ils purent pour le desservir et pour s'en débarrasser ; Falconet les aida inconsciemment. De
plus, dans les entretiens qu'il eut avec l'Impératrice, La Rivière vanta ses talents outre mesure,
dénigra tout ce qu'il voyait, et déclara sans doute
qu'il fallait porter le fer rouge dans la plaie des
abus. Chercha-t-il à mettre l'Impératrice « en nourrice » et à régenter Panin, auprès de qui Catherine II l'avait placé, parce qu'il savait bien manier
les esprits difficiles et rabaisser le « caquet » ? Ni

l'un ni l'autre n'étaient disposés à se laisser mener. Les ennemis que La Rivière se fit en Russie le représentèrent à la Souveraine comme un homme dangereux et, pour le perdre, exagérèrent les défauts qu'il avait. Perdu dans l'esprit de Panin, qui n'était pas fâché de se débarrasser d'un gênant auxiliaire, il fut vite perdu dans l'esprit de l'Impératrice.

Pour expliquer l'échec de Mercier de La Rivière, il convient d'ajouter qu'il n'arrivait pas à la cour de Russie avec un prestige tel qu'il lui fût inutile d'être un peu courtisan. Diderot fera le voyage de Pétersbourg ; il discutera avec l'Impératrice sur un ton familier, — et même débraillé ; — mais dans ses lettres il gardera la déférence qui convient à une grande Souveraine. Et Voltaire, s'il était allé à Pétersbourg, se serait bien gardé de promener dans les galeries de l'Ermitage un regard hautain et des attitudes de commandement. Il se serait fait courtisan, comme dans ses lettres ; et il y eût admirablement réussi. Cependant, Voltaire et Diderot auraient pu, à la rigueur, se permettre des licences qui étaient interdites à Mercier de La Rivière. Celui-ci, dont la renommée était de fraîche date, eût dû ne pas oublier qu'il était le protégé de Diderot. Il ne comprit pas que son premier devoir était de plaire à l'Impératrice. De plus, il ne rencontra aucun avocat auprès de la Tsarine : son compatriote Falconet, seul, eût pu remplir ce rôle délicat ; or, nous savons comment il s'en acquitta. Ce qui prouve encore combien le grand statuaire aurait

pu être utile au protégé de Diderot, c'est le zèle
qu'il déploya pour recommander à Catherine II un
certain M. de Villiers, avocat de Paris, que Mercier
de La Rivière avait embauché dans sa suite, et qui
n'arriva en Russie qu'après le départ de son chef
de troupe. De Villiers, plus modeste ou plus souple,
fut agréé par la Tsarine, qui lui reconnut des facultés de « légiste », et le plaça en qualité de « consul-
tateur » auprès du procureur général. De Villiers
eut, d'ailleurs, le don de satisfaire l'Impératrice, et
Falconet eut soin de lui maintenir son appui avec
autant de vaillance qu'il en avait mis peu à défendre l'auteur de l'*Ordre essentiel*.

D'autres Français se présenteront en Russie sous
le règne de Catherine II, pour y étudier la législation indigène ; ils n'y arriveront pas avec la prétention de tout démolir et de tout réformer. Et pour
n'en citer qu'un, d'Aguesseau, beau-frère de notre
ambassadeur le comte de Ségur. Aussi obtiendra-
t-il toutes les facilités désirables. Ceux qui, comme
lui, sauront se faire modestes au lieu de se montrer
arrogants, recevront le meilleur accueil de la Souveraine de toutes les Russies, même aux heures où
la nation française lui apparaîtra comme la nation
maudite.

C'est en partie pour avoir méconnu cette évidence, — lui, *l'apôtre de l'évidence,* — et pour
avoir commis ces imprudences multiples, que Mercier de La Rivière réussit si peu en Russie.

L'Impératrice conserva de lui un fâcheux souvenir. Ainsi, quand, en 1773, elle reçoit un exemplaire de l'*Histoire philosophique et politique du commerce dans les deux Indes,* que l'abbé Raynal venait de faire paraître sans nom d'auteur, elle écrira à Falconet (¹) : « J'ai commencé à parcourir cette histoire, et j'ai eu de la peine à croire qu'elle fût de M. de La Rivière. » Et deux jours après elle lui dira : « Fi donc, comment peut-on soupçonner M. de La Rivière d'avoir écrit cette histoire ? Elle n'est pas assez ennuyante pour avoir passé par ses mains, et le mot d'évidence ne s'y trouve pas assez souvent : la griffe de M. de la Rivière a plus de pesanteur. Le voyage de la Russie ne saurait l'avoir changé à un point aussi méconnaissable. » Falconet se demanda si l'Impératrice l'avait cru capable d'une pareille méprise, car il se défendit aussitôt d'avoir confondu la « tête saine » qui a fait l'*Histoire des Indes* avec le « crâne qui a rêvé *l'ordre* prétendu *naturel et essentiel des sociétés politiques* » (²). Le grand statuaire ne réussit pas, d'ailleurs, à communiquer à l'Impératrice son admiration pour la « tête saine » qui avait écrit l'*Histoire des Indes*. En effet, le 5 juillet 1782, Catherine II écrira à Grimm : « Pour l'apôtre Raynal, je vous dispense de l'ennui de l'éplucher, parce qu'il n'en vaut pas la peine, et que, ne l'ayant pas lu, vous serez comme si vous l'aviez lu, ni plus gros, ni plus gras, de corps, ni d'esprit. »

(¹) Lettre de Catherine II du 20 avril 1773.
(²) Lettre de Falconet du 24 avril 1773.

En octobre 1774, Diderot fera connaître à Catherine II les changements qui se sont produits dans
le gouvernement de la France pendant son voyage
en Russie : « Ce sont les économistes, les disciples
de La Rivière qui tiennent le timon de nos finances. »
Diderot s'en félicite, car ce sont, dit-il, des esprits
justes, instruits et désintéressés, au contraire de
leurs prédécesseurs. Mais tel n'est pas l'avis de la
Tsarine, qui, en 1776, écrira à Grimm : « J'ai été
enchantée d'apprendre que l'admirable de La Rivière était le commis pensant de M. Turgot, et
l'abbé Baudeau le commis écrivant. Oh ! les bonnes
têtes que Louis XVI possédait là ! En honneur. il
ne pouvait rien faire de mieux que de les renvoyer (¹). » Et, en 1779 (²), Grimm lui ayant parlé
d'un conseiller d'État qui désire faire le voyage de
Russie, elle lui réplique de le détourner d'un pareil
projet : « Je crains les robins comme le feu, depuis
M. de La Rivière. Leurs perruques sont épaisses, et
l'on ne porte guère perruque chez nous. » Et son
mépris s'étendra à tous les conseillers d'État. Tout
ce qu'ils « font et écrivent est boursouflé de vent,
de vide et d'obscurité ».

____

(¹) Lettre du 4 août 1776.
(²) Lettre du 30 mai 1779.

V

Telle est l'opinion qui pourrait se dégager du voyage de Mercier de La Rivière en Russie et de ses relations avec l'Impératrice, si l'on s'en tenait aux documents que nous venons d'exposer. A part Diderot, qui resta fidèle à son ami (¹), tous les témoins condamnent de La Rivière ; à part les lettres de l'encyclopédiste au grand statuaire Falconet, aucun document ne milite en sa faveur.

Nous avons eu, cependant, la curiosité de consulter nos Archives des affaires étrangères (Correspondance de Russie), et nous y avons rencontré une dépêche d'une importance capitale sur ce petit incident. Cette dépêche, qui, à notre connaissance, n'a été publiée par aucun historien, présente les faits sous un jour tout différent de celui que nous venons de relater. Elle laisserait supposer que Mercier de La Rivière ne fut coupable d'aucune maladresse, qu'il fut tout bonnement sacrifié par l'Im-

____

(¹) Dans un mémoire qu'il envoya plus tard à la Tsarine, ayant trait à des questions de politique extérieure, Diderot, cependant, faisant allusion à l'aventure de Mercier de La Rivière, le traitera d' « homme de mérite et de probité, certes, mais qui se croyait un peu ridiculement autorisé par ses lumières et par les places qu'il avait occupées, à se donner de l'importance »; et il ajoutera : « Le ton était à faire rire. » Mais ce jour-là Diderot poussait son admiration pour la Tsarine jusqu'à l'adulation.

pératrice et, par suite, que celle-ci joua à son sujet une comédie d'une rare perfidie.

La correspondance échangée entre Mercier de La Rivière et Panin éclairerait singulièrement cet incident; elle permettrait de contrôler l'exactitude des prétentions du voyageur et des reproches qui lui furent imputés. Mais cette correspondance n'a pas été retrouvée; et le serait-t-elle, qu'il est permis de se demander si la *Société impériale historique russe* voudrait la publier, dans le cas où elle serait de nature à condamner la conduite de l'Impératrice à l'égard de l'économiste. En l'absence de cette précieuse correspondance, la dépêche de notre représentant à Pétersbourg ([1]) est l'écho de la voix même de Mercier de La Rivière. Elle constitue, si l'on veut, la contre-partie du récit de l'Impératrice rapporté par le comte de Ségur. La version est absolument différente de celle de la Tsarine. Certes, il est permis de douter de l'exactitude de tous les points du récit de notre représentant à Pétersbourg, de même que nous avons fait des réserves sur celui de l'Impératrice. Mais, quand cette version, dont il ne faut pas faire fi, aura été présentée, il appartiendra de décider à qui, de l'Impératrice ou de notre compatriote, doivent être imputés les principaux torts.

Avant de publier ce document, il convient de noter que notre représentant à Pétersbourg, dans

---

([1]) M. Rossignol.

une dépêche du 28 août 1767 (¹), avait annoncé en ces termes au duc de Choiseul l'arrivée prochaine de Mercier de La Rivière : « On attend un Français nommé M. de Rivière qui vient, dit-on, travailler au grand ouvrage de la législation. Il a été devancé par un adjoint nommé Bautay et par un secrétaire nommé Borderier, qui sont arrivés par mer. L'Impératrice a écrit au gouverneur de Saint-Pétersbourg pour lui ordonner de faire à ces gens l'accueil le plus favorable. Les perquisitions que j'ai faites à leur sujet m'ont appris que ce M. de Rivière était intendant à la Martinique, qu'il vient de donner au public un ouvrage estimé sur le droit naturel, et que M. de Stackelberg l'avait engagé à venir en Russie lors de son passage par la France. Le prince Galitzin et Diderot l'annoncent, dans des lettres de recommandation qu'ils ont données à ses précurseurs et que j'ai lues, comme un homme du mérite le plus solide et le plus brillant. Je ne puis supposer que M. de Rivière qui a eu un état si public en France ait pris la résolution de venir en ce pays sans avoir communiqué ses projets à Votre Grandeur et sans avoir obtenu son agrément. »

Dans les dépêches qui suivirent, notre chargé d'affaires à Pétersbourg se plaignait à notre minis-

-----

(¹) A la date du 28 août 1767, c'est M. l'abbé Guyot qui avait été chargé provisoirement de représenter nos intérêts en Russie. L'abbé Guyot était le secrétaire de notre ministre à Pétersbourg, M. de Bausset, qui venait d'y décéder. Quelques semaines après, M. Rossignol le remplaça.

tre des affaires étrangères du grand nombre de Français qui venaient en Russie, où souvent ils déshonoraient par leur genre de vie le costume militaire qu'ils continuaient à porter. Notre chargé d'affaires — en 1767 nous n'avions à Pétersbourg qu'un chargé d'affaires — n'avait donc aucun penchant pour ceux de nos compatriotes qui, pour des causes diverses, faisaient le voyage de Russie. Dans une de ces dépêches (¹), après avoir fait ressortir l'éloignement que l'Impératrice témoignait de plus en plus pour la France et la mauvaise volonté de ses sujets à notre égard, il s'exprimait ainsi : « Quoique je sois très persuadé depuis nombre d'années de la vénalité excessive des Russes, j'ose vous assurer, Monseigneur, que je le suis encore plus de leur friponnerie très adroite et de leur intention de me tromper en toute occasion. » C'est dans cette dépêche — datée de Moscou, où il avait suivi l'Impératrice — que notre représentant narre la tentative de meurtre dont Catherine II venait d'être l'objet (²), et qu'il ajoute : « Le sieur de La Rivière est à Pétersbourg, occupé, dit-on, à rédiger un ouvrage qu'il doit dédier à l'impératrice de Russie, et n'a point paru ici. »

La Souveraine quitta Moscou le 30 janvier 1768 et, dès son arrivée à Pétersbourg, eut, ainsi que nous l'avons dit, plusieurs entretiens avec Mercier

______

(¹) Dépêche du 14 décembre 1767.

(²) Il s'agit du complot de Tschogloskoff.

de La Rivière. Notre représentant en Russie, M. Rossignol, eut aussi plus d'une entrevue avec le législateur en voyage, et c'est le 19 mars qu'il fit parvenir au duc de Choiseul cette dépêche qui donne un récit complet de l'incident. Nous croyons devoir la reproduire dans son intégralité, — ainsi que dans son style :

« J'ai eu l'honneur de vous prévenir par une lettre du 5 octobre dernier que M. de La Rivière était attendu incessamment à Pétersbourg où il est arrivé, en effet, le même mois. M. de Stackelberg, ministre de Russie à Madrid, lors de son passage à Paris, et M. le prince de Galitzin l'avaient engagé à entreprendre ce voyage de la part de l'Impératrice qui avait le dessein d'employer les talents de M. de La Rivière et de tirer de lui des lumières sur la confection du code de loix auquel elle travaille. M. de La Rivière ayant consenti aux désirs des ministres russes qui étaient à Paris, il a signé avec M. le prince de Galitzin un traité par lequel la Cour de Russie s'oblige à lui fournir pour lui et pour sa suite les frais de voyage et de son retour. M. de La Rivière a laissé à l'Impératrice de décider de son traitement, dans le cas où il serait employé à la réforme que cette princesse se propose de faire dans la législation de cet Empire. Lorsqu'il est arrivé ici, il est descendu à l'auberge, d'où il est parti, n'ayant point trouvé ici de maison préparée pour le recevoir. Il a fait aussitôt part de son arrivée à M. de Panin, en lui témoignant sa surprise

de n'avoir point trouvé ici de lettres de lui, ni des
ordres de sa part à son sujet ; et lui ajoutant que le
mauvais état de sa santé ne lui permettait pas dans
une saison si mauvaise d'entreprendre le voyage
de Moscou, les chemins étant alors impraticables.
Sur cette lettre, M. Panin lui a mandé qu'on lui
fournirait une maison, ou que s'il en voulait choisir
une lui-même, il lui serait compté mille roubles
pour son ameublement et trois cents roubles par
mois pour son entretien. M. de La Rivière a répondu à M. de Panin en lui faisant sentir la différence
du traitement qu'il recevrait ici et de celui dont il
avait joui au service du roi, qu'il ne pouvait accepter l'argent qu'il lui offrait qu'à titre de continua-
tion de frais de voyage, ignorant encore en quoi il
pouvait être utile à l'Impératrice et mériter ces
sommes. Sur ce que M. de Panin lui a mandé en réponse que sa Majesté Impériale avait compté qu'il
se fixerait en ce pays-ci, et qu'il y accepterait une
charge dans la magistrature, puisqu'on savait qu'il
avait lieu d'être mécontent de la Cour de France, et
particulièrement de vous, Monseigneur, M. de La
Rivière a répliqué à ce ministre russe qu'il pouvait
voir par la copie qu'il lui avait envoyé de son traité
avec M. le prince de Galitzin que son retour en
France y était aussi bien annoncé que son départ ;
que son intention n'avait jamais été de s'expatrier ;
qu'il avait son bien, ses enfants, ses parents et ses
amis en France ; qu'il n'était venu ici que sur un
congé de deux ans qu'il avait demandé et obtenu

de sa Cour ; que toutes ces circonstances indiquaient assez que son dessein n'avait pas été de venir se fixer en Russie ; qu'il était très étonné qu'on le regardât comme un homme mécontent de sa Cour et qui avait eu lieu de se plaindre d'elle ou de vous personnellement, Monseigneur ; qu'il était comblé des grâces du roy et de vos bontés ; et que pour détruire cette opinion si défavorable qu'on avait de lui, il ne lui restait que le parti de retourner en France incessamment.

« M. de Panin a marqué à M. de la Rivière, en réponse à cette lettre, qu'il avait été prévenu sur le mécontentement qu'il devait avoir de la Cour et du Ministère de France, qu'en conséquence l'Impératrice avait pensé qu'il se fixerait à son service, que si son intention n'était pas telle, il ne pouvait plus être utile ; que cependant Sa Majesté Impériale désirerait qu'il attendît son retour à Pétersbourg où elle comptait arriver à la fin de janvier au plus tard, et qu'alors il y aurait peut-être plus de facilité à arranger cette affaire. En conséquence de cette lettre de M. de Panin, M. de la Rivière a attendu ici l'arrivée de l'Impératrice. Il a employé ce temps à faire pour cette princesse une analyse raisonnée de l'ouvrage qu'il a publié, de *l'Ordre naturel et essentiel des sociétés politiques*, et un mémoire académique sur le programme de la *Société économique* de Pétersbourg qu'il a laissé anonyme et que j'ai remis au secrétaire de cette société.

« L'Impératrice, peu après son arrivée, a vu

M. de La Rivière qui en a été très bien accueilli, et
qui a eu avec cette princesse plusieurs conférences
sur la réforme projetée des loix de cet Empire et
sur celles qu'elle se propose d'y substituer. M. de
Panin a également distingué M. de La Rivière, qui
a vu plusieurs fois ce ministre, et qui m'a paru
très satisfait de l'accueil qu'il en a reçu ; ainsi que
de celui des ministres étrangers qui ont paru esti-
mer son mérite et ses talents. Mais comme il n'a
point été question de la part de l'Impératrice ni de
M. de Panin de le retenir ici, il a tout disposé en
même temps pour son retour ; il a pris congé
dimanche dernier de cette princesse et de ce ministre, et il est parti d'ici lundi dernier après avoir
reçu les sommes nécessaires pour son voyage (¹).

« Tout ce qu'on peut résumer de ceci, c'est que
la Russie a fait une équipée qui lui coûte un peu
cher, pour voir un homme qu'elle n'a pu s'attacher.
Les personnes sensées le sentent bien, et en sont
outrées, surtout par la crainte où elles sont que
M. de la Rivière qui n'a pas lieu d'être content de
ce pays-ci, n'en témoigne du ressentiment, et ne découvre des vérités qu'il lui aura été facile d'y apercevoir.

« On n'a pas manqué de tenir dans le public des

______

(¹) Mercier de La Rivière reçut une indemnité de 100 000 roubles ;
il quitta si furtivement Saint-Péterbourg qu'il ne prit même pas congé
du vice-chancelier, le prince Alexandre Galitzin, qui se plaignit à son
cousin, ambassadeur à Paris, de ce manque d'égards. Mercier de La
Rivière rentra à Paris le 5 juin 1768.

propos aussi faux que singuliers sur le compte de M. de La Rivière. On prétend qu'il est venu ici de lui-même, et sans y être appelé ; on a été choqué de ce qu'il ne s'était point empressé à prévenir les personnes les plus considérables et les plus distinguées de la nation, et de ce qu'il restait retiré chez lui ; on accuse les personnes de sa suite de l'avoir annoncé comme un législateur qui venait renverser les anciennes loix, pour y substituer celles qu'il dicterait ; enfin on a été jusqu'à critiquer de ce qu'il n'était pas venu seul, et de ce qu'il a amené avec lui sa femme avec une personne pour lui tenir compagnie, et quelques autres dont il comptait retirer quelque utilité.

« Ce qui paraît vrai dans tout cela, c'est que l'Impératrice a été effarouchée de la réputation et de la célébrité qui a précédé ici M. de La Rivière, qu'elle a craint qu'il n'eût tout le mérite de l'ouvrage auquel elle fait travailler et qu'il ne lui enlevât l'honneur d'être la véritable législatrice. Les personnes employées sous les ordres de cette princesse à la rédaction des nouvelles lois ont redouté un pareil argus, ont appréhendé qu'il ne vît de trop près en cette matière, et qu'il ne les appréciât à leur juste valeur.

« Voilà, je crois, le véritable motif qui a suggéré le prétexte dont on s'est servi, que M. de La Rivière ne voulant pas se fixer en ce pays-ci, il ne pouvait pas y être utile, pour l'éloigner du but qu'avait l'Impératrice en l'attirant ici ; et de pareils prétextes ne manquent pas en Russie, où on en trouve sur toutes choses, autant que de faussetés, plus que nulle part ailleurs.

« Au reste je ne puis que rendre une justice entière, Monseigneur, à l'honnêteté soutenue de M. de La Rivière, à la sagesse et à la prudence de sa conduite qui ne peut que faire honneur à la nation. Ses propos et ses démarches ont été fort mesurés, et il m'a fait part de ce qui se passait à son sujet et des motifs de sa réserve vis-à-vis des personnes les plus distinguées de la nation, qu'il n'a pas cru devoir prévenir et rechercher jusqu'à la décision de l'Impératrice sur ce qui le regardait. »

Voilà qui renverse singulièrement le jugement que nous avions été en droit de porter sur le voyage de Mercier de La Rivière, grâce aux assertions mises en circulation par la Tsarine et par Falconet.

Il résulte de ce document officiel, au contraire, que l'Impératrice, au mépris du traité passé avec l'économiste, refusa de tirer parti de ses connaissances, parce qu'elle fut « effarouchée de la réputation et de la célébrité » du voyageur, et parce qu'elle redouta l'influence qu'il aurait pu prendre dans les fonctions de législateur ou de conseiller qui lui auraient été confiées. Et, comme il fallait colorer d'un prétexte ce refus d'employer un écrivain qu'on avait fait venir, la Tsarine ne crut mieux faire que de lui proposer un « état » qui exigeait son établissement définitif en Russie, quand elle savait parfaitement que, d'après le contrat passé, Mercier de La Rivière n'avait consenti à aller en Russie que pour deux ans, et que son intention formelle était de ne pas s'expatrier.

Ce document fait donc ressortir dans tout son éclat les perfides habiletés de la Souveraine et de ceux qui, comme Panin, la conseillèrent sans doute dans cette affaire.

Mais est-il permis d'ajouter une confiance entière à cette dépêche ?

Nous avons eu la précaution de noter qu'en 1767 et 1768 les relations entre la France et la Russie étaient extrêmement tendues. Tout en désirant « éviter les éclats d'une rupture » (¹) avec la Russie, le gouvernement de Louis XV ne voulait rien faire pour un rapprochement quelconque. Et l'Impératrice était mal disposée non seulement à l'égard du duc de Choiseul, qui nourrissait pour elle une haine peu calculée et peu prévoyante, mais à l'égard de la France comme de son roi et de ses ministres. Il s'ensuit que notre représentant à Pétersbourg n'était pas *persona grata* à la cour de Russie et, sans doute, ne se trouvait pas des mieux renseignés sur ce qui s'y passait. Il est probable que son récit est l'exposé des faits et des appréciations que lui avait dictés Mercier de la Rivière lui-même, ou qu'il avait recueillis et dont il avait pu contrôler l'exactitude auprès des rares amis que la France

---

(¹) Dépêche du 20 janvier 1768 du duc de Choiseul à M. Rossignol. *Correspondance de Russie,* volume LXXXII.

comptait à Saint-Pétersbourg. Ne serait-il pas sage,
dès lors, d'émettre quelques doutes sur l'authenticité de tous les détails qui blanchissent si merveil-
leusement le protégé de Diderot ?

Certes, il est vraisemblable que notre représentant en Russie glissa légèrement sur les points qui
pouvaient être reprochés à notre compatriote, sur
la façon dont il s'était fait précéder, et accompagner,
ainsi que sur son attitude, c'est-à-dire sur l'importance exagérée qu'il s'attribuait et sur son peu de
souplesse et de courtisanerie. Mais ce sont là, si je
peux dire, les accessoires de l'affaire, et ce ne sont
pas eux qui purent déterminer la Tsarine à se séparer du grand législateur qu'elle avait appelée à
elle avec un tel luxe de précautions. Il importait
peu à la Souveraine, en effet, dont la tolérance en
fait de mœurs est connue, que Mercier de La Rivière
eût voyagé entre une « Sara » et une « Agar » ; et
quant à ses prétentions, s'il l'eût fallu, elle ne se
serait pas gênée pour lui rabaisser le « caquet » ;
Panin, expert en la matière, ainsi qu'elle le dit, se
fût chargé de la chose. Il serait donc imprudent de
ne pas aller chercher plus haut les motifs qui dé-
terminèrent Catherine II à ne pas faire appel aux
lumières de Mercier de La Rivière, et il est difficile
de ne pas ajouter foi, du moins dans son ensemble,
au récit de notre chargé d'affaires. En effet, le duc
de Choiseul, que la Tsarine nous représente comme
brouillé avec l'ancien gouverneur de la Martinique,
répondit à son agent à Pétersbourg par ce mot

laconique mais expressif (¹) : « La manière dont
M. de La Rivière et ses associés ont quitté la France
est un peu légère ; mais la conduite qu'ils ont tenue
en Russie est irréprochable. Leur exemple devrait
servir de leçon à ceux qui ont la manie de s'expatrier. »

Et dans une dépêche postérieure (²), notre chargé
d'affaires écrivit au duc de Choiseul : « M. de Sac-
ken, ambassadeur de Saxe à Pétersbourg, m'a
comme avoué que si M. de La Rivière et ses associés avaient quitté la France beaucoup trop
légèrement, ils avaient du moins réparé cette faute
par leur conduite en Russie. »

Il résulte donc de ces documents d'un caractère
officiel, et de ces témoignages, que, si Mercier de
La Rivière eut le tort de ne pas formellement spé-
cifier ce qu'il allait faire en Russie, ni le traitement qui lui serait attribué, il se montra vis-à-vis
de la société de Pétersbourg d'une circonspection
exempte de tout reproche, et ne saurait être rendu
responsable de l'échec de sa mission. Et le récit de
notre représentant réhabilite singulièrement celui
que les procédés de la Tsarine et du statuaire Falconet nous avaient représenté comme un hâbleur
prétentieux et comme un maladroit quelque peu
cynique.

(¹) Dépêche du 25 avril 1768. *Correspondance de Russie,* volume
LXXXII.

(²) Dépêche du 24 mai 1768. *Correspondance de Russie,* volume
LXXXII.

Ce qui paraît hors de doute, c'est ceci :

Mercier de La Rivière se fit précéder par une réclame exagérée et imprudente, et tout aussi mal accompagner par des associés de tout sexe passablement compromettants. De plus, il afficha des prétentions auxquelles la Tsarine n'était pas accoutumée. Il se posa peut-être en régénérateur de l'empire avant d'être chargé d'une mission quelconque.

De son côté, l'Impératrice, blessée de ces maladresses, de ces exigences et de ces visées, dont elle exagéra sûrement la portée, jugea prudent de se débarrasser d'un réformateur à vues si hautes, et n'imagina rien de mieux, pour se tirer de ce faux pas, que de déchirer, par un mensonge qui lui coûtait peu, le traité qui l'avait fait venir en Russie. Contre toute évidence, elle représenta Mercier de La Rivière comme brouillé avec la cour de France, et elle exigea qu'il se fixât en Russie. Elle savait bien qu'il refuserait de telles offres. Cela ne manqua pas. Mercier de La Rivière n'avait qu'à rentrer en France. C'est ce qu'il fit. Et pour faire croire qu'elle avait eu le beau rôle dans une « équipée » qui lui coûtait plusieurs milliers de roubles, elle écrivit à Voltaire et répéta, à Ségur et sans doute à beaucoup d'autres contemporains, que Mercier de La Rivière était arrivé en Russie avec le projet d'apprendre à ses habitants à se dresser sur leurs pattes de derrière.

C'est ainsi que parfois s'établissent les réputations : par un mot d'esprit. Il est heureux que l'histoire puisse reviser de tels jugements : le dernier mot appartient aux documents. Et ici, l'interprétation des documents, sinon dans les détails, du moins dans leur ensemble, ne saurait être douteuse.

VI

Tandis que d'autres écrivains tirèrent gloire et
profit de leurs relations avec Catherine II, le voyage
de Russie ne fut donc pas heureux pour Mercier de
La Rivière. On ne saurait dire que sa mission ait
amoindri son mérite, qui reste médiocre, — comme
ses œuvres restent dans l'oubli ; — mais elle n'y
ajoute rien, et elle fait connaître quelques défauts
de l'homme.

Quant à Catherine II, constamment sur ses gardes, surtout quand il s'agit de nos compatriotes,
nous la voyons, ici comme toujours, juger les hommes avec passion : prompte à l'enthousiasme quand
ils sont loin ; prête à les renier et à les traiter avec
dédain quand elle les a sous la main. Mais elle sait
généralement les choisir avec le bon sens qui est
la marque de son tempérament, et elle devine les
caractères avec un flair peu commun. Elle se sert
admirablement, pour la prospérité de son règne et
pour la gloire de son nom, de ceux chez lesquels
elle trouve de la docilité et de la souplesse jointes
au vrai talent. Elle éloigne sans pitié ceux dont
elle n'a rien à tirer ou à apprendre. En 1791, ainsi
que nous l'avons raconté autre part (¹), elle agira

(¹) *Catherine II et la Révolution française*, un volume in-12.
Librairie Le Soudier.

avec le même sans-façon à l'égard de l'historien Sénac de Meilhan. Mercier de La Rivière et Sénac de Meilhan sont les deux écrivains français qui éprouvèrent en Russie les plus vifs déboires et dont la grande Sémiramis du Nord *s'amusa*.

CATHERINE II ET BUFFON

Buffon faisait partie depuis neuf ans de l'Académie française, quand la révolution de 1762 porta Catherine II sur le trône de Russie. Il était dans le plein de sa réputation et, on peut dire, de sa gloire, au moment où l'Impératrice entrait en relations avec les philosophes français et les salons de Paris. Celui qui sait avec quel art Catherine chercha à se concilier les bonnes grâces des grands esprits de son temps trouverait singulier qu'elle n'eût pas recherché celles du grand naturaliste ; à proprement parler, cependant, il n'en fut rien.

Entre Buffon et Catherine II il n'exista jamais de correspondance régulière. Si, dès le début de son règne, elle négligea Buffon, c'est peut-être parce qu'elle le savait en crédit à la cour de Versailles, qui le fit comte et le combla de faveurs. Elle jugea sans doute difficile de l'attirer à sa cause.

Nous savions que la grande souveraine se fit envoyer les *Époques de la nature ;* nous savions qu'à propos des théories risquées qui s'y trouvent elle posa à Grimm des questions auxquelles Buffon lui-même répondit. Nous savions que Catherine et Buffon traitèrent de souverain à souverain, s'adressant mutuellement des présents. Le savant envoya ses ouvrages ; Catherine, de magnifiques fourrures et une collection de médailles. Buffon remercia par lettre, et Catherine II l'honora d'une réponse. Le fils du grand naturaliste apporta à Saint-Pétersbourg le buste de son père. Nous savions, en résumé, qu'il y avait eu entre la Tsarine et Buffon « un échange de courtoisies et d'hommages également bien reçus » (¹).

Mieux informés aujourd'hui, notamment par la correspondance de Catherine et Grimm publiée dans le Recueil de la *Société impériale historique russe*, nous pouvons dire en toute sûreté ce que la grande Impératrice pensait de Buffon, soit avant le voyage de son fils à Pétersbourg, soit après.

Catherine II fit toujours grand cas de Buffon, mais elle porta sur lui des jugements sensiblement divers; et il est permis de se demander si cela tient à la fâcheuse impression que le fils du grand écrivain produisit à Pétersbourg, ou bien au revirement d'opinion qui, à l'approche de la Révolution, se manifesta dans l'esprit de la Souveraine à l'endroit des philosophes français, — et à un moment où elle n'avait plus besoin d'eux.

(¹) *Les Français en Russie et les Russes en France*, par M. Léonce PINGAUD.

I

« A propos de création, envoyez-moi s'il vous
plaît le livre de M. Buffon qui dit que le monde a
duré soixante-quatorze mille ans et qu'il en durera
encore quatre-vingt-quinze mille ans. Je veux voir
le pourquoi de cela. » C'est le 5 juillet 1779 que
Catherine demande les *Époques de la nature*. Il n'y
a pas lieu de s'en étonner. La Tsarine, au courant
du mouvement littéraire et philosophique de Paris,
savait depuis longtemps de quelle réputation jouissait Buffon ; de plus, les hypothèses du grand naturaliste étaient faites pour piquer sa curiosité friande
de savoir le pourquoi du pourquoi. Aussi, Grimm,
accoutumé à l'esprit de recherche de sa souveraine, en lui envoyant l'ouvrage demandé, la plai-
sante-t-il : « Les volcans veulent toujours savoir
les tenants et les aboutissants de tout. » Il ajoute :
« Eh bien, votre Majesté y apprendra la triste
vérité que nous n'avons plus qu'environ quatre-
vingt-treize mille ans à durer, et qu'en l'an 93000
il n'existera plus un seul être raisonnable ou sensible qui se rappelle le partage de la Russie en vingt-
trois gouvernements fait et parfait par Ecaterine II
de glorieuse mémoire. Cela est vraiment désolant,
mais peut-être M. de Buffon s'est-il blousé dans ses
calculs, ce que je suis fort tenté de croire. »

C'est le comte Strogonof qui apporta à Catherine II les *Époques de la nature*. Grimm nous dit que l'ouvrage de Buffon se trouvait entre le *Théâtre à l'usage des jeunes personnes* de Mme de Genlis et les *Récréations dramatiques* de M. Tronchin, des Délices. Catherine avait du goût pour les œuvres dramatiques de Mme de Genlis ; mais Grimm se doute que les *Récréations* de M. Tronchin, qui a cherché à retoucher et à rajeunir le style de Corneille (!), ne la *récréeront* guère ; aussi l'engage-t-il à imiter Mme Geoffrin, qui recevait les ouvrages les plus ennuyeux, mais ne les lisait pas.

Le conseil de Grimm fut fidèlement suivi. Catherine II ne lut pas les *Récréations dramatiques* de M. Tronchin ([1]) : « J'aime Corneille : il m'a toujours élevé l'âme, et je n'aime point qu'on touche aux ouvrages des gens de génie. Que chacun fasse comme il peut, mais n'appartient qu'à l'auteur de corriger ses ouvrages. Je tire donc ma révérence à M. Tronchin ; s'il se peut, qu'il nous donne du sien, et nous le lirons. » Il n'en fut pas de même des *Époques de la nature ;* Catherine dévora l'ouvrage, et son enthousiasme n'eut pas de bornes. Elle écrit à Grimm : « J'en viens aux *Époques de la nature ;* parlez-moi de cela. Selon moi, voilà une hypothèse qui est jusqu'ici le *non plus ultra* de l'esprit ou plutôt du génie humain. Newton fit un pas de géant ; en voilà un second ; monsieur, ce livre-là m'a rendu

---

([1]) Lettre à Grimm du 7 décembre 1779.

de la cervelle. Ah ! que j'aurais voulu qu'il eût tout
dit ; il me semble qu'à l'époque de l'homme il n'a
pas vidé son sac ; il est vrai qu'en poursuivant, son
idée devient assez claire. Oui, oui, les bords du
Volga et la Sibérie même sont remplis de monuments et de tombeaux, remplis d'ouvrages en tout
genre ; il est défendu sous peine de la vie d'y fouil-
ler depuis qu'on en a retiré la peste à plusieurs
reprises au commencement du siècle et à la fin du
siècle passé. Ah ! monsieur, l'hypothèse buffo-
nienne remue et secoue les têtes. »

Trois mois après (¹) la bonne impression subsiste,
et elle envoie à Grimm le questionnaire suivant :

*Questions qui sont venues dans la tête d'un ignorant
pendant la lecture des « Époques de la Nature »* :

1º La matière dont se sont formées les planètes s'étant
détachée du soleil, le soleil est-il devenu plus petit, ayant
perdu autant de matière ?

2º Ne pourrait-il pas arriver encore journellement de pareilles aventures au soleil ?

3º D'où vient que depuis tant de siècles il ne lui en est
pas arrivé de pareille ?

4º Chaque comète enlève-t-elle au soleil de quoi faire un
petit monde ?

L'Impératrice, ne connaissant pas Buffon, n'osait
pas « lui présenter des questions si peu graves ».
Elle s'adressait à Grimm qui, ayant sûrement lu les
Époques de la nature, était à même de lui répon-

____

(¹) Lettre du 1er mars 1785.

dre, et ne pouvait pas se dérober : « Allons, monsieur le souffre-douleur, ne faites point l'enfant, mais répondez-moi pertinemment sur mes questions, et dites-moi ce que vous en savez. » Il va de soi que ce questionnaire était destiné à Buffon. Grimm ne se méprit pas sur ce désir : « Était-ce à moi d'y répondre quand j'avais le coupable sous ma main ? »

C'est Buffon qui répondit au commentaire de Catherine ; et il se crut autorisé à lui faire hommage de tous ses ouvrages. Grimm envoya le tout à Saint-Pétersbourg.

La Souveraine n'était plus dans la période d'engouement de nos écrivains ; mais elle se montra flattée du cadeau de Buffon. « M. de Buffon, écrit-elle le 7 septembre 1780, n'aurait pu me faire un plus grand plaisir que celui de m'envoyer tous ses ouvrages. Je vous prie de lui en faire bien des remerciements. Je rêverai son génie et ses ouvrages. » Catherine II rêva du génie de M. de Buffon, mais lut-elle tous ses écrits ? Nous savons que Grimm reçoit ses confidences, et qu'elle lui communique d'ordinaire l'impression de ses lectures ; or, à propos de Buffon, elle ne parle que des *Époques de la nature*. Il est à présumer qu'elle ne pénétra pas davantage l'œuvre du grand naturaliste, et qu'elle ne le connut que par les hypothèses risquées qui firent tant de bruit.

Elle chargea Grimm de remercier Buffon des réponses à son questionnaire : « La quatrième, ajoute-t-elle, me donne à rêver; je voudrais savoir la cause du mouvement des comètes. Je suis comme M. Alexandre : le pourquoi du pourquoi serait fort agréable à savoir, mais le pire de tous les genres selon Voltaire étant le genre ennuyeux, je n'ai garde de vous envoyer de nouvelles propositions. » Grimm s'abstint de lui donner l'explication des comètes, et elle persista à considérer Buffon comme l'historien merveilleux de la nature : « La belle nature reparaît tout partout, c'est à M. de Buffon à la décrire. »

II

Malgré son estime pour Buffon, Catherine II s'en serait peut-être tenue à ces remerciements un peu brefs, si Grimm ne lui avait fait entendre qu'elle devait un présent au grand écrivain qui lui avait fait hommage de ses ouvrages.

C'est cependant sur son initiative personnelle qu'elle lui fit remettre par Grimm une chaîne d'or qu'un paysan sibérien avait trouvée en labourant son champ sur les bords de l'Irtich. Le rôle que Buffon avait attribué aux pays du Nord expliquait cet envoi, et la Tsarine était persuadée que ce présent « ne manquerait pas de lui faire plaisir ». Apportée à Pétersbourg par un marchand, cette chaîne était tombée entre les mains de quelques dames qui en avaient aussitôt fait des bracelets et des chaînes de montre. Catherine, prévenue, s'était emparée de tous ces objets, en avait envoyé quelques-uns à son Académie, et elle adressait le restant à Buffon, compétent plus que tout autre pour en apprécier la valeur : « Les crochets, écrit-elle à Grimm, sont faits ici, mais les quatre chaînons, de l'avis des meilleurs ouvriers, sont d'un travail qu'ils ne sauraient ni faire ni imiter, et par conséquent ils ne sont point du temps présent. »

Cette lettre de la Tsarine est du 25 avril 1781 ; Grimm ne l'a donc pas encore reçue, quand il lui

rappelle qu'elle ne saurait se soustraire à l'obligation d'envoyer à Buffon « quelque marque de sa
bienveillance » (¹). Buffon est le seul écrivain que
la cour de France ait traité avec faveur; il est vraisemblablement impatient de recevoir quelque distinction de l'impératrice de toutes les Russies. Et
Grimm va même au-devant de la question qui lui
sera posée: « Souffre-douleur, que faut-il que je
lui donne? » La question est embarrassante, au
dire de Grimm, et il se refuse d'y répondre; mais il
laisse entendre qu'une suite de médailles en or gravées et marquant les principaux événements du
règne serait vraisemblablement reçue avec la plus
grande reconnaissance, et flatterait l'amour-propre
du naturaliste. Grimm, craignant d'en avoir trop
dit, ajoute aussitôt : « Mais parbleu ! J'ai bien
besoin de m'épuiser en inventions, quand personne
au monde ne sait comme Sa Majesté ce qu'il faut
mettre dans la casserole et la manière dont il faut
l'assaisonner. »

Cependant, Grimm est impatient et il insiste :
« On est si accoutumé aux magnificences de Votre
Majesté, que les hommes de la première trempe
ne se regardent pas comme sûrs de leur fait, c'est-
à-dire d'avoir du génie, tant qu'ils n'ont pas reçu
quelque signe visible de la bienveillance de Minerve
protectrice, et dès qu'ils l'ont reçu, ils en font un
vacarme par toute l'Europe. » Grimm sait que ce

____

(¹) Lettre de Grimm du 21 mai 1781.

vacarme ne déplaira pas à l'Impératrice; quand Voltaire avait reçu des fourrures, il l'avait si bien trompeté aux quatre coins de l'Europe que personne ne l'a ignoré. Buffon est homme à se vanter de telle façon que la générosité de l'Impératrice fera un vacarme du diable! Un camée, par exemple, placé sur une belle tabatière, pourrait faire, ajoute Grimm, « un furieux effet sur l'âme du Pline français ». Grimm appelle Buffon « le Pline français » et l'Impératrice « Minerve Tsarsko-sélienne » !

Sur ces entrefaites, la chaîne d'or annoncée arrive à Paris. Grimm écrit le 6 juin : « Elle est peut-être de la même date que les ossements des éléphants qu'on trouve aussi sur les bords de l'Irtisch » ; et il la fait parvenir à Buffon qui est en Bourgogne. Mais Grimm ne juge pas que cette chaîne soit une marque suffisante de la munificence impériale (¹) : « Il y en aurait une très impériale » ; ce serait une belle fourrure : « Je pense que ledit seigneur comte de Buffon resterait très orgueilleusement ébahi. » Étrange souffre-douleur, qui après s'être récusé pour donner un conseil, a parlé d'une suite de médailles en or, puis d'un camée monté sur une tabatière, et maintenant parle d'une fourrure !

Catherine avait une trop haute opinion du talent et du caractère de Buffon pour ne pas approuver le conseil de Grimm. Elle estimait, d'ailleurs, que cette distinction, dont Buffon tirerait grande vanité,

---

(¹) Lettre de Grimm à Catherine du 6 juin 1781.

serait favorablement appréciée et produirait bon effet. Elle adressa donc, sans hésiter, à Grimm, médailles d'or de son règne et fourrures de Sibérie, avec prière de les remettre au grand écrivain (¹). En même temps elle réclame le buste en marbre blanc de M. de Buffon, et elle prie Grimm de le commander à Houdon. « Outre cela, ajoute-t-elle, sachez que M. de Buffon a une place très distinguée dans ma tête, et que je le regarde comme la première tête du siècle dans son genre. »

Il en sera du buste du grand naturaliste comme de celui de Voltaire; il sera placé et exposé dans les galeries de l'Ermitage.

____

(¹) Lettres de Catherine à Grimm des 6 et 11 juillet 1781.

III

Grimm avait prévenu sa Souveraine que Buffon
se proposait de faire voyager son fils, officier aux
gardes, dans le nord de l'Europe, « pour avoir par
lui des nouvelles directes d'un certain phénomène
brillant qu'on observe constamment sous le soixan-
tième degré depuis une vingtaine d'années ». Ce
projet fut promptement mis à exécution.

Buffon ne pouvait pas se dispenser de remercier
l'Impératrice pour ses présents. La lettre qu'il lui
écrivit, et qui a été publiée dans la correspondance
générale de Grimm (¹), est du 14 décembre 1781.
Elle n'offre rien de saillant. Nous sommes trop
accoutumés aux flatteries de Voltaire pour nous
étonner d'entendre Buffon dire de Catherine qu'elle
est « l'unique personne du beau sexe qui ait été
supérieure à tous les grands hommes ». C'est dans
cette lettre que Buffon demande à Catherine la permission de faire apporter le buste de Houdon par
son fils qui revient de Vienne et de Prague.

La Tsarine eût pu se borner à faire dire à Buffon
que son fils serait le bienvenu à Pétersbourg. Mais
elle savait qu'une lettre d'elle circulerait dans les
salons et y serait commentée; on y répéterait à nou-

(¹) *Correspondance littéraire de Grimm, Diderot et Meister.*
Édition Assézat et M. Tourneux, tome XIII. p. 98 et 99.

veau qu'elle était l'amie et la protectrice des penseurs et des écrivains illustres. Elle ne laissa pas échapper une aussi belle occasion. C'est à Grimm qu'elle envoya sa lettre pour le grand naturaliste, en ajoutant : « Le buste sera le bienvenu et le fils de M. de Buffon aussi. »

« La réponse dont Minerve a honoré l'historien de la nature est décidée un petit chef-d'œuvre([1]). » Ce n'est pas seulement Grimm qui le dit ; Buffon, « dans son délire de reconnaissance, met à peu près tout le monde dans ses confidences » ; et il n'y eut qu'une voix pour porter aux nues la lettre de l'Impératrice. Grimm ajoute : « Or on la trouve surtout chef-d'œuvre, parce qu'en peu de lignes elle répond à la longue lettre de Buffon, sans rien oublier, avec une grâce, une précision, une énergie, une harmonie qui confondent. Par quelle magie, s'écrie-t-on, apprend-on à écrire ainsi dans une langue dont le berceau est à 800 lieues ? »

Nous possédons aujourd'hui une foule de « pancartes » de Catherine II infiniment plus piquantes et plus curieuses que celle-là. Aussi ne crierons-nous pas à l'admiration quand, dans un beau style, elle dit à Buffon l'estime particulière qu'elle a pour lui, et quand elle le félicite d'avoir puisé dans le livre immense de la nature l'histoire des pays et celle des arts, et d'avoir généreusement parlé de la Russie d'Europe ainsi que de la Russie d'Asie. « Que

---

([1]) Lettre de Grimm à Catherine du 2 avril 1782.

votre buste, travaillé par Houdon, dit-elle en terminant, vienne dans ce Nord, où vous avez placé le berceau de tout ce que la nature, dans sa première force, a produit de plus grand et de plus remarquable ! » Quant à M. de Buffon fils, qu'elle recevra avec le plus grand plaisir, il sera à Pétersbourg « témoin de la renommée de son illustre père ».

Si nous avions à établir qu'en 1782, Catherine II, familiarisée avec notre langue, était à même de l'écrire dans toute sa pureté, ce n'est pas sur sa lettre à Buffon que nous nous appuierions. Certes, l'authenticité de cette lettre n'est pas douteuse; mais il n'est pas prouvé qu'elle n'ait pas été retouchée par quelqu'un de l'entourage de la Souveraine.

Cette « pancarte » étant destinée à circuler dans de nombreuses mains, Catherine y porta un soin jaloux; aussi n'est-elle pas écrite de ce style familier et pittoresque qui fait le charme de sa correspondance. Heureusement cette preuve est inutile; nous savons par ses autres écrits que, bien avant 1782, Catherine entendait les plus fines nuances de la langue française, qu'elle la préférait à toute autre, et qu'elle savait l'adapter à sa pensée, ainsi que lui donner le ton et l'allure qui lui convenaient.

Quoi qu'il en soit, Grimm déclare que les salons de Paris se disputèrent cette lettre, qu'on s'en engoua incroyablement et qu'on la décida (¹) « en une page et demie, un modèle de style qui écrasait

---

(¹) Lettre de Grimm du 2 avril 1782.

absolument la lettre à laquelle elle répondait ». Il
est vrai que c'est le moment où Paris s'apprêtait à
recevoir et à fêter le grand-duc héritier Paul, et
toutes les classes de la société française allaient
s'engouer de la Russie.

Au printemps de 1782 Grimm annonce à la Tsarine le départ de Buffon fils. Outre le buste de son
père, il apporte à l'Impératrice bon nombre de
caisses dont Grimm l'a embarrassé. Il y a même
une note d'un certain M. Delorme, « le premier et
le plus cher des emballeurs de l'Orient et de l'Occident », indiquant les précautions à observer pour
le déballage du buste du grand écrivain. « Qu'il
est heureux, ce jeune homme, il va voir notre Impératrice ! Le cœur bat aux gens de Grimma quand
ils y pensent, leurs yeux se remplissent de larmes,
les sanglots les étouffent, et ils disent avec une
voix entrecoupée ce qui est écrit sur le monument
du paysage de Nicolas Poussin : « Et moi aussi j'ai
vécu dans l'heureuse Arcadie ! » Et Grimm reprend : « Actuellement que ce voyage est arrangé
et qu'il va commencer, le père est dans des transes
mortelles que son fils ne fasse quelque étourderie,
qu'il ne lui arrive de ne pas réussir, de laisser une
impression désavantageuse, que sais-je ? Les pères
sont sur ce point aussi enfants que les plus enfants
d'entre les enfants. »

IV

L'arrivée du fils de Buffon ne fit pas beaucoup de sensation à la cour de Russie. Il semble même que le buste du grand naturaliste n'en produisit aucune sur l'esprit de la Souveraine. Catherine écrit à Grimm qu'elle l'a placé à l'Ermitage, et c'est tout.

Quant au jeune voyageur, elle le reçoit (¹) « comme le fils d'un homme illustre, c'est-à-dire sans aucune façon ». Il dîne avec elle à Tsarskoié-Selo. « Vous pouvez dire à M. de Buffon que je ne retrouve rien à reprendre en Monsieur son fils, et par conséquent que je ne crois pas trouver l'occasion d'user des droits qu'il m'a donnés sur lui de le gronder. »

Elle ne parlera pas longtemps du voyageur avec la même faveur. Moins de six mois après, elle écrira à Grimm que le jeune Buffon a quitté la Russie, et qu'elle lui a remis une lettre pour son illustre père. Par contre, elle a préféré une autre voie pour faire parvenir une « pancarte » à Grimm (²) : « J'ai craint qu'il ne mît de la soupe aux pois à celle que je lui donnerais pour vous. » Pouvait-elle charger M. de Buffon fils de porter à Grimm une lettre où elle disait : « Ici l'on prétend que ce jeune homme se

____

(¹) Lettre à Grimm du 29 juin 1782.
(¹) Lettre à Grimm du 7 décembre 1782.

grise très souvent et qu'on le voyait venir gris dans
les sociétés ; j'espère que cela n'est pas vrai. Jusqu'ici on ne lui voit pas la tête du papa ; il est vrai
que ce n'est qu'un enfant ! »

Il faut croire qu'il n'y avait pas beaucoup à reprendre à ce jugement, car, en 1793, Grimm écrira
à Catherine : « Ce nigaud de Buffon, qui a hérité de
son père un nom illustre, le plus lourd des fardeaux
pour un imbécile. »

Il est permis de conclure que le fils de Buffon fut
bien accueilli à Pétersbourg, mais y passa assez
inaperçu après le premier mouvement de curiosité,
et n'y laissa pas la réputation intacte qui s'attachait
au nom qu'il portait. On sait ce qu'il s'écria en
montant sur l'échafaud : « Je me nomme Buffon ! »

V

La lettre que Catherine fit remettre à Buffon par son fils ne le cède en rien à celle qu'elle lui avait précédemment écrite. C'est dans ces lignes, datées du 6 novembre 1782, qu'elle lui dit combien il lui eût été agréable d'avoir sa visite, ainsi que celle de Necker, et de les voir arriver ensemble en Russie : « J'aurais joui de la satisfaction rare de voir deux personnes dont le génie et les talents se sont acquis l'estime et la considération la plus générale, ainsi que la mieux méritée. » Obligée de s'en tenir à contempler « presque tous les jours » le buste du grand naturaliste, elle a souvent envie de lui dire : « Vous qui jetez des rayons de lumière sur l'ouvrage de la création, vivez cent ans et plus, et continuez à instruire les êtres raisonnables dont vous illustrez la race. »

Il était difficile à Catherine de ne pas répondre par des louanges aux louanges de Buffon. On voit qu'elle s'en acquitta à merveille.

La correspondance de Catherine II et de Grimm atteste, d'ailleurs, qu'elle conserva toujours une estime particulière pour le grand naturaliste, et que celle-ci était sincère. Elle plaisantera parfois sur les hypothèses de la création du monde et des lois de la nature, mais elle fera grand cas du talent de leur auteur, et s'inquiétera souvent de son état de santé. Certes, à l'approche de la Révolution, il souffrira de sa qualité de Français ; mais elle ne le confondra pas avec les philosophes et les économistes qui, à ses yeux, ont préparé le cataclysme politique et social.

Catherine avait chargé M. de Buffon fils de remettre à son père la médaille du monument élevé en l'honneur du tsar Pierre le Grand. « Elle appartient à votre collection », lui disait-elle dans sa lettre. Elle ajoutait : « Mon intention était d'y joindre une boîte d'une pierre qui prend différentes couleurs et qu'on a trouvée parmi celles dont on pave un grand chemin à l'entour de cette ville ; mais l'envoi de cette bagatelle a été retardé par la maladie de la personne qui en était chargée. » La Tsarine n'oublia pas cette bagatelle. La boîte devint une riche tabatière qu'en juin 1783 Grimm fut chargé de faire parvenir à Buffon. Elle était faite de cette pierre trouvée parmi celles dont on pavait la chaussée qui mène de Pétersbourg à Péterhof, et à laquelle certains membres de l'Académie attribuaient la plus grande valeur. Buffon décidera « si cette pierre mérite qu'on en fasse cas ».

Comme on voit, les désirs de Grimm se trouvaient réalisés : collection des médailles de son règne, fourrures, tabatière, Catherine avait envoyé tout cela en présent à Buffon. L'Impératrice oubliera le grand savant après sa mort, mais elle ne le néglige pas durant sa vie. Elle le couvre de fleurs et le comble de cadeaux. Rien n'y manque.

On sait que les différents volumes de l'*Histoire de l'Astronomie* de Bailly, le futur président de l'Assemblée constituante, parurent en 1775, en 1778 et en 1783. C'est en 1784 que la Tsarine lut l'ouvrage. Or, elle y retrouva sur les peuples primitifs de la Sibérie une opinion qu'elle avait déjà remarquée dans les *Époques de la Nature*. Elle s'inquiète aussitôt de la question, l'étudie et écrit un *essai* qu'elle envoie à Grimm avec autorisation de le communiquer à Buffon et à Bailly : « Si ces Messieurs souhaitent de nous envoyer des questions, faites-les nous parvenir. » C'est bien là la vraie Catherine, l'esprit toujours en éveil, la plume à la main, suscitant la polémique, recherchant la controverse, et traitant les sujets les plus ardus et les plus variés, sinon avec science, du moins avec quelque discernement. Sur ces « feuilles » elle nous parle des trois sectes idolâtres de la Sibérie, elle se livre à des commentaires sur les origines des Slavons, sur l'étymologie d'Odin, sur celle de Zoroastre, sur celle des Scythes, sur la mer d'Arkhangel et la mer Blanche encore appelées mer des Normands, à cause des Normands qui y allèrent, et elle termine par ce *N. B.* « Les Chaldéens et les Celtes ou Keltes pourraient bien être le même peuple, car l'un et l'autre, chald et kelt, veut dire froid. » Et elle ajoute pour Grimm : « Mais voici qui est pour vous seul, parce que cela n'est pas assez approfondi : c'est que les Saliens et la loi salique, Chilpéric Iᵉʳ, Clovis et toute la race de Mérovée était slavonne,

de même que tous les rois Vandales... » La fan-
taisie le dispute à la science !

Catherine se rend si bien compte de l'insuffisance
de cet *essai,* qu'après avoir chargé Grimm de le
communiquer à Buffon et à Bailly, se ravisant, elle
le prie de n'en rien faire : « Au reste, ajoute-t-elle,
vous ferez comme vous voudrez : cela n'arrêtera
point la chaleur de nos recherches. » On la dirait
ballottée entre le désir de leur montrer sa science
et la crainte qu'ils ne se moquent de ses décou-
vertes. La chaleur de ses recherches ! Elle apporte,
il est vrai, dans ses travaux une ardeur infatigable ;
là est son mérite et aussi son excuse...

Quelques mois après, elle prie Grimm de lui épar-
gner l'impression de ses « questions » à Buffon,
parce que ce qu'elle écrit « est toujours fort gauche
quand cela est imprimé en autre langue qu'en
russe ». Mais elle réclame avec insistance tous les
ouvrages de Bailly.

Elle ne met pas, du reste, beaucoup d'empressement à les lire. Le 2 avril 1787, il est vrai, elle
remercie Grimm de les lui avoir fait parvenir,
mais elle avoue qu'elle n'a pas eu le temps de les
regarder, ni la lettre que Bailly lui a écrite.
« J'aime et j'estime le peu que j'ai lu des ouvrages
de M. Bailly », écrit-elle l'année suivante, et elle
charge Grimm de remettre une tabatière au futur
constituant. Médailles d'or et tabatières sont les
souvenirs que la Tsarine envoie le plus volontiers
aux écrivains qui lui ont fait don de leurs ouvrages.

Galiani a reçu une tabatière ; nous avons vu que Buffon en avait reçu une. Quand Grimm sollicite un présent, les considérants qui accompagnent ses demandes sont parfois curieux. Ainsi, quand il sollicite une médaille d'or pour Rolland, président au parlement, qui a fait hommage à la Tsarine d'un ouvrage sur *l'Éducation,* il fait valoir que le président témoignera sa reconnaissance en portant la médaille d'or à la messe rouge sur sa robe rouge. Grimm est si persuadé de l'effet que produira le président Rolland qu'il promet d'assister à cette messe rouge, qu'il n'a jamais vue.

Cependant, la tabatière destinée à Bailly n'arriva pas. Grimm n'a pas oublié la promesse de sa Souveraine ; il la lui rappelle ; et aussitôt « sire Factotum » reçoit l'ordre d'acheter une médaille fort convenable. D'ailleurs, Catherine, qui paraissait priser le talent de Bailly, ne s'en tint pas à cette tabatière. Sur les fonds mis à sa disposition Grimm fut chargé de prendre la somme nécessaire pour faire exécuter un médaillon du portrait de l'Impératrice, qu'il remettra à Bailly (¹). Il est vrai que Bailly ne reçut jamais ce médaillon. C'est que, entre temps, Bailly était devenu « le maire du palais qui a démonarchisé la France » (²). Aussitôt Catherine avait donné contre-ordre à son « souffre-douleurs ». L'Impératrice la plus aristocrate de l'Europe pouvait-elle,

---

(¹) Lettre à Grimm du 31 mai 1788.
(²) Lettre à Grimm du 22 juin 1790.

en effet, donner son portrait à un tel homme ? Il en
fut de Bailly comme de tous les Français de sa connaissance qui peu ou prou trempèrent dans l'œuvre
révolutionnaire.

Mais il est rare que la Tsarine ne parle pas de
Buffon en même temps que de Bailly. Par deux fois
elle demande la plus belle édition possible, in-4°,
et « bien illuminée » de ses œuvres complètes (¹) :
« C'est, dit-elle, l'Habit-Rouge (²) qui nous persécute
de cette envie de femme grosse. » Grimm envoya
les œuvres de Buffon « bien illuminées », et l'Habit-
Rouge l'en remercia.

Catherine s'informe fréquemment de la santé du
grand naturaliste (³) : « Je suis bien fâchée de l'accident arrivé à M. de Buffon l'été passé ; je vous
avoue que ce serait une perte qui m'affecterait vraiment, tant j'ai d'estime pour lui. » Au mois de
novembre 1785 elle reprend : « Je suis bien fâchée
de l'état de M. de Buffon dont je fais le cas dû à
son mérite. »

Buffon est donc du petit nombre des Français
que Catherine ne renia pas. Le fait est trop rare
pour qu'il ne doive pas être relevé. Mais il y a loin
entre l'enthousiasme des premiers jours et la froide
vénération des dernières années. Il faut dire que
Buffon n'exerça jamais d'action sur l'Impératrice,

______

(¹) Lettre à Grimm du 2 mars 1784.
(²) Le favori Mamonof.
(³) Lettre à Grimm d'avril 1784.

et qu'en somme elle pratiqua peu ses œuvres. Quand elle apprit la mort du savant, elle écrivit à Grimm : « Je suis bien fâchée de la mort de M. de Buffon, et de la faiblesse de vos yeux. » On ne saurait être plus sobre de regrets et passer plus vite à un autre sujet. Or, l'éloge de Buffon n'arriva pas dans les « pancartes » qui suivirent. Buffon est une grande figure disparue, et la Tsarine ne songe plus aux absents.

Il y a donc lieu de noter que le jugement de Catherine à l'égard du grand naturaliste, tout en restant favorable, se modifia quelque peu. Tout d'abord elle plaça le savant très haut, le premier de tous « dans son genre » ; plus tard son enthousiasme se refroidit ; et à cet engouement succéda quelque indifférence. Cependant elle ne lui fit porter aucune responsabilité des événements politiques ; il souffrit tout au plus, comme ses compatriotes, de sa qualité de Français. Elle en arriva à admirer dans ses œuvres, plutôt que la science, la hardiesse de l'imagination et la noblesse du style. Rapprocher le nom de Buffon de celui de Newton, ainsi qu'elle l'a fait jadis, n'est plus de mise, et elle écoute volontiers Grimm lui insinuant : « Pure hypothèse, comme celle de M. de Buffon sur la création du monde. »

CATHERINE II ET « FIGARO »

D'APRÈS DE NOUVEAUX DOCUMENTS

Si l'impératrice Catherine, plus heureuse que Frédéric II, réussit à entretenir des relations avec la plupart des hommes illustres ou marquants de son temps, il en est, cependant, qui se tinrent à l'écart, ou que la Tsarine tint à l'écart. Pour quelques-uns, c'est l'occasion qui fit défaut. Pour d'autres, Catherine rejeta les occasions qui se présentèrent.

Nous avons dit, par exemple, qu'elle avait lu et longuement médité l'*Esprit des Lois,* et qu'il est bien des écrivains qu'elle eût attirés à Pétersbourg si elle l'avait pu faire. Par contre, elle eut toujours des répugnances marquées pour Jean-Jacques Rousseau, dont elle connaissait les inégalités de caractère et dont elle exagéra les doctrines dans ce qu'elles avaient de faux ou d'étrange. Après bien des hésitations, n'avait-elle pas décidé de s'adresser à Mirabeau et d'acheter ses services ? La mort du grand orateur empêcha l'exécution de ce projet. En ce qui concerne l'auteur du *Barbier de Séville,* elle se refusa à engager des relations avec lui. « Jamais l'Impératrice, écrira-t-elle à Grimm (¹), n'a fait au-

---

(¹) Lettre du 8 mai 1784.

cune offre à Figaro, et n'a rien eu, ni n'a affaire avec cet homme-là. »

Mais s'il n'existe aucune correspondance entre Catherine et ces écrivains qu'elle négligea ou qu'elle dédaigna, elle parle souvent d'eux dans ses lettres à Voltaire, à Diderot, à Grimm surtout, etc. Nous pouvons donc suivre la pensée de l'Impératrice sur ces divers personnages. Il n'est pas inutile, en effet, de surprendre en quelle estime elle tient le caractère et les œuvres de Beaumarchais, quel cas elle fait de la fougue oratoire de Mirabeau (¹), quels mérites elle accorde à Necker ou à Jean-Jacques Rousseau. Ce qui nous frappera le plus, c'est la facilité avec laquelle elle change d'avis à leur endroit. Il est curieux parfois de suivre cette évolution et, en particulier, d'étudier comment elle repousse, au fur et à mesure que se précipitent les événements qui conduisent à la Révolution, tous ceux qu'elle se plaisait à encenser quelques années auparavant.

Nous voudrions aujourd'hui indiquer sa pensée sur Figaro-Beaumarchais, et relever, si possible, les motifs pour lesquels elle porta un jugement si différent sur le *Barbier de Séville* et sur le *Mariage de Figaro*.

(¹) Nous avons parlé des relations de la Tsarine avec Mirabeau et Necker dans notre ouvrage : *Catherine II et la Révolution française*.

I

Beaumarchais a été, en ces dernières années, l'objet de nombreuses et savantes études. Il faut citer en Allemagne M. Bettelheim et, en France, MM. Émile Trolliet, Lintilhac, Paul Stapfer, Paul Bonnefon, de Lescure et André Hallays. Leurs travaux contiennent tout ce qui peut être dit — après Louis de Loménie — de l'auteur de *Figaro*. Il convient aussi de signaler les lettres inédites de Beaumarchais publiées par M. Louis Farges, et qui ajoutent quelque chose à la figure du grand écrivain.

Beaumarchais a été vivement attaqué par les uns et bravement défendu par les autres. Il a été tour à tour l'objet de virulentes apostrophes et d'éloquents plaidoyers. Ces polémiques ont créé à l'endroit de Beaumarchais un mouvement d'opinion et un regain de popularité. Malgré tous les documents mis au jour, malgré tous ces travaux critiques, bien des points de la vie privée et de la vie publique du sire de Beaumarchais restent obscurs, et il plane sur sa probité commerciale des nuages qu'il n'est pas très prudent à ses avocats de chercher à dissiper. Politique avisé, commerçant intrigant, il le fut autant qu'écrivain brillant : « De tous nos écrivains célèbres, a dit de lui M. Paul Stapfer, le plus homme d'entreprise et d'affaires, et le moins homme de lettres. » N'est-ce pas Figaro qui dit que la politique et l'intrigue sont « un peu germaines » ? Vérité de tous les temps et de tous les pays ! Mais Beaumarchais a trop payé d'exemple.

Quand il s'agit d'un homme tel que Beaumarchais, qui, à côté de beaucoup de pièces oubliées, a laissé deux immortels chefs-d'œuvre, il est précieux de recueillir et d'interpréter les moindres incidents de sa carrière accidentée.

On sait le rôle que Beaumarchais joua en Allemagne en 1774, et comment il obtint une audience de l'impératrice Marie-Thérèse. Des documents publiés en Allemagne nous ont initié aux aventures de Figaro dans la forêt de Neustadt, près Nuremberg (¹). Beaumarchais arrivant subitement à Vienne raconta, avec la richesse d'imagination dont il avait le secret, que, traversant en carrosse la forêt de Neustadt, à la poursuite de l'auteur ou plutôt de l'éditeur (²) d'un libelle contre la cour de France, il avait été attaqué par des brigands. La vérité est que, pour faire valoir ses services, Beaumarchais avait imaginé une attaque, et avait joué la comédie jusqu'au point de se faire avec le rasoir de Figaro une forte entaille à la main. Il se peut même que Beaumarchais fût le propre auteur du libelle pourchassé ; dans lequel cas l'auteur se donnait la chasse à lui-même ! L'impératrice Marie-Thérèse fit bon

---

(¹) Voir la *Revue bleue* du 3 avril 1880. Étude de M. Paul Stapfer.
(²) Le juif italien Guillaume Angelucci.

accueil à Beaumarchais ; il n'en fut pas moins arrêté et ne fut mis en liberté que sur la réclamation du gouvernement français. M. de Sartine, sans être sa dupe, avait de bonnes raisons pour couvrir son agent. Beaumarchais était resté trente et un jours en prison. Le gouvernement de Marie-Thérèse lui fit offrir 1 000 ducats, qu'il refusa avec dignité ; mais, une fois rentré en France, il eut bien soin d'accepter le diamant qui lui fut offert. Il eut même l'audace de se plaindre et de demander le motif de son incarcération. Il lui fut fait cette réponse : « Que voulez-vous, mon cher ? L'Impératrice vous a pris pour un aventurier. »

Le mot aurait pu aussi bien être de Catherine II que de Marie-Thérèse. Les deux souveraines ne différaient pas de sentiment sur M. de Beaumarchais.

L'impératrice Catherine ne fut jamais en correspondance directe avec Beaumarchais. Celui-ci chercha à nouer des relations, mais il n'y parvint pas. Catherine s'y refusa toujours. Avait-elle eu à se plaindre de lui ? L'hypothèse est d'autant plus admissible qu'elle goûtait fort le *Barbier de Séville*. Il n'est pas sans profit de savoir ce qu'il en fut à cet égard, et aussi — car l'œuvre de Beaumarchais nous intéresse au moins autant que sa personne — le cas que la souveraine faisait de son talent. Il nous sera permis, en même temps, de juger des goûts littéraires de l'Impératrice. Les appréciations de Catherine sur la personne et l'œuvre de Beaumarchais, bien que peu nombreuses, n'en sont pas moins curieuses pour l'histoire littéraire.

Les relations indirectes de la Tsarine et de Beaumarchais sont marquées d'un incident qui eut la plus grande influence sur l'opinion qu'elle se fit de lui, et peut-être de son théâtre. Il importe de mettre en lumière cet épisode, bien que M. Paul Bonnefon ait été appelé à en parler incidemment à propos de Wagnière, le dernier secrétaire de Voltaire. Nous y serons aidé par la correspondance de Grimm avec l'Impératrice, et aussi par une correspondance de Grimm avec Wagnière que M. Paul Bonnefon a eu la bonne fortune de découvrir et qu'il a récemment publiée (¹).

On sait que l'édition des œuvres de Voltaire, dite de Kehl, est due en partie à Beaumarchais. Cette entreprise ne fut pas une des plus grosses auxquelles fut mêlé Figaro, mais elle absorba une grande partie de ses capitaux. On sait aussi le bruit que fit cette édition. Elle eut son écho à Pétersbourg. Voici comment :

Au mois d'octobre 1778, l'impératrice Catherine, sous le coup de la mort de Voltaire, qui, à en juger par les apparences, l'a jetée dans un grand abattement, demande à Grimm ce que « l'écolière » peut faire pour honorer la mémoire de son illustre

---

(¹) *Revue d'histoire littéraire de la France.* Numéros des 15 octobre 1896 et 15 janvier 1897.

« maître ». Par l'intermédiaire de son « souffre-douleurs », elle *achète* la belle bibliothèque du patriarche ; et Mme Denis, qui ne voulait pas qu'il fût dit qu'elle a vendu la bibliothèque de son oncle, la *cède* « en un clin d'œil » quand elle apprend que la Tsarine lui en donnera trois fois sa valeur. Certes, si Catherine paie plus de 135 000 livres la bibliothèque de Voltaire, ce n'est pas pour que le monde l'ignore ; elle aime les coups de théâtre de ce genre qui ont servi à échafauder sa popularité en France et en Europe. Mais c'est aussi, comme le dit M. Bonnefon, parce qu'elle a voulu posséder les papiers du défunt, et notamment rentrer en possession de ses lettres au grand homme. « Mais surtout, écrit-elle à Grimm, ayez soin que mes lettres s'y trouvent, et que rien ne soit détourné de ce qui est réellement intéressant (¹). » Les « pancartes » de la souveraine s'y trouvèrent, en effet, mais Mme Denis avait eu soin de les copier ! Et nous verrons tout à l'heure par qui une copie put en être livrée à l'éditeur.

C'est au mois de juin 1777 que Panckoucke avait obtenu de Voltaire l'autorisation de faire une édition complète de ses œuvres. Panckoucke s'était rendu à Ferney, accompagné de son compatriote Decroix, qui devint le directeur littéraire de l'édition dite de Kehl ; et Wagnière avait été l'intermédiaire entre le grand écrivain et son futur éditeur. Panc-

____

(¹) Lettre du 1er octobre 1778. La Tsarine avait précédemment écrit à Grimm, à propos de l'achat de la bibliothèque et des papiers de Voltaire, qu'elle tenait à ses lettres « inclusivement ».

koucke, en reconnaissance de ses bons offices, avait promis à Wagnière 12 000 francs. Il n'est pas inutile de noter que le secrétaire de Voltaire ne toucha que la moitié de cette somme. L'autre moitié fut remise par Panckoucke à Mme Denis, qui la retint sans motif et se l'appropria. Wagnière n'en était plus à compter les motifs de plainte contre la nièce de son ancien patron ; mais ce grief vint s'ajouter à d'autres et contribua à la brouille qui s'éleva bientôt entre eux.

La Tsarine avait promis à Mme Denis de rassembler les lettres que Voltaire lui avait écrites ; dès le début elle en retrouva quatre-vingt-douze qu'elle communiqua à Falconet, — celui-ci était encore à Pétersbourg. — Enfin, elle commanda à Grimm cent exemplaires de l'édition qui se préparait : « Donnez-moi cent exemplaires complets des œuvres de mon maître, afin que je les dépose tout partout. » Peu de temps après, elle demandera quatre cents exemplaires, même cinq cents [1], et sa souscription, d'abord fixée à 23 000 francs, s'élèvera ainsi à 111 000 francs. Répandre les écrits de Voltaire était à ses yeux le meilleur moyen de montrer le culte qu'elle professait pour lui. Elle tient à passer pour l'élève et la protectrice de Voltaire : « Je veux, dit-elle, que ses œuvres servent d'exemple ; je veux qu'on les étudie, qu'on les apprenne par

----

[1] En 1779, en effet, elle fait à Grimm une commande de cinq cents exemplaires : cent exemplaires seront pour elle et les quatre cents autres devront lui être remboursés par les souscripteurs !

cœur, que les esprits s'en nourrissent : cela formera des citoyens, des génies, des héros et des auteurs ; cela développera cent mille talents. »

Et tout de suite elle donne son idée sur la façon dont elle entend l'entreprise. Elle désapprouve le projet du libraire Panckoucke de publier d'abord la partie « neuve », inédite, de l'œuvre de Voltaire. Elle voudrait voir le tout arrangé chronologiquement, de manière à sentir « la marche de l'esprit de l'auteur dans ses ouvrages ». « Vous avez beau dire, écrit-elle à Grimm le 5 février 1779, le prospectus de Panckoucke, dans lequel il range tout par matières, démontre que sa nouvelle édition des œuvres de M. de Voltaire ne sera rien moins que chronologique et, selon moi, c'est ce qu'il y aurait de plus piquant que de trouver le tout pêle-mêle comme cela serait sorti de cette tête unique, et c'est alors qu'on l'aurait vue comme elle était, c'est-à-dire un beau et grand et unique spectacle, une tête à tintamarre, une tête utile au genre humain par plus d'un côté, une tête dont on n'aurait pu lire même les œuvres sans que cela eût renouvelé la circulation du sang dans vos veines, fortifié corps, cœur, âme et tête, épanoui la rate : au moment où vous en auriez eu besoin, vous auriez respiré avec une facilité étonnante, et vous vous seriez trouvé d'un pied plus haut à la fin de vos lectures. » Ne va-t-elle pas jusqu'à conseiller de morceler les écrits de Voltaire, « de façon que cela sorte de dessous la machine à imprimer comme cela est sorti de dessous sa plume » ? Elle n'aperçoit pas le danger ni le ridicule de hacher ainsi la pensée du maître.

Mais les lettres du grand écrivain se retrouvent tous les jours. Au bout de peu de temps, Catherine en a réuni plus d'une centaine. Elles sont destinées à Mme Denis et à l'éditeur Panckoucke. La Tsarine déclare, il est vrai, que ces lettres ne devront jamais être imprimées, parce qu' « elles regorgent d'épithètes flatteuses » pour elle ; au fond, elle serait bien fâchée d'être prise au mot. Il n'en est pas de même de ses « pancartes » à Voltaire ; Grimm a reçu ordre de les retirer des mains de Mme Denis, et défense très expresse lui a été signifiée de les faire copier ou imprimer : « Je n'écris pas assez bien pour cela. » Et elle insiste [1] : « Priez très instamment Mme Denis de ma part de ne point donner de copie de ces lettres, de ne point en permettre l'impression, ni qu'elles soient divulguées en aucune façon : je crains l'impression comme le feu ; *je n'écris pas assez bien pour cela (bis).* »

On sait comment Beaumarchais se fit l'éditeur des œuvres de Voltaire. Panckoucke avait besoin d'argent pour acheter les fontes de caractères et pour lancer l'affaire. Il se l'associa comme financier. Les deux associés projetèrent de faire grand et, pour cela, de donner à la fois, des œuvres de Voltaire, trois éditions complètes, ou, si l'on veut, une édition en trois formats différents. Mais ils résolurent

---

[1] Lettre du 30 novembre 1778.

de ne les mettre dans le commerce que lorsqu'elles seraient terminées, afin d'éviter toute contrefaçon. Pour un plan aussi vaste, il était besoin de 700 000 à 800 000 francs. C'est en raison de cette avance que Panckoucke avait songé à Beaumarchais (¹).

L'impératrice de Russie avait chargé Grimm de remettre à Panckoucke le montant de sa souscription. C'est le 25 avril 1779 que Grimm, rendant compte de sa mission à Catherine, lui apprend comment Beaumarchais est entré dans la combinaison. Grimm, *proprio motu,* a cru aussitôt devoir agir avec prudence et modifier les ordres de sa Souveraine. « Nanti des fonds de Votre Majesté, j'étais prêt à les délivrer à Panckoucke contre des sûretés raisonnables, quand il m'a notifié comment il s'était associé Beaumarchais. Le génie de l'associé me fit quelque impression. Je me rappelai la maxime du *Barbier de Séville : « Ce qui est bon à prendre est bon à garder* », non que je crusse Beaumarchais capable de suivre les principes de son *Barbier,* mais je dis à Panckoucke que Beaumarchais n'étant ni libraire, ni imprimeur, ni marchand de papier, il n'avait pu se l'associer que pour

____

(¹) Panckoucke, qui avait besoin de fortes avances, préféra sans doute celles de Beaumarchais à celles de la Tsarine, dont la forte souscription, payée d'avance, s'élevait à près de 120 000 francs. Mais il ne semble pas exact que la Tsarine ait fait offrir à Panckoucke d'imprimer en Russie les œuvres de Voltaire, ainsi que cela est affirmé dans le manuscrit de Gudin et rapporté par Louis de Loménie. Si cette offre avait été faite, il est vraisemblable que la correspondance si copieuse de la souveraine y ferait quelque allusion. Or, cette correspondance est muette sur ce point.

les avances de fonds, et comme l'Impératrice aimait à faire rendre à tout seigneur tout honneur, il me semblait juste que les fonds du seigneur Beaumarchais fussent employés avant ceux de Votre Majesté. » Il faut admirer la sagesse de Grimm, montant la garde et ne remettant les fonds de sa Souveraine que lorsque la souscription sera ouverte au public, et « si l'entreprise bien en train exige des avances pour la hâter ». Encore ne remettra-t-il les fonds que contre des garanties efficaces !

Panckoucke avait été émerveillé de la munificence impériale ; il approuva les réserves formulées par Grimm. Il parut même regretter de s'être associé Beaumarchais ; mais l'affaire était conclue, et il n'était pas possible d'y revenir. Quant à Beaumarchais, « avec qui je ne me suis pas soucié d'entrer en conférence à ce sujet, continue Grimm, il va disant partout, en faisant claquer son fouet, que l'impératrice de Russie souscrit pour toutes les puissances de l'Europe, et qu'elle a arrêté cinq cents exemplaires. On vient à moi, on me demande ce qui en est. Je hoche la tête, je fais le mystérieux ; je dis : Il pourrait bien en être quelque chose. »

M. Paul Bonnefon, qui a publié en entier cette lettre dont nous ne citons que des fragments, ajoute : « Je ne sache pas que l'attitude de Grimm ait été jamais désapprouvée. » Elle fut même approuvée, et voici en quels termes [1] : « Ainsi soit-il de votre

---

[1] Lettre de Catherine II à Grimm du 18 mai 1779.

arrangement panckouckien eu égard à l'édition des
œuvres de Voltaire, et grand merci de ce que vous
avez esquivé tout sujet de procès, malentendu et
affaires avec l'auteur de *Figaro, Barbier de Séville,*
que j'aime beaucoup à voir représenter, mais dont
il est bon d'esquiver la connaissance le plus longtemps possible. »

Comme l'on voit, Catherine avait été prévenue
contre Beaumarchais. Grimm, il va sans dire, n'était
pas étranger à l'opinion qu'elle s'en faisait ; mais
elle avait appris, par ailleurs, ce qu'il fallait penser
de la moralité de « sire Figaro ». Elle dira « Figaro »
et elle ne sera pas la seule. « Figaro » et Beaumarchais, le nom du héros et le nom de l'auteur, se
confondent et s'identifient dans son esprit. Et,
l'année suivante, ce simple mot « tripotage », qui
lui vient sous la plume, — elle eût aussi bien dit
tripatouillage, — suffit pour qu'aussitôt elle lui
associe le nom de Beaumarchais.

Il fallut plusieurs années à Beaumarchais pour
lancer cette magnifique édition, où il laissa, paraît-il, plus de 500 000 francs (¹). L'affaire avait été
engagée en 1779 et, en 1781, M. d'Eprémesnil
dénonçait la souscription au parlement. C'est que
Beaumarchais, pour hâter l'édition, avait imaginé
une vaste loterie qui fit un fiasco complet.

(¹) Le fait n'a pas été bien établi. Mêlé à une foule d'autres opérations où il réalisa de gros bénéfices, Beaumarchais put facilement
donner le change à cet égard. Toujours est-il que l'édition, tirée à
quinze mille exemplaires, ne compta que deux mille souscripteurs.

Beaumarchais adressa naturellement un appel à l'impératrice de Russie. A la date du 14 mai 1780, elle répond à Grimm, dans son style pittoresque et imagé : « Je n'ai rien à faire avec le bout d'oreille de Figaro ; évitez, s'il vous plaît, toute affaire avec cet homme-là ; je hais les loteries à mort ; elles sont défendues chez moi. » A cet égard, la Tsarine ne varia pas, car trois ans plus tard, à propos du privilège d'une fabrique de cartes, elle écrira au comte Panin : « J'ai le nom de loteries en horreur ; c'est toujours une friponnerie revêtue de formalités honnêtes. »

Nouvelle démarche de Beaumarchais, nouveau refus de la Tsarine. Le 27 mars 1781, Grimm envoie un prospectus à sa Souveraine. Ce prospectus contenait-il d'autres offres que celles d'une large souscription ? Toujours est-il qu'elle lui répond : « Je ne veux point de prospectus de Beaumarchais. Je n'aime ni lui, ni les loteries, ni toutes ses prétentions sans fin ; je veux acheter livres chez un libraire et point de chat en poche. » Et quelques semaines plus tard : « J'ai reçu les prospectus du Figaro et je les avais déjà reçus de bien des côtés, mais il n'y a pas de plaisir à donner de l'argent à quelqu'un dont on est sûr d'avance qu'il l'emploiera mal ; évitez, autant que vous pourrez, de donner de ce côté-là. »

Une nouvelle lettre de Grimm, du 25 mai 1781, nous indique les dessous de l'affaire : « A propos de Figaro-Beaumarchais, cet homme, qui court plus d'un lièvre, est venu chez moi pour me dire

que l'Impératrice, ayant souscrit dans l'origine pour
cent exemplaires, il me priait d'en réaliser la promesse. Je lui ai répondu qu'à la vérité Votre Majesté
avait eu dès le commencement cette généreuse
intention, et qu'elle s'était même décidée pour
quatre cents exemplaires, tant elle avait à cœur de
favoriser le libraire, mais que l'affaire ayant passé
entre les mains d'un capitaliste, qui fait tout pour
la gloire de Voltaire, le cas n'était plus le même,
et qu'il me fallait nécessairement de nouveaux
ordres pour la souscription d'un certain nombre
d'exemplaires. Figaro me dit, à cette occasion, les
plus belles choses pour l'Impératrice : qu'il voulait
mettre sur le frontispice de son édition : *Imprimé
au palais de Tsarsko-Sélo,* qu'il ferait tirer un
exemplaire sur du vélin qui seul vaudrait un capital
et qui serait pour l'auguste souveraine qui possède
la bibliothèque de Voltaire. Je lui répondis qu'il
n'avait qu'à m'écrire tout cela, que je le mettrais
sous les yeux de Votre Majesté et que l'Impératrice
aimait beaucoup le *Barbier de Séville.* Il y a à peu
près un an à cette visite ; je devais avoir sa lettre
huit jours après, et elle est encore à venir. Je ne
courrai sûrement pas après, et je commence à croire
que cette édition ne se fera pas de longtemps. Il
n'y a pas longtemps que j'ai rencontré Figaro et
qu'il me dit que la souscription ne se remplissait
pas ; c'est qu'on n'a point de confiance dans Figaro
et que sa loterie, sur laquelle il comptait beaucoup
et à laquelle personne n'a rien compris, a inspiré

de la méfiance à tout le monde. » Quelques mois après, Grimm écrit à l'Impératrice qu'il la délivrera de Beaumarchais et de ses loteries. Catherine ne demande pas autre chose et elle remercie son correspondant de cette promesse.

On sait que c'est par centaines qu'arrivaient à la Tsarine les offres d'achats de tableaux, de gravures, de livres et de collections de toute espèce. Celles qui venaient de Paris passaient, pour la plupart, par l'intermédiaire de Grimm, qui lui en recommandait quelques-unes. Artistes et littérateurs exploitaient les goûts et les fantaisies de la souveraine du Nord, et, avec elle, se faisaient commerçants. Il va sans dire que Catherine II était souvent excédée de ces offres ; celles de Beaumarchais l'agaçaient tout particulièrement. Elle persistait à vouloir aider un éditeur qui avait conçu le coûteux projet d'une luxueuse et complète édition des œuvres de son « maître » ; mais elle ne voulait pas que son argent profitât à un « capitaliste ».

Son mécontentement éclata surtout quand elle apprit que Beaumarchais était en possession des lettres qu'elle avait écrites à Voltaire, et qu'il se proposait de les comprendre dans l'édition en préparation. Elle écrivit aussitôt à Grimm (¹) : « Je suis bien fâchée de ce que Figaro soit en possession de mes lettres à Voltaire ; par la copie de celle que vous m'avez envoyée, je vois que je faisais très mal

---

(¹) Lettre du 20 septembre 1783.

d'écrire à Voltaire, car, bien loin d'être passable, je la trouve très vulgairement écrite (et souhaite de tout mon cœur que rien de ces lettres n'entre dans l'impression du seigneur Figaro). Je désespère de voir jamais imprimés les ouvrages de Voltaire ; car je ne crois nullement aux paroles et promesses de Figaro. »

Certes, il y a là plus de mécontentement que de vraie colère ; sans doute, parce que, à son avis, cette édition ne verra jamais le jour ! A quoi bon, dès lors, se préoccuper d'un danger si incertain ? Grimm, d'ailleurs, est très sincèrement persuadé que cette édition n'aboutira pas, et il entretient la Tsarine dans cette idée. Le 13 décembre 1781, n'a-t-il pas écrit à Wagnière : « Je ne vous cache point que j'ai assez mauvaise opinion de cette édition et que je ne serais pas étonné qu'elle ne se fît point du tout. Je n'entends pas dire qu'on s'en occupe sérieusement, et ceux qui sont à la tête n'inspirent pas confiance. » C'est de Beaumarchais naturellement que Grimm entend parler. Le 5 février 1782, il a également écrit à Wagnière : « Il me semble que l'édition de M. de Beaumarchais ou ne se fera point, ou sera mal faite. » Et, trois ans plus tard, Grimm ne sera pas moins catégorique (¹) : « On nous menace toujours de l'édition de M. de Voltaire. Mais rien ne paraît, et je ne croirai à son apparition que quand je la tiendrai. » Quelques

______

(¹) Lettre de Grimm à Wagnière du 22 janvier 1785.

mois après, Grimm dut être bien surpris d'apprendre que trente volumes de cette édition allaient paraître à la fois. La nouvelle était vraie, et l'Impératrice ne fut pas moins étonnée. Grimm fit immédiatement expédier à Wagnière un double exemplaire de l'édition, avec mission de l'annoter et de lui faire tenir ses notes pour la Souveraine, ainsi que celle-ci l'en avait chargé.

L'édition poursuivit sa carrière, et elle fut de plus en plus l'objet des préoccupations de la Tsarine, bien qu'à ses yeux « Figaro » lui eût gâté Voltaire. Il ne faut donc pas la croire quand elle écrit à Grimm [1] : « Pour de l'édition des œuvres de Voltaire *figaroisé,* nous ne nous en soucions point du tout. » Elle s'en soucie si peu que, lorsqu'elle apprend l'intention de Beaumarchais de publier ses lettres à Voltaire dans l'avant-dernier volume de l'édition, elle écrit à Grimm [2] : « Écoutez : il est impertinent que Beaumarchais ait imprimé mes lettres à moi sans ma permission ; mais si ce ne sont que les lettres que Voltaire m'a écrites, je ne m'en soucie point, pourvu que les miennes ne le soient pas ; mais s'il a imprimé les miennes, je vous prie de faire en sorte qu'elles ne paraissent pas, quoique assurément il n'y ait rien dont on puisse être choqué, mais il mérite correction pour m'avoir manqué. » Et, de crainte que

----

[1] Lettre à Grimm du 4 octobre 1787.
[2] Lettre à Grimm du 25 novembre 1787.

pareille aventure ne lui arrive, pour les lettres
qu'elle écrit à son « souffre-douleurs », elle ajoute :
« Écoutez : nous sommes tous mortels ; brûlez mes
lettres afin qu'elles ne soient pas imprimées de mon
vivant ; elles sont bien plus lestes que celles que j'ai
écrites à Voltaire, et pourraient faire un mal du
diable ; j'exige que vous les brûliez, entendez-vous ?
ou que vous les mettiez dans un endroit si sûr que
de cent ans personne ne puisse les déterrer. » Voilà
cent ans que Catherine exprimait ce vœu, et ses
lettres ont été récemment publiées par la *Société
impériale historique russe !* Il n'y a pas à le regretter, car les « pancartes » de la grande souveraine
sont un impérissable témoignage de sa virilité
intellectuelle.

La Tsarine était donc fixée sur la valeur morale
de Beaumarchais ; elle ne varia pas d'avis sur son
compte : « Sur la correspondance de Voltaire, écrit-
elle à Grimm dans le courant de 1787, je vous ai
mandé mon avis : faites en sorte, je vous prie, que
Figaro ne publie aucune de mes lettres, et, à cet
effet, achetez tout ce qu'il y a d'imprimé de ce
tome, et jetez-le tout entier au feu ; mais faites en
sorte que ce vilain homme n'en garde pas un exemplaire, afin qu'après l'avoir vendu à moi, il ne le
réimprime derechef ; car ce coquin est capable de
tout cela, *à ce qu'on m'a assuré.* » Comme elle le
connaissait bien ! Catherine avait-elle appris par le
cabinet de Vienne les aventures de la forêt de Neustadt ? Grimm, d'ailleurs, ne pensait pas autrement

que l'Impératrice. Et il le lui écrit : « Figaro, dit-il,. crie à tout le monde qu'il n'aurait pas eu l'imbécillité d'acheter 100 000 écus les œuvres de Voltaire, s'il n'avait pas eu la faculté de publier ses correspondances inédites. » Beaumarchais offre, il est vrai, de se soumettre aux ordres de l'Impératrice ; si celle-ci l'exige, il supprimera le volume en question, ou bien mettra des cartons aux endroits désignés ; mais il sait que la souveraine de Russie abhorre les voies de rigueur, aussi s'en remet-il à sa bonté, espérant bien qu'elle ne l'obligera pas à faire le sacrifice des trois quarts de sa fortune engagés dans cette affaire. Du reste, le volume est sous presse, et Grimm juge qu'il n'est pas possible de l'arrêter : « J'ajoute qu'immédiatement après que Beaumarchais en aura promis la suppression, le volume paraîtra dans quelque coin de France ou d'Allemagne. »

La Tsarine suivit les avis de son correspondant. Grimm lui envoya une épreuve du volume, dont il avait marqué, de concert avec M. de Montmorin, ministre des affaires étrangères, certains passages au crayon. Elle lui répondit (¹) : « Pour ce qui regarde Figaro, je désirerais beaucoup que mes lettres ne parussent pas, parce qu'elles ne méritent pas assurément l'impression ; mais comme la chose est faite, et s'il est impossible d'en empêcher la publication, faites en sorte que les passages mar-

---

(¹) Lettre du 22 février 1788.

.qués par vous et M. de Montmorin soient effacés,
et au reste on fera de Figaro et de son impertinence
tout ce que vous voudrez. Mais, au moins, em-
pêchez-le d'avoir l'impudence de m'envoyer un
exemplaire de mes lettres, imprimées contre mon
gré ; sinon je serai obligée de demander qu'il soit
puni comme il le mérite. » Et avant de fermer la
lettre, elle revient à la charge : « Si vous pouviez
faire en sorte que Beaumarchais retranchât tout le
volume, en vérité vous feriez une très bonne œuvre,
et vous m'obligeriez infiniment ; mais enfin, si cela
est impossible, je vous renvoie l'exemplaire que
vous m'avez envoyé, avec les endroits marqués au
crayon pour être supprimés totalement. L'Habit-
Rouge (¹) l'a lu ; ce qu'il y a de sûr, c'est que je n'ai
pas même ouvert le livre. »

L'Impératrice n'aboutit donc qu'à retrancher de
ses lettres à Voltaire les passages jugés dangereux
ou indignes de sa mémoire.

Encore y aboutit-elle singulièrement ! En effet,
Beaumarchais se rendit coupable d'un de ces stra-
tagèmes dont il était coutumier. Nous avons dit
que l'édition Panckoucke devait être faite à la fois
en plusieurs formats. Il en fut fait ainsi. Beaumarchais se résigna à faire dans l'édition in-8 les
suppressions réclamées par la Tsarine ; les passages marqués au crayon furent remplacés par
des cartons. Mais il n'en fut pas de même dans

(¹) Le favori Mamonof.

l'édition in-12, destinée à un public moins aristo-cratique (¹).

Beaumarchais se vengea ainsi des mauvais tours qu'on lui avait joués et, en particulier, de la suppression de la souscription de l'Impératrice. Et, ce qu'il y a de plus piquant, c'est que ni Catherine ni Grimm ne s'aperçurent de ce subterfuge. L'édition in-12 ne leur passa évidemment pas sous les yeux. Leur correspondance, en effet, est muette sur ce point. Or, si Catherine avait découvert cette supercherie, sa colère eût sûrement éclaté, et elle en eût fait confidence à son « souffre-douleurs » qui y eût répondu. Comme le dit M. Bonnefon, c'est le savant bibliographe de Voltaire, M. Georges Bengesco, qui a découvert et signalé cette nouvelle fourberie de Figaro-Beaumarchais.

Quand l'Impératrice s'élève si vivement contre la publication de ses lettres à Voltaire, faut-il prendre ce qu'elle dit au pied de la lettre, et ses mouvements d'humeur expriment-ils sa pensée de derrière la tête ?

Pour les lettres du grand philosophe, nous avons vu qu'elle prit facilement son parti de leur publication. Dès le mois d'octobre 1778, n'a-t-elle pas déclaré qu'elle y consentirait à la condition de ne pas passer pour les avoir fournies à l'imprimeur ? Et, un autre jour, n'a-t-elle pas écrit : « A dire la

---

(¹) Les œuvres de Voltaire furent éditées à la fois dans le format in-8 et dans le format in-12.

vérité, je ne me soucie pas beaucoup de l'impression des lettres que Voltaire m'a écrites (¹). » Ce qui signifie qu'en réalité, elle fut flattée de leur voir prendre rang dans l'édition de Kehl.

Mais il n'en est pas de même de l'impression de ses propres « pancartes ». A cet égard, en 1787 et 1788, son déplaisir n'est pas douteux ; il est vrai qu'en 1778, elle avait autorisé Grimm à en faire des commentaires, « car, dit-elle, cela peut faire l'ouvrage le plus bouffon qu'il y eut jamais » (²). Mais il n'est pas difficile de découvrir les motifs de ce changement : et d'abord, Beaumarchais publie cette correspondance sans son autorisation ; pour ce fait, il mérite correction. Puis, ses lettres figureront dans l'édition des œuvres de Voltaire à côté de celles du grand homme ; Catherine redoute qu'elles n'y fassent triste figure.

Cette crainte était superflue. Les lettres de la grande Sémiramis du Nord, pour l'appeler d'un des titres que Voltaire lui donna, brillent par la légèreté, le pittoresque et la raillerie ; il y court un esprit de bon aloi ; on sait que celles du patriarche, au contraire, portent la marque du courtisan. Ce rapprochement, au lieu d'avoir nui aux « pancartes » de la souveraine, en a fait ressortir les vraies qualités.

Il resterait à déterminer qui livra ces « pancartes » à Beaumarchais ou à Panckoucke.

(¹) Lettre à Grimm du 5 novembre 1778.
(²) Lettre du 30 novembre 1778.

M. Paul Bonnefon s'est posé la question, et a conclu que ce ne pouvait être que Mme Denis. Il ne peut pas en être autrement, en effet, et nos conclusions concordent absolument avec les siennes. A défaut de preuve matérielle, les arguments probants ne manquent pas ; il suffit de les rappeler et de les résumer :

La nièce de Voltaire et son dernier secrétaire étaient seuls à même de prendre une copie des lettres de la Tsarine. Mais, bien que Wagnière ait cherché à plusieurs reprises, soit par l'intermédiaire de Grimm, soit directement avec Beaumarchais, à collaborer à l'édition des œuvres du grand homme dont il connaissait mieux que quiconque la pensée et les travers, et à tirer honnêtement parti des manuscrits en sa possession (¹), il n'est pas possible d'admettre que ce fut lui qui vendit ou communiqua les lettres de la souveraine. Nous avons dit que Catherine, en achetant la bibliothèque du patriarche, avait entendu acquérir tous les papiers du défunt, et notamment rentrer en possession des lettres qu'elle lui avait écrites. Nous savons que ce fut Wagnière qui fit l'envoi de la bibliothèque, et qui alla la mettre en ordre à l'Ermitage. Wagnière, il est vrai, ne resta pas longtemps en Russie, mais il conserva en quelque sorte le titre de bibliothécaire *in partibus* de l'Impératrice ; de plus, celle-ci

____

(¹) Il nous dit lui-même qu'il offrit sa « pitte » (petite monnaie), et qu'on la refusa.

lui servit une pension annuelle de 1 500 francs et
lui conserva son amitié. Est-il donc utile de chercher à disculper Wagnière d'un acte dont il ne se
rendit pas coupable ? Son dévouement et sa discrétion ne peuvent pas faire doute : « Catherine,
comme le dit M. Bonnefon, en lui continuant sa
bienveillance, a prouvé qu'elle ne croyait pas son
protégé capable d'un tel manque de gratitude à
son égard. » La Tsarine ne manquait pas de dire
toujours : Le « fidèle Wagnière. »

Il faut donc ne pas ajouter foi à la lettre de
Mme Denis du 12 juillet 1787, où elle cherche à se
disculper d'avoir communiqué les lettres de la Tsarine à Voltaire, et où, en termes imprécis, elle
accuse en quelque sorte le dernier secrétaire de son
oncle d'avoir commis cette infidélité. Mme Denis,
devenue, par un second mariage qui fit grand scan-
dale, Mme du Vivier, rejeta sournoisement sur un
autre la faute qu'elle avait commise, parce qu'elle
se sentait coupable, et parce qu'elle vit que son
indélicatesse avait été percée à jour.

C'est qu'en effet toutes les charges pèsent sur
elle : nul n'ignore en quelle estime elle tenait l'argent. Elle ne craignit pas de se défaire du château
de Ferney, de la bibliothèque de Voltaire et des
objets les plus intimes du grand homme ; elle fit
argent de tout. Nous savons aussi que, dans un
esprit de vanité, — car après l'argent, la vanité
exerçait sur elle une grande action, — cette bour-
geoise madrée communiqua aux « gazetiers » la

lettre que l'Impératrice lui écrivit lors de l'achat de la bibliothèque : « Il faut avouer, écrivit Catherine à son « souffre-douleurs » [1], que vous autres Parisiens, vous êtes discrets comme un coup de canon... Voltaire n'imprimait pas mes lettres : il savait bien qu'elles n'en valaient pas la peine, et que je craignais l'impression comme le feu ; *je vous prie, empêchez que Mme Denis ne fasse imprimer mes lettres à son oncle. Je vous en prie très sérieusement.* »

Au mois de décembre 1778, la Tsarine craignait donc déjà que la nièce et héritière de Voltaire ne se rendît coupable de faire imprimer ses lettres. C'est, cependant, ce qui arriva. Mme Denis avait gardé une copie des lettres de la Souveraine, et elle les vendit à Beaumarchais. Y a-t-il lieu d'en douter quand on sait les propos et les attitudes de Beaumarchais ? En 1783, Wagnière fut sollicité par une société de Lausanne pour une édition des œuvres de Voltaire faite sur le modèle de celle de Kehl. Beaumarchais, prévenu de ce projet et ému du préjudice que lui causerait une contrefaçon qui aurait pour principal collaborateur l'ancien secrétaire de Voltaire [2], eut recours à son procédé habituel. Dans le but de disqualifier Wagnière, il

---

[1] Lettre du 17 décembre 1778.

[2] Wagnière était le « dictionnaire vivant » et le seul, « de tout ce qui tenait aux vingt-quatre dernières années du patriarche ». (Consulter *Le Conseiller François Tronchin*, par Henry TRONCHIN. Un volume in-8, 1895.)

lança aussitôt contre lui un libelle aussi injuste qu'abominable, — une « note infâme », dit Wagnière. — On y lisait : « Le sieur Wagnière, ci-devant copiste chez M. de Voltaire, a pu commettre l'infidélité de tirer des doubles de quelques-uns de ses derniers ouvrages ; et nous, nous tenons de Mme Denis, nièce et héritière de l'auteur, la totalité des originaux. Le sieur Wagnière a pu escamoter quelques copies des lettres de son maître ; et nous, nous avons la collection entière des lettres de cet auteur ; nous avons ce trésor..... »

De l'avis de Beaumarchais, Wagnière ne possédait donc et n'avait possédé aucun des précieux papiers ou lettres appartenant à Voltaire (¹). A ses yeux, Mme Denis, seule héritière, les avait eus en sa possession ; « sire Figaro » reconnaissait les avoir acquis, et les tenir de Mme Denis. Cette affirmation sous sa plume, il est vrai, ne suffirait pas pour nous convaincre. Mais peut-on en douter, quand on sait que Beaumarchais entretenait avec Mme Denis les meilleures relations ? M. P. Bonnefon va jusqu'à croire que ce coup du « factum » asséné par Beaumarchais sur la tête de Wagnière était inspiré par la nièce de Voltaire. Il est d'autant mieux permis de l'admettre que tel fut l'avis de Wagnière, qui ne le pardonna pas à son ennemie.

(¹) Beaumarchais estimait que Wagnière n'avait aucun droit à posséder quoi que ce soit de Voltaire. Wagnière le dit formellement dans une lettre à son ami Decroix, du 27 juin 1787, que M. Paul Bonnefon a publiée.

Wagnière, de son côté, déclare dans ses *Mémoires* que Mme Denis vendit pour l'édition de Kehl les nombreux manuscrits qu'elle avait en sa possession. Et Beaumarchais criait à tout venant qu'il n'aurait pas eu la naïveté d'acheter les œuvres de Voltaire si les papiers inédits du grand écrivain ne s'y étaient pas trouvés.

De plus, Grimm, qui protégeait Wagnière et ne l'abandonna pas, ne crut jamais à l'indélicatesse du secrétaire de Voltaire ; s'il n'accuse pas formellement Mme Denis, il a du moins le sentiment de sa culpabilité.

Et la Tsarine — bien que sa correspondance ne contienne aucune accusation directe — en était également persuadée. Dans sa lettre du 22 février 1788, où elle conjure Grimm de faire un nouvel effort pour empêcher la publication de ses lettres au patriarche, elle s'écrie : « Pour de la dame Denis, par égard pour feu son oncle et sa mémoire, je ne dis mot : elle paraît être tombée en enfance (¹). » Catherine en aurait donc eu long à dire sur la nièce de Voltaire ! C'est évidemment qu'elle était fixée sur son rôle dans cette affaire !

La culpabilité de Mme Denis du Vivier ne semble donc pas douteuse.

Il va sans dire que Beaumarchais se garda bien d'offrir à l'Impératrice de Russie l'exemplaire spé-

------

(¹) En 1780, la Tsarine avait écrit à Grimm, en plaisantant : « Est-il vrai que Mme Denis soit remariée ? *Que ne l'épousiez-vous ?* »

cial qu'il avait promis de lui réserver. Cet exemplaire spécial, néanmoins, fut tiré. Il contenait les
dessins originaux que Moreau avait composés pour
illustrer les œuvres de Voltaire, et il constituait une
curiosité et une rareté bibliophilesque. M. Bonnefon
nous apprend que cet exemplaire unique fut acquis
plus tard par l'ex-impératrice Eugénie, et qu'il a
péri en 1870 dans l'incendie des Tuileries.

C'est la grande Tsarine qui un jour avait écrit :
« Le grand Basile du *Barbier de Séville* dit : Mais
qui est-ce donc qu'on trompe ici? Dans la comédie,
c'est le docteur Bartolo. » Catherine entendait ne
pas jouer le rôle du docteur Bartolo. L'incident de
l'édition de Kehl prouve qu'elle ne se laissa pas
duper par le capitaliste Beaumarchais, et lui « escamota » le montant de sa souscription promise à
Panckoucke. « A bon chat, bon rat », aurait-elle
pu dire en son langage si imagé. Mais ce diable de
Beaumarchais prit sa revanche : malgré la Tsarine,
les lettres qu'elle avait écrites au patriarche de
Ferney virent le jour.

Est-il défendu de conclure que Catherine put
garder quelque rancune à l'auteur du *Barbier de
Séville?*

II

Cet incident, qui pour la carrière si remplie de Catherine II n'est qu'un épisode sans importance, n'empêcha pas la souveraine de Russie de lire, d'entendre et d'apprécier les œuvres de Beaumarchais. L'Impératrice avait beaucoup applaudi à la représentation du *Barbier de Séville*, et avait fait de la pièce les éloges les plus chauds ; elle ne se départit pas de cet enthousiasme. Mais le *Mariage de Figaro* n'obtint pas les mêmes faveurs.

Dès le 19 octobre 1779, la Tsarine écrivait à Grimm : « Pour le *Barbier de Séville* et Mlle Gardel, je vous prie de les tenir en grand honneur : ce sont des gens qui vont à toute sauce, et Basile est un des sots fripons qui m'ont le plus amusée de ce monde. » Dans sa conversation et dans sa correspondance si émaillée d'anecdotes et de citations piquantes, elle aime à placer certains mots expressifs du *Barbier de Séville*. Ainsi, quand Euler prédit la fin prochaine du monde, elle se révolte contre ces prédictions savantes qui heurtent son bon sens, aussi bien que contre les fumisteries d'un Cagliostro ; et elle répond à ceux qui lui en parlent : « Moi, à tout cela, je dis comme le *Barbier de Séville* ; à l'un : Dieu vous bénisse ; et à l'autre : Va te coucher ; et je vais mon train. »

Quand elle aura le théâtre de l'Ermitage, elle se

fera auteur dramatique et y jouera ses pièces ;
elle y fera jouer aussi beaucoup de pièces françaises. Grimm, son pourvoyeur artistique, lui envoie
nombre de comédies qui sont souvent accueillies à
Pétersbourg par les plus chaleureux bravos. Le
Barbier de Séville est celle qui a soulevé le plus
grand enthousiasme, et Catherine ne tarit pas en
louanges sur Basile et sur Figaro. Sous la plume
impériale, Beaumarchais prend aussitôt le nom de
« Figaro », et il faut voir comme il tarde à la Souveraine de connaître la suite du *Barbier*, annoncée
sous le titre des *Noces de Figaro* et dont on parle
déjà (¹). Beaumarchais qui, en fait de réclame, de-
vance son siècle, est parvenu à attirer l'attention
sur sa pièce en portefeuille. « Son ouvrage, dit
M. Paul Stapfer, devint célèbre à Paris et en Europe
longtemps avant d'être connu. Jamais homme ne
posséda mieux le génie de la réclame et ce charla-
tanisme qui est plus nécessaire au succès que le
mérite. » Ce qui s'est passé pour *Tartufe* va se
renouveler ; il suffit que la censure retienne la pièce,
que les pouvoirs publics l'interdisent, pour que
tous ceux qui en ont la possibilité cherchent à en
obtenir une lecture, et pour que tous les autres en
parlent et l'attendent anxieusement. Elle a l'attrait
du fruit défendu, et Beaumarchais a l'habileté d'en
ménager les auditions. Aussi, le 5 novembre 1781,

(¹) On sait que la pièce fut terminée en 1778 et reçue à la Comédie-
Française en 1781.

par l'intermédiaire de son chambellan, directeur général des spectacles, M. de Bibikof, l'Impératrice fait-elle demander à Beaumarchais une copie de la pièce nouvelle. Le *Barbier* a été joué plus de cinquante fois déjà à Pétersbourg, et y procure toujours un nouveau plaisir ; Catherine II est impatiente de lire la suite, et son surintendant des beaux-arts fait « prier en grâce » l'auteur d'envoyer une copie du précieux manuscrit.

Beaumarchais ne déféra pas à ce désir. Il voulut que Paris eût la primeur de sa pièce. Mais la curiosité de Catherine II avait été mise en éveil : elle demanda à Grimm, en 1782, de lui envoyer un exemplaire des *Noces de Figaro* aussitôt que la pièce serait imprimée. La Tsarine fut obligée d'attendre. La pièce, en effet, ne fut jouée qu'en 1784 (1) ; et encore le Roi ne donna-t-il l'autorisation qu'à son corps défendant. Le succès fut énorme. Néanmoins, dès le 22 avril 1785, Catherine porte ce bizarre jugement : « En fait de comédie, si j'en fais, le *Mariage de Figaro* ne me servira pas non plus de modèle, car depuis la lecture de Jonathan Wilde le Grand, je ne me suis jamais trouvée en plus mauvaise compagnie que dans celle de cette noce célèbre. C'est apparemment pour imiter la comédie des anciens qu'on a remis sur le théâtre ce goût-là qu'on avait cru purifié depuis. Les expressions de Molière étaient libres et sortaient d'une

---

(1) La première représentation publique eut lieu le 27 avril 1784.

gaîté naturelle comme effervescence ; mais sa pensée n'était jamais vicieuse, au lieu que, dans cette pièce si courue, le sous-entendu ne vaut rien continuellement, et cela dure trois heures et demie. Outre cela, c'est un tissu d'intrigues où il y a un travail continuel, et pas un brin de naturel ; je n'ai pas ri une seule fois à la lecture ; peut-être le jeu des acteurs rend-il le tout très plaisant. »

Où sont les neiges d'antan ? Que sont devenus les bravos du *Barbier de Séville ?* C'est avec cette âpreté que la Souveraine juge ce *Figaro* si impatiemment attendu ! Trouve-t-elle que l'auteur, pour employer une expression triviale, met trop les pieds dans le plat ? Le réalisme, cependant, n'est pas fait pour déplaire à la Souveraine. Serait-ce que l'Impératrice fut effrayée des dessous révolutionnaires de l'œuvre figaresque ? En 1785, Catherine n'encense plus les philosophes, mais elle ne les a pas encore reniés ; dans leurs doctrines, elle démêle ce qui est sensé et pratique de ce qui est rêve et chimère. D'ailleurs, au théâtre , l'Impératrice songe surtout à s'amuser, et elle ne demande pas davantage à l'auteur du *Barbier de Séville*. Il faut croire plutôt que l'Impératrice, irritée des projets commerciaux de Beaumarchais, qui lui avait gâté son Voltaire, de ses prospectus de loterie et des procédés qu'il employait, jugea l'œuvre nouvelle avec ses nerfs. De plus, Beaumarchais avait le tort, à ses yeux, de lui avoir refusé la primeur de sa comédie. Catherine n'était donc pas dans des conditions ordinaires pour apprécier la pièce favorablement. Elle avait retiré sa bienveillance à l'auteur.

Grimm lui écrivait cependant que le *Mariage de Figaro* était un ouvrage plein de verve, de folie et de gaîté, très supérieur au *Barbier*. Il est vrai que Louis XVI, un an auparavant, avait déclaré que la pièce était « détestable et injouable » : voilà qui est singulièrement fait pour rehausser l'esprit critique des souverains !

Mais, pour être injuste, le jugement de la Tsarine n'en est pas moins sincère. Mal disposée à l'égard de Beaumarchais, elle dit de la pièce ce qu'elle a instinctivement ressenti à la lecture. Car, il faut remarquer, et cela à sa décharge, que Catherine s'est contentée de lire la pièce. Si elle l'avait vue à la scène, le rire aurait peut-être dissipé sa mauvaise humeur. Et peut-être aurait-elle placé les *Noces de Figaro* à côté du *Barbier de Séville*. La postérité a mis les deux chefs-d'œuvre sur le même rang, très haut.

III

Bien que Catherine II n'ait pas correspondu avec Beaumarchais, il n'était pas inutile de connaître les dessous de leurs quasi-relations. L'incident de l'édition des œuvres de Voltaire nous montre un Beaumarchais éditeur des lettres de la souveraine sans son assentiment. Voilà « beaucoup de bruit pour pas grand'chose » ! Soit. Mais il nous permet de conclure que Catherine se fit de « Figaro » l'opinion qui prévalut au dix-huitième siècle, et qui lui restera malgré les réhabilitations tardives de ses panégyristes.

Quant aux critiques de la Tsarine sur les œuvres de Beaumarchais, brèves, expressives, d'un mérite contestable, elles pouvaient être relevées. Catherine avait l'instinct du théâtre. Elle avait été remuée et amusée par le *Barbier de Séville;* elle l'aurait été également par le *Mariage de Figaro,* si elle l'avait vu sur les planches.

Nous savons que son fils, le tsarévitch Paul, et la grande-duchesse, en voyage à Paris en 1782, sous le nom de comte et comtesse du Nord, entendirent une lecture du *Mariage de Figaro.* Beaumarchais aurait voulu mettre à profit la présence à Paris de l'héritier du trône de Russie pour faire lever l'interdiction qui frappait sa pièce. Il eût suffi, en effet, que le comte du Nord manifestât le désir de voir jouer la pièce pour que le spectacle en fût aussitôt autorisé. « Figaro » s'adressa à Grimm afin de faire aboutir la négociation. Mais le grand-duc héritier se refusa à faire pareille démarche, et Beaumarchais dut se contenter d'une lecture qui prouvait, au surplus, de quelle réputation jouissait à Pétersbourg son *Barbier de Séville*. La lecture des *Noces de Figaro* dura trois heures et demie. Le comte du Nord applaudit la pièce, mais se borna à dire à l'auteur que l'Impératrice serait charmée de la faire représenter à l'Ermitage. Certes, le futur empereur aurait été heureux de voir *Figaro* sur le théâtre à Paris, mais il se déroba à l'invite d'intercéder pour l'y voir. Et Catherine, satisfaite de la prudente réserve de son fils, ne cacha pas à Grimm son plaisir que « ni le comte ni la comtesse du Nord ne se soit mêlé de la noce de Figaro ».

Il a donc tenu à Beaumarchais que son Figaro ait été applaudi à Pétersbourg avant de l'être à Paris. Si cela avait été, nous n'aurions pas à enregistrer les sévérités critiques de Catherine ; celle-ci serait revenue, ainsi que cela lui arriva plus d'une fois, de son impression première, souvent brusque et passionnée. Il est rare que son dernier mot ne soit pas inspiré par un jugement droit, sain et indépendant.

LE COMTE ESZTERHAZY
A LA COUR DE RUSSIE (1791-1796)

La famille ou plutôt la dynastie des Eszterhazy est une des plus anciennes, des plus considérables et des plus riches de la Hongrie. Le premier Eszterhazy qui ait marqué dans l'histoire date du treizième siècle, et nombreux sont ceux qui au dix-septième et au dix-huitième siècles se sont illustrés. Le feld-maréchal Eszterhazy, qui mourut en 1713, fut un homme d'État en même temps qu'un grand homme de guerre. Il laissa vingt-cinq enfants. Parmi ses descendants, plusieurs se distinguèrent à la guerre et d'autres dans la diplomatie. Nicolas Eszterhazy fut un généreux Mécène qui réunit de magnifiques collections ; la galerie qu'il fonda se trouve à l'heure actuelle dans le palais de l'Académie de Budapest, où elle est ouverte au public. C'est ce Nicolas Eszterhazy qui refusa la couronne de Hongrie que Napoléon lui offrit en 1809. Son fils Paul-Antoine Eszterhazy fut ambassadeur d'Autriche à Londres, de 1830 à 1838.

Nous voudrions parler aujourd'hui de celui des Eszterhazy qui devint tour à tour un des fidèles amis et des plus fermes soutiens de Marie-Antoinette et du comte d'Artois, et qui joua un rôle dans l'émigration. Ce n'est pas que ce rôle soit des plus importants, mais il mérite de fixer un instant l'attention. Les historiens, jusqu'à ce jour (¹), se sont peu occupés de lui, et n'ont fait qu'indiquer par accident la mission qu'il remplit en Russie.

(¹) Cette étude a été publiée par la *Revue politique et parlementaire*, numéro du 10 octobre 1898.

Depuis lors, M. Ernest Daudet a fait paraître deux beaux ouvrages : *Mémoires du comte Valentin Eszterhazy* et *Lettres du comte Valentin Eszterhazy à sa femme (1784-1792)*, qui nous ont permis d'ajouter à ce travail quelques pages sur le séjour du comte auprès de Catherine II. Les lettres qu'Eszterhazy écrivit à sa femme en 1791 et en 1792, et dont M. Ernest Daudet n'a encore publié qu'une partie, nous donnent un curieux et suggestif tableau de la cour de Russie. A Saint-Pétersbourg, les distractions avaient le pas sur les préoccupations politiques, pendant que les événements révolutionnaires se précipitaient en France.

I

Le comte Valentin Eszterhazy arriva à Saint-Pétersbourg le 2/13 septembre 1791. Avant de dire ce qu'il y venait faire et ce qu'il y fit, il importe de marquer ce qu'étaient à cette époque la cour de Russie et la politique de la Tsarine.

En 1791, l'impératrice de Russie n'était plus la souveraine avide de liberté — du moins sur le papier — qui avait flatté et comblé les grands esprits du siècle. Il n'y avait plus chez elle la moindre étincelle de libéralisme ; ce passé était bien éteint, et il n'y fallait plus songer autour d'elle. Les idées de réaction avaient envahi son esprit, et elle ne se laissait plus guider que par elles. Il est vrai de dire que les intérêts de son empire et de sa couronne expliquaient cette volte-face.

Et ce n'étaient pas seulement Voltaire et Diderot, précédemment si caressés, qu'elle avait reniés. Les hommes qu'elle avait le plus aimés peu d'années auparavant étaient mis sur le même pied que les « infâmes jacobins ». De ce nombre, par exemple, le comte de Ségur, qui avait brillamment représenté la France à Saint-Pétersbourg de 1785 à 1789, et qu'elle avait honoré de son amitié la plus particulière. Et cependant le comte de Ségur n'était pas devenu un révolutionnaire. Ami de Lafayette, il était de ces esprits ouverts qui avaient cru devoir suivre le roi de France sur le terrain constitutionnel, et qui continuaient à le servir avec autant de zèle que de fidélité. Mais Catherine II s'était déclarée l'ennemie irréconciliable de toute constitution. L'Assemblée constituante était pour elle l' « hydre aux 1 200 têtes », objet de sa haine et de son dédain. Elle ne voulait connaître que la volonté souveraine d'un monarque absolu : « Je ne peux pas souffrir les démagogues ni les constitutionnels, parce que ce sont eux qui sont accouchés de tous les maux présents et futurs de la France (¹). »

Quand, après Varennes, Louis XVI se résigna à reconnaître la souveraineté nationale, elle condamna cette faiblesse en termes virulents : « Eh bien ! ne voilà-t-il pas que Louis XVI vous flanque sa signature à cette extravagante constitution (²) ! » A partir de ce moment, elle se détacha définitivement du roi de France et se tourna plus que jamais du côté des émigrés ; les amis personnels de Louis XVI et de Marie-Antoinette furent eux-mêmes tenus en suspicion, et la mort du Roi elle-même n'aura aucun écho dans son cœur.

C'est le baron de Breteuil, il est vrai, que Louis XVI avait chargé de faire connaître ses vues et ses vœux aux souverains de l'Europe, et qui dirigeait de Bruxelles sa diplomatie occulte ; or, le

---

(¹) *Recueil de la Société impériale historique russe*, tome XXIII. Correspondance de Catherine II à Grimm.

(²) *Recueil de la Société impériale historique russe*, tome XXIII. Correspondance de Catherine II à Grimm.

baron de Breteuil avait représenté la France à Saint-Pétersbourg en 1762, et avait refusé à l'épouse de Pierre III tout concours moral et pécuniaire pour la révolution qui la mit sur le trône. Catherine II en avait gardé contre l'ancien agent de Louis XV un ressentiment qui ne s'était jamais affaibli. A ses yeux, le baron de Breteuil avait vu de trop près les menées qui avaient précédé la révolution de 1762 et en savait trop long sur les dessous de la cour de Saint-Pétersbourg. La Tsarine le considérait résolument comme un adversaire. Et elle estimait que les intérêts du roi de France étaient bien mal placés entre ses mains.

C'est pourquoi toutes les sympathies de l'Impératrice allaient au comte de Provence et au comte d'Artois ; toutes ses faveurs se portèrent sur les émigrés. Certes, la Turquie et la Pologne absorbèrent tour à tour ses préoccupations ; mais, quand elle daignait jeter un regard vers la terre de France, c'est sur Coblentz qu'il s'arrêtait. A son avis, la « canaille jacobine » tombera sous les coups des frères du Roi et des gentilshommes qui les entourent. C'est de ces vaillants « héros à la Henri IV » qu'elle attend le salut !

On sait comment elle s'y prit pour étouffer ce levain révolutionnaire et pour venger la mort du roi de France. Elle envoya quelques millions de francs aux émigrés, — le moins possible ; — elle leur prodigua les conseils et les sourires. Elle les amusa de gestes et de caresses. Et ce fut tout.

Cependant, si elle leur refusa toujours le secours de ses soldats, c'est qu'elle avait eu l'intuition de leur impuissance ; — dès la première heure, elle avait percé à jour leur fatuité, et elle prit plaisir à souligner leurs fautes. — Mais c'est surtout parce qu'il y avait des patriotes à Varsovie, des « jacobins », comme elle disait ; et elle voulut se charger de les réduire, pendant qu'il appartenait à l'Autriche et à la Prusse d'appuyer l'émigration contre ceux de France. Quand elle fut débarrassée de la « jacobinière » de Varsovie, et y eut rétabli l'ordre, — à son profit, — elle songea à jouer un rôle contre la Révolution ; au mois d'août 1796, elle promit formellement d'envoyer 60 000 hommes sur les bords de l'Elbe avec Souvarov à leur tête, afin de réparer les désastres de l'Allemagne. Mais est-il bien sûr qu'elle n'eût pas trouvé quelque nouveau prétexte pour reculer l'échéance de cette promesse, si elle n'avait pas été emportée par une mort subite ?

Cependant, les efforts des Princes pour entraîner militairement la Tsarine dans leur cause furent tenaces. S'il n'aboutirent pas, c'est que Catherine II était résolue à ne pas céder devant ces prières ; comme de juste, elle ne tint compte que de l'intérêt immédiat et direct de sa couronne.

Le comte Valentin Eszterhazy fut de 1791 à 1796 l'agent de l'émigration à Saint-Pétersbourg. C'est lui surtout qui fut chargé de vaincre la résistance de la Tsarine. Ses efforts, malgré le crédit dont il jouit auprès de la souveraine, restèrent infructueux. Sa mission n'aboutit qu'à un échec.

Il va de soi qu'en 1791 la Tsarine n'accueillait plus avec un égal empressement tous les Français qui arrivaient en Russie. Et ils étaient nombreux, soit qu'ils fussent chassés de leurs foyers, soit que les événements politiques leur servissent de prétexte pour quitter la France. Parmi tous ces Français, elle se livrait à un triage sévère. Ils devaient « montrer patte blanche » (¹) ; encore y en avait-il qu'elle se refusait à recevoir. Certains de ceux qui demandaient à prendre du service étaient envoyés aux armées ; d'autres étaient éconduits ; bien peu furent retenus à la cour. Le duc de Richelieu, le comte Roger de Damas, le comte de Langeron, furent les seuls qui s'illustrèrent en Russie et y jouèrent un rôle important. Encore eurent-ils à subir bien des rigueurs et plus d'un affront. A côté d'eux, une foule d'autres ne purent se distinguer que dans des rangs inférieurs. A propos du peintre Doyen, que tout d'abord elle ne voulut pas voir, et que plus tard elle nomma décorateur de ses palais et professeur de son Académie, la Tsarine écrit à Grimm, le 9 mai 1792 : « Chez nous on n'admet plus si vite des Français ; au moins faut-il qu'ils passent la quarantaine politique (²). »

(¹) M. Waliszewski.

(²) *Recueil de la Société impériale historique russe*, tome XXIII.

Tandis qu'elle fait consigner notre chargé d'affaires, M. Genet, qui a succédé à M. de Ségur, tandis qu'elle fait un accueil peu enthousiaste et même glacial aux envoyés de Louis XVI, au marquis de Bombelles, par exemple, qu'elle appellera un « déclamateur », elle convie à ses soirées les plus intimes ceux de nos compatriotes qui se recommandent des frères du Roi. Aussi arrivent-ils en foule à Pétersbourg ; il semble que Catherine leur réserve d'autant plus de faveurs qu'elle est bien résolue à ne prêter aux Princes aucun concours effectif ; elle les paie de compliments et les cajole si bien qu'ils la quittent généralement enchantés de son accueil.

Le comte Eszterhazy avait été devancé à Pétersbourg par de nombreux Français ; plus nombreux encore furent ceux qui y arrivèrent pendant son séjour à la cour de Russie.

Parmi les premiers, il convient de citer le baron de Sombreuil, qui s'y trouvait comme agent des Princes, et aussi Choiseul-Gouffier, ancien ambassadeur de France à Constantinople. Choiseul-Gouffier ne devint pas un favori de l'Impératrice, comme cela a été dit ; il n'avait plus l'âge d'un Zoubof, et il est inutile d'ajouter un nom de plus à la liste si longue des amants de Catherine. Mais il reçut le meilleur accueil à Saint-Pétersbourg, et les faveurs de la Tsarine se traduisirent par de nombreuses donations. Quant au baron de Sombreuil, il s'effaça devant le comte Eszterhazy, qui n'eut pas grand'peine à l'écarter. Le comte de Saint-Priest,

qui occupe une place à part dans l'émigration,
était également à Pétersbourg quand y arriva
Eszterhazy. Il avait pour mission d'obtenir le
concours de l'Impératrice pour l'expédition que
Gustave III de Suède se proposait de tenter en
France. Le comte de Saint-Priest s'était fait présenter à la Tsarine par le chargé d'affaires de
France, M. Genet. Mal lui en prit dans les débuts.
La souveraine, cependant, ne le confondit pas avec
la plupart de ses compatriotes, — pour elle des
« pâtissiers d'intrigues », — et se plut à lui reconnaître de réelles qualités d'homme d'État ; mais
elle se déroba et lui refusa le concours qu'il sollici-
tait. De Saint-Priest était de ceux qui s'imposent
par leur valeur. Il obtint la confiance et les faveurs
de la souveraine.

MM. de Furstemberg, de Vendre, de Lambert,
de Schweizer, avaient également précédé le comte
Eszterhazy en Russie ; ils reçurent à l'armée russe
des grades égaux ou même supérieurs à ceux qu'ils
avaient en France. M. de Lambert retint plus particulièrement les bonnes grâces de l'Impératrice, qui
lui fit don d'un vaste domaine.

Parmi ceux qui arrivèrent en Russie en même
temps qu'Eszterhazy, il suffit de signaler MM. de
Boisgelin, de Fortin et de Veuzotte. Mais beaucoup
d'autres avaient jugé bon de se faire annoncer et
recommander, notamment par Grimm, avec qui
l'Impératrice resta jusqu'à sa mort en grande intimité épistolaire. Un Vioménil, un Vauban, le prince

de Craon, le marquis de Juigné, que Catherine II avait connu ambassadeur de France à Pétersbourg, et une foule d'autres, demandèrent à endosser l'uniforme de Sa Majesté Impériale. La Tsarine écarta certaines de ces sollicitations; elle se débarrassa, par exemple, du marquis de Juigné : elle doutait de « ses capacités militaires » et le trouvait « trop vieux » (¹).

Le marquis de Bouillé lui-même, quelques mois avant la fuite de Varennes, fit offrir ses services à la Tsarine ; le général Heymann et un brillant état-major d'officiers devaient suivre le marquis de Bouillé en Russie. Grimm se chargea de la négociation. Nous savons qu'on ne s'entendit pas sur les conditions ; puis, l'échec de la fuite du Roi fit perdre au marquis de Bouillé l'estime toute particulière que la Tsarine avait pour lui.

Il serait facile d'ajouter d'autres noms à cette liste déjà longue de Français qui allèrent en Russie et y prirent du service : un Quinsonas, qui, sous-lieutenant en France, fut fait colonel en Russie et se conduisit si bien qu'il se fit « universellement aimer » (²) ; un comte de Broglie ; le marquis de La Rosière ; le comte de Toulouse-Lautrec, etc.

Il faudrait citer aussi un certain nombre d'artistes et d'écrivains : le poète Grimaut ; un sieur Tranchant de Laverne qui écrivit une histoire de Potemkin ;

(¹) Lettre à Grimm.

(²) *Recueil de la Société impériale historique russe*, tome LIV. Lettre du duc de Richelieu.

Mme Vigée-Lebrun, qui n'arriva à Pétersbourg qu'en
1795, etc. Le prince de Ligne pourra écrire :
« Mme Vigée-Lebrun va bientôt se croire à Paris,
tant il y a de Français dans les réunions. »

Pendant ce temps, l'historien Sénac de Meilhan
subit les caprices de la Tsarine : appelé en Russie,
d'abord reçu avec quelque plaisir, il est ensuite
congédié. C'est parce que ses prétentions et l'ou-
trance de ses compliments ennuient la souveraine ;
c'est aussi parce qu'il a des attaches avec le parti
constitutionnel ; c'est enfin parce qu'il n'a pas su
s'attirer les bonnes grâces d'Eszterhazy. Et l'accueil fait au marquis de Bombelles sera tout aussi
froid.

Mais nous verrons plus loin quelle fut l'attitude
du comte Eszterhazy vis-à-vis de tous ces Français
en quête d'emplois et de pensions. Au lieu d'être
leur protecteur, il fut généralement leur détracteur.

Il va sans dire que la société de Pétersbourg se
montrait le reflet des idées rétrogrades de la souveraine. Les jeunes grands-ducs Alexandre et Constantin, qui suivaient les leçons du Suisse La Harpe,
il est vrai, se permettaient parfois des propos
malséants sur les émigrés, et ne se cachaient pas
pour fredonner, dans le palais impérial, des chansons révolutionnaires ; il leur arriva de déployer,
devant les courtisans ahuris et embarrassés, des
cocardes tricolores. M. Genet écrivait que le jeune
grand-duc Constantin était un « ardent démo-

crate » (¹) et que son frère aîné se plaisait à discuter sur les *Droits de l'Homme*. Nous savons par le prince Adam Czartorysky, et par d'autres contemporains, combien les jeunes grands-ducs étaient réellement imprégnés des idées de liberté. Et il se trouvait à la cour de Russie d'autres jeunes gens qui avaient embrassé ces idées avec ardeur ; ils avaient reçu des *outchitéli* étrangers une éducation qui les faisait penser à la française ; ils avaient accueilli, avec enthousiasme, la Révolution à ses débuts, et ils ne se cabreront que lorsqu'ils en apercevront les excès. De ce nombre est le prince Kotchoubey, auquel la Tsarine interdira le séjour de Paris, et qui osera écrire : « Au commencement de la Révolution, j'en ai été un partisan assez zélé. » De même le comte *Popo* Strogonof, qui a eu pour précepteur le farouche Gilbert Romme (²). D'autres sont moins ardents, mais ont aussi reçu une éducation libérale : par exemple, le jeune comte Panin, fils du général, et les Kourakin ; sous la direction du Franc-Comtois Bousson de Mairet, ils ont été imprégnés de la morale d'Helvétius et des théories de Rousseau. C'est ainsi que grandissait une partie de la génération montante sous le souffle de l'esprit nouveau (³).

(¹) La mentalité du grand-duc Constantin se modifia singulièrement : il devint par la suite un ferme partisan des idées rétrogrades.

(²) S. A. le grand-duc Nicolas Mikhaïlovitch a récemment publié sur le comte Paul Strogonof un ouvrage (trois beaux volumes in-4) où il fait magnifiquement revivre cette curieuse figure, mélange de Slave et de Parisien.

(³) Consulter l'ouvrage de M. Léonce PINGAUD : *Les Français en Russie et les Russes en France*

Mais ce ne sont là que des exceptions. Les amis de la France nouvelle sont si clairsemés et, en raison de leur âge, jouissent de si peu d'ascendant que la société de Saint-Pétersbourg n'en conçoit pas la moindre alarme. La nation ne pense guère qu'avec sa souveraine, et les salons ne s'ouvrent que devant les Français qui portent l'estampille du Palais d'Hiver. Plus tard, quand l'empereur Alexandre I er aura uni sa fortune à celle de Napoléon, il sera besoin d'un ordre du Tsar pour que les salons de Saint-Pétersbourg s'ouvrent devant Savary ou fassent fête à Caulaincourt. En 1791, Catherine II n'a pas à intervenir : les salons se disputent à l'envi tous ceux qui appartiennent à la cause des frères du roi de France. La cour et les salons rivalisent d'amabilité pour offrir aux émigrés divertissements et faveurs.

Le salon de Mᵐᵉ Divof, une des élégantes de Pétersbourg, dont nous reparlerons, est parmi les plus courus comme parmi les plus indépendants. On l'appelle *le Petit Coblentz*. Il en est de même de celui de la princesse Dolgorouka, une des plus jolies femmes de Pétersbourg, qui a reçu les hommages de Potemkin, et beaucoup d'autres. Sont également *selected,* les réunions du prince Bielossielski, dont Marmontel avait publié quelques essais poétiques peu goûtés de Catherine II. Ce sont là des salons quelque peu teintés d'exotisme ; mais il en est une foule d'autres, celui de la princesse Schouwalof, celui de la comtesse Nathalie Zagriewska, fille de l'ancien hetman Razoumowski, où les émigrés sont accueillis comme à la cour. Et c'est surtout le favori Platon Zoubof que fréquentent les réfugiés français. Zoubof ne leur marchande pas les compliments, et renchérit sur les promesses que leur fait la souveraine. C'est chez lui que se plaît le plus le comte Eszterhazy. Quand il quitte les appartements de la Tsarine, c'est pour se rendre à ceux du favori.

Les Russes ont souvent des moqueries pour la frivolité et les ridicules de nos compatriotes. Mais ils copient leurs manières et ils font de l'esprit à la française. Notre galanterie et nos raffinements se mêlent ainsi aux habitudes plus soldatesques et plus rudes des caractères slaves. Partout les émigrés sont les rois de ces fêtes : « C'est Versailles tout entier introduit dans Saint-Pétersbourg », a pu dire M. Waliszewski.

Telle est cette société russe, à la fois grossière et raffinée ; et tel est l'aspect de Saint-Pétersbourg aux débuts de la Révolution.

Mais la mode des émigrés ne durera pas. Leur fatuité lassera les Russes. En 1795, l'enthousiasme que la cour et la société ont eu pour eux sera éteint. Le comte Semen Woronzof, qui n'a jamais aimé la France, s'écriera : « Les émigrés sont corrompus, lâches, serviles, intrigants ! » Et le comte Rostoptchine, qui n'a jamais pu les sentir, dira dans son style fantaisiste et outré : « Les scélérats et les imbéciles sont restés en France, et les fous l'ont quittée pour grossir le nombre des charlatans de ce monde (¹). » En 1795, la Russie a un fâcheux penchant à ne plus voir en nous que des fous et des charlatans. Le comte d'Artois et Calonne, qui ont fait le voyage de Saint-Pétersbourg, et aussi Eszterhazy, seront cause, pour une bonne part, du dédain que la société russe, après un moment d'enivrement, marquera aux émigrés. L'insignifiance du frère du Roi n'a échappé à personne ; les étourderies et la fatuité de son ministre ont éclaté à tous les yeux. Les intrigues et les appétits d'Eszterhazy ont soulevé l'indignation générale. La Russie officielle reconnaîtra que ce n'est plus d'eux que peut dépendre le relèvement de la monarchie française. La société pétersbourgeoise en arrivera ainsi à mépriser ces *errants* de l'aristocratie française : les jeunes Russes leur en voudront des succès qu'ils ont eus auprès des femmes ; les gens graves leur reprocheront leur langage et leur fatuité.

C'est du salon de Mme Divof que sortit un jour un libelle qui atteignait la Tsarine dans sa vie privée. Il fut reconnu que l'auteur du libelle était un émigré qui recevait pension sur la cassette impériale. Et ce n'est là qu'un exemple des médisances et des intrigues auxquelles se livraient bon nombre de Français à Saint-Pétersbourg. N'y a-t-il pas là de quoi expliquer le revirement qui se produisit à l'égard de nos compatriotes ?

(¹) *Archives Woronzof*, tome VIII.

Il n'en est pas moins vrai qu'en 1791, et pendant deux ans encore, les émigrés reçurent en Russie le plus chaleureux accueil. Les faveurs ne furent que pour eux. Et Eszterhazy sera le plus adulé, le plus choyé de tous.

C'est dans ce milieu que le comte Eszterhazy arriva en 1791. Il fut reçu à bras ouverts par la cour et par la société pétersbourgeoise. Malgré ses défauts, il eut le don de plaire à l'Impératrice. Dès lors, son succès fut assuré. Il occupa la place pendant cinq années. Et tout Français qui voulait frapper à la porte de Catherine II dut, préalablement, s'assurer son concours. Il fut pendant cinq ans, à l'égard des Français qui fréquentèrent la Russie, le dispensateur des grâces de la souveraine. Ceux qui auraient pu lui porter quelque ombrage, ou qui ne se montrèrent pas assez souples avec lui, subirent son courroux. Aucun Français n'eut à se féliciter de ses bons offices ; le baron de Sombreuil et le marquis de Bombelles en surent tour à tour quelque chose. Le duc de Richelieu lui-même, comme nous le verrons tout à l'heure, eut à souffrir de son opposition sourde. Avec cet officier, improvisé diplomate par le comte d'Artois, et devenu le courtisan de la grande Tsarine, chacun dut se faire courtisan.

Pendant les années de l'émigration, le comte d'Artois parcourut les capitales de l'Europe et les principales villes de l'Allemagne. A défaut d'autres qualités, il montra du moins de l'activité dans ses voyages et de la ténacité dans ses démarches. On le vit à Cologne, à Mayence, à Aix-la-Chapelle, à Venise, à Dresde, à Pilnitz, à Londres, à Bonn, à Bruxelles, à Berlin, à Vienne, à Saint-Pétersbourg, partout où il sentait le besoin de conférer avec quelque souverain ou de réchauffer le zèle de ses agents. Il y eut plus d'agitation dans ses menées que de sens politique ; mais on ne saurait nier que ses intrigues, bien qu'inconsidérément conduites, eussent parfois mérité plus de succès. Il avait, en effet, peuplé les capitales de l'Europe d'agents qui avaient pour instructions de soulever l'Europe monarchique contre la France constitutionnelle. Tandis que le comte Eszterhazy se trouvait à Pétersbourg, le duc de Polignac était à Vienne, le duc d'Havré à Madrid, le cardinal de Bernis à Rome, le chevalier de Roll à Berlin, le baron d'Escars à Stockholm, le baron de Talleyrand à Naples, le marquis de Sérent à Turin, le baron de Castelnau à Berne, le marquis de Saint-Simon à Francfort, le marquis de Larouzière à Ratisbonne, le marquis de La Queuille à Bruxelles. Une vraie diplomatie ! Mais à laquelle il manquait l'expérience, l'autorité et le crédit.

Coblentz resta, néanmoins, le centre des réfugiés Français. En 1791 et 1792, la cour des Princes devint « l'âme de l'émigration et le plus ardent foyer des coalitions formées contre la France (1) ».

Malgré les divisions et les intrigues qui régnaient dans leur entourage et qui les affaiblissaient, les Princes s'efforcèrent d'organiser deux armées, celle de Coblentz et celle de Worms. La première, sous leurs ordres directs, dut être licenciée après la retraite de Brunswick ; celle du prince de Condé survécut aux premiers revers de la coalition et ne se dispersa que plus tard.

Nombreux furent les collaborateurs immédiats que les frères du Roi s'adjoignirent pour la direction politique de leur cause : Calonne et le maréchal de Castries furent les principaux. Calonne, qui fut leur conseiller — ils ne pouvaient pas faire un plus mauvais choix — et leur premier ministre. Le maréchal de Castries fut plus particulièrement chargé des relations de la cour de Coblentz avec le baron de Breteuil, représentant de Louis XVI à l'étranger.

Avant le comte Eszterhazy, les Princes avaient envoyé à la cour de Russie le baron de Sombreuil et le baron de Bombelles pour y représenter leurs intérêts. Le prince de Nassau-Siegen s'était fait aussi leur chaud défenseur auprès de la Tsarine. Les frères du Roi avaient choisi le baron de Bom-

---

(1) M. Ernest Daudet.

belles parce qu'il était ancien élève du corps des
Cadets et avait laissé à Pétersbourg d'agréables
souvenirs.

A la fin de juillet 1791, le comte de Fersen partit
pour Vienne, chargé par son maître, le roi de Suède,
d'intéresser l'empereur Léopold au projet qu'il
avait conçu d'une descente en France. Gustave III
offrait 16 000 hommes et des navires pour les
transporter. Il demandait à l'empereur des subsides
et l'autorisation d'ouvrir le port d'Ostende à son
expédition. Au même moment, le comte de Saint-
Priest se rendait auprès de l'impératrice de Russie
pour solliciter un concours de quelques milliers
d'hommes destinés à grossir l'effectif de l'expédition.

Nous savons quel accueil l'empereur Léopold et
la Tsarine firent à ces propositions. L'empereur
d'Autriche n'entendait agir qu'avec le concours de
l'Europe entière. Catherine II refusa pareillement
d'accéder aux offres du comte de Saint-Priest.

C'est à ce moment que le comte d'Artois, d'accord
avec son frère, jugea opportun de faire le voyage de
Vienne, afin d'obtenir de l'empereur l'autorisation
d'assister aux conférences de Pilnitz qui allaient
avoir lieu. Le comte Eszterhazy fut un des premiers
prévenus de ce projet de voyage, et le comte d'Artois lui exprima le désir de l'emmener avec lui. Le
comte d'Artois, de crainte d'un refus, ne fit pas
demander à l'empereur si sa visite serait vue avec
satisfaction ; il se rendit à Vienne *incognito,* accom-

pagné de Calonne, du capitaine de ses gardes et d'Eszterhazy. On pourrait croire que ce fut M. de Noailles, ambassadeur de France à Vienne, qui demanda à l'empereur d'Autriche une audience pour le prince. Il n'en fut rien. C'est M. de Fersen et l'ambassadeur d'Espagne, chez lequel le comte d'Artois était descendu, qui se chargèrent conjointement de cette démarche. L'empereur Léopold se montra très contrarié quand il apprit la présence, dans sa capitale, du comte d'Artois ; il n'osa pas refuser de recevoir le frère du roi de France ; il lui fit même un accueil empressé ; « mais tout se passa en gracieusetés et en politesses ». Cependant, malgré l'opposition de Kaunitz et de Cobentzel (¹), le comte d'Artois obtint la permission d'assister aux conférences de Pilnitz. L'empereur ne crut pas devoir lui refuser cette satisfaction platonique.

C'est le 25 août 1791 que le roi de Prusse et l'empereur d'Autriche se rencontrèrent au château de Pilnitz, près de Dresde. Le comte d'Artois assista à leur entretien. Eszterhazy l'avait prévenu que les ministres autrichiens n'avaient même pas la pudeur de cacher leur satisfaction de l'affaiblissement de la France. Aussi, malgré les prévenances dont il fut l'objet de la part des deux souverains, le comte d'Artois n'obtint pas la moindre concession ; et Calonne, qui avait accompagné son maître, n'en obtint pas davantage de leurs ministres.

(¹) Philippe de Cobentzel, qu'il ne faut pas confondre avec Louis de Cobentzel, ambassadeur d'Autriche à Saint-Pétersbourg.

La déclaration de Pilnitz fut conçue, comme on sait, malgré les protestations du comte d'Artois, en des termes vagues et ambigus. Habilement exploitée par les Princes, il est vrai, qui voulurent en exagérer la portée, elle apparut à la France et aux émigrés comme une menace des puissances contre la Révolution. Mais il n'en était pas moins vrai que la Prusse et l'Autriche n'avaient pas cédé à la pression des Princes ; elles s'étaient refusées à ouvrir les hostilités ; elles avaient formellement déclaré que leur intervention était attachée à un accord préalable des puissances. Cette restriction affaiblissait singulièrement la portée de leurs menaces.

Le comte d'Artois, conseillé par le prince de Nassau, qu'il rencontra à Dresde, où il prit congé du roi de Prusse, jugea nécessaire d'agir immédiatement sur l'esprit de l'impératrice de Russie. Il prit aussitôt la résolution d'envoyer à Saint-Pétersbourg son confident Eszterhazy. Le comte Eszterhazy fut chargé de faire connaître à la Tsarine ce qui venait d'être décidé à Pilnitz, et de lui faire ressortir qu'elle était désormais l'unique ressource de la maison de Bourbon. L'Europe, devait-il dire, se reposait sur la Tsarine pour la délivrer de la Révolution.

Le baron de Bombelles avait-il été jugé insuffisant pour faire cette communication et pour renouveler ces instances d'intervention ?

Toujours est-il que le comte Eszterhazy reçut

pour instructions de combiner ses efforts avec ceux du baron de Bombelles, mais, si la cause des Princes l'exigeait, de se substituer à lui et d'agir seul. Il importait, en effet, d'agir vigoureusement sur l'esprit de l'Impératrice, de manière à l'entraîner dans la coalition. Le comte d'Artois avait fait choix de son confident, parce que, pour une négociation de cette gravité, il était besoin d'un homme d'expérience et d'autorité. Or, le prince de Nassau lui avait représenté que le nom d'Eszterhazy était apprécié à la cour de Russie, et que le comte Valentin possédait les qualités requises pour une mission de ce genre. Le prince de Nassau, qui avait eu un duel avec le comte Eszterhazy, s'était réconcilié avec lui et une grande intimité s'était établie entre eux.

La conférence de Pilnitz avait eu lieu le 25 août. Moins de trois semaines après, le comte Eszterhazy arrivait à Pétersbourg. Il ne s'y rencontra pas, d'ailleurs, avec le baron de Bombelles. Au moment même où Eszterhazy faisait son entrée à Pétersbourg, le baron de Bombelles rentrait à Coblentz, porteur de la réponse de l'Impératrice aux sollicitations que lui avaient déjà faites les Princes. La Tsarine se débarrassait d'eux en leur adressant deux millions de francs. Encore ne les leur envoyait-elle qu'à titre d'avance, et sous la condition expresse de délivrer la France de la Révolution : « L'Europe entière attend cela de vous. » En outre, Bombelles était chargé par la Tsarine de dire aux frères du Roi que ses préoccupations politiques ne lui permettaient pas d' « entrer dans les affaires de France » ; elle promettait, néanmoins, d' « être de la partie » au printemps suivant, si la situation politique de la Russie le lui permettait.

C'est à cette vague promesse que se bornaient les assurances de l'Impératrice.

Les Princes et les émigrés se consolèrent facilement du mauvais vouloir de l'empereur Léopold et de celui de Catherine II. Ils manifestèrent même une telle joie de l'argent qui leur était envoyé et de la promesse qui leur était faite, qu'ils rejetèrent plus que jamais les instructions que Louis XVI et Marie-Antoinette leur faisaient tenir. A Coblentz, les affaires étaient traitées avec une légèreté, une insouciance et une impéritie qui faisaient l'amusement de l'Europe monarchique. Il n'y avait que le roi de Suède, d'un caractère généreux et chevaleresque, qui eût l'imprudence de se laisser prendre aux propos des frères du Roi. Le comte de Fersen, parlant de Coblentz, pouvait dire : « C'est un foyer d'intrigues abominables, où l'intérêt général est toujours sacrifié à l'intérêt particulier. » Et tous ceux qui avaient approché et observé les émigrés étaient du même avis. Catherine II ne pensait guère différemment. Elle prodigua encore pendant quelque temps les sourires et les caresses aux frères du Roi et à certains émigrés. Mais en réalité elle n'ignorait pas qu'il n'y avait aucun fond à faire sur eux. Nous savons que plus tard elle ne gardera pas ces ménagements et leur donnera, cavalièrement, le coup de grâce.

C'est dans ces conditions que le comte Valentin Eszterhazy se présentait à la cour de Russie. Il n'y arrivait pas en inconnu. Il y paraissait avec le prestige d'un grand nom ; et à ses côtés le prince de Nassau devait le guider dans ses démarches et lui éviter les faux pas. Il avait tout ce qu'il fallait pour s'insinuer dans un tel milieu, et pour y réussir. Son succès personnel fut considérable ; et il le dut autant à ses défauts qu'à ses qualités. Nous disons bien : *son succès personnel*. Car, s'il mit en œuvre tous les ressorts de son intelligence et de son flair politique pour convaincre l'Impératrice à agir *militairement* contre la France révolutionnaire, il n'y réussit aucunement, malgré l'engouement dont il fut l'objet. L'échec de sa politique fut complet. Son excuse est que personne n'y aurait réussi à sa place. La partie était perdue d'avance pour l'émigration.

III

Le comte de Saint-Priest avait tenu à être présenté à l'Impératrice par le représentant officiel de
la France. Le comte Eszterhazy, d'un patriotisme
moins scrupuleux, jugea plus adroit de ne rien
demander à notre chargé d'affaires. D'ailleurs, ne
venait-il pas le combattre? Les Princes se refusant
à suivre le direction du Roi, leur cause devenait
distincte de celle que représentait le baron de Breteuil, à plus forte raison de celle de la France de
la constitution et de ses représentants officiels. Et
l'impératrice de Russie, qui prétendait se perdre
dans toutes ces intrigues, se gardait bien de confondre ces politiques.

Du reste, au moment où Eszterhazy arrivait à
Pétersbourg, la Tsarine venait de signifier à M. Genet, un « démagogue enragé », de ne plus paraître
à la cour. Et, bientôt après, elle donnait ordre à ses
ministres de n'avoir avec lui aucune relation. Dans
un pays comme la Russie, où la société se règle sur
la cour, M. Genet fut mis en quelque sorte en quarantaine. Le vide se fit autour de lui. Cette situation dura près d'un an ; M. Genet quitta la Russie
le 27 juillet 1792. Catherine écrivit à Grimm qu'elle
l'avait fait renvoyer. M. Waliszewski le dit justement : « La mission de Genet avait été un long mar-
tyre. » Pendant ce temps, le comte Eszterhazy était

admis dans l'intimité de la souveraine et l'approchait à toute heure. En toute question touchant la France et les émigrés, c'est lui qui était consulté.

Eszterhazy fut présenté à la Tsarine par le favori Platon Zoubof, le lendemain même de son arrivée à Pétersbourg. Il raconte à sa femme qu'ayant fait porter au général Zoubof, dès le 14 septembre au matin, les lettres et dépêches qu'il avait pour lui, le favori le fit prier de passer chez lui à 4 heures de l'après-midi, pour le mener au palais de l'Ermitage, où l'Impératrice le recevrait. Et le plus extraordinaire est qu'il y a du vrai dans la version plutôt gaie et pittoresque que nous donne de cette présentation le comte Waliszewski. Eszterhazy, nous dit-il, ayant su s'insinuer auprès du favori Zoubof, celui-ci le conduisit à l'Ermitage, lui fit traverser plusieurs pièces, puis, sans façon, ouvrant une porte et le poussant par les épaules, lui dit : « La voilà ! » Et M. Waliszewski ajoute : « Mis ainsi en présence de la souveraine et laissé en tête-à-tête avec elle, Eszterhazy ne se démonta pas, et réussit à plaire. Catherine écouta d'un air distrait ses communications diplomatiques, mais elle lui proposa de le garder auprès d'elle en se chargeant de le nourrir, et c'est au fond tout ce qu'il demandait. » Les résultats de la mission et du séjour du comte Eszterhazy à Saint-Pétersbourg ne sauraient être mieux résumés que dans ces quelques lignes : Il plut à l'Impératrice ; celle-ci, pendant un certain temps, le logea dans son propre palais, puis lui en fit cadeau d'un, ainsi que d'une maison de campagne proche de Tsarskoié-Selo ; elle l'admit dans son cercle le plus intime ; en ce qui regarde la cause qu'il représentait, elle s'amusa de lui. Il n'en demandait pas davantage et vécut fort heureux en Russie.

Est-ce à dire qu'Eszterhazy ne prit pas sa mission au sérieux ? Ses lettres permettent plutôt de démentir pareille insinuation. Mais il sut en jouer. Et une mission qui aurait pu ne durer que quelques semaines se prolongea plusieurs années.

Eszterhazy raconte, d'ailleurs, sa première visite à l'Impératrice : après avoir traversé sept ou huit somptueuses salles de l'Ermitage, il fut introduit dans un salon « où était l'Impératrice, sans aucun ordre et mise et coiffée très simplement ». Elle prit d'abord ses lettres d'introduction, puis le fit asseoir dans un fauteuil, près d'elle, et lui parla de toutes sortes de choses, « avec une grâce, une simplicité telles, dit-il, que je me suis trouvé aussi à mon aise avec elle que je le suis avec la Reine ». Elle avait à 9 heures un petit spectacle, en très petit comité, et elle lui proposa d'y assister. « Elle a ensuite fait entrer M. de Zoubof, et m'ayant demandé si je ne connaissais pas MM. de Cobentzel et de Saint-Priest, qui sont ici, elle les a envoyé inviter à son spectacle, pour juger de leur étonnement. » Et après un entretien d'une heure, l'Impératrice fit promener Eszterhazy dans le palais, mettant une grâce infinie à lui en faire remarquer les beautés et les particularités, comme l'aurait fait de sa maison un simple particulier. La promenade ne dura pas moins d'une heure, après quoi, MM. de Cobentzel et de Saint-Priest étant survenus, la Tsarine et ses visiteurs s'assirent dans la salle de billard. Et le soir, à la comédie de l'Ermitage, où l'on jouait *Le Magnifique* et *L'École des Maris,* Eszterhazy fut placé d'un côté de la souveraine, tandis que le comte de Cobentzel se trouvait de l'autre. Eszterhazy nous dit que trois dames, les deux petits grands-ducs et une vingtaine d'hommes formaient toute la compagnie. Et il en fut de même pendant tout le séjour d'Eszterhazy à Pétersbourg.

Si l'on veut connaître, du reste, l'impression que produisit sur la Tsarine l'arrivée du comte Eszterhazy, il n'y a qu'à consulter sa correspondance. Le 16 septembre, elle écrit à Grimm : « M. d'Artois m'a envoyé de Dresde le comte d'Eszterhazy. Je monte la tête à tous ceux de chez eux qui me tombent entre les mains, et ils me viennent tous avec la tête au-dessous de la besogne. De tous ceux que j'ai vus c'est la tête du comte de Saint-Priest que j'aimerais le mieux. Il joint un discernement exquis à une grande expérience, et il est courageux et sage. » Huit jours après, elle paraît déjà conquise : « Le comte d'Eszterhazy est ici, et je le traite sans aucune cérémonie, et il me paraît assez content de moi. » C'est le 12 octobre que la Tsarine reçut la nouvelle de la mort de Potemkin ; la perte de son ancien favori lui arrache ce cri : « Un terrible coup de massue a frappé hier ma tête(¹)! » Le comte Eszterhazy, expert dans l'art du courtisan, exploita un événement aussi considérable ; après quelques jours d'isolement et de recueillement, dès que la Tsarine reparut, il l'entoura de flatteries et de consolations qui lui furent au cœur.

Le comte Eszterhazy, ancien page du roi Stanislas, ancien protégé de Marie Leczinska, avait servi honorablement dans les armées françaises. En 1789 et 1790, il avait été le colonel du régiment de hussards Eszterhazy, où le jeune duc de Richelieu avait servi en qualité de major. Ses agréments personnels lui avaient valu « une entrée dans l'intimité de Marie-Antoinette ». Et cette intimité était devenue telle qu'un jour la reine du Trianon avait dit à la duchesse de Polignac : « Je ne me connais que deux véritables amis dans ce monde, c'est vous et le comte Eszterhazy. » Marie-Thérèse, surprise qu'un Eszterhazy eût pu si facilement « s'approcher » de sa fille, s'était émue de ces assiduités ; elle était allée jusqu'à traiter Eszterhazy de *freluquet*.

Ne voilà-t-il pas beaucoup d'intimités de femmes? Celle de Marie Leczinska et celle de Marie-Antoinette, auxquelles va succéder celle de Catherine! Et, pour réussir si brillamment, ne fallait-il pas à Eszterhazy, avec beaucoup d'agréments, la ferme volonté de plaire, c'est-à-dire une singulière sou-

____

(¹) Lettre à Grimm du 13 octobre 1791.

plesse ? M. Waliszewski ajoute qu'il portait avec lui le « prestige de l'ancien Versailles ». M. Waliszewski a sans doute voulu dire : les manières galantes de l'ancien Versailles. Mais la cour de Russie, moins difficile au dix-huitième siècle que de nos jours, attribuait du prestige à tout ce qui venait de Versailles.

Le comte Eszterhazy passait pour être de « mœurs dissolues ». C'est pour ce motif que Marie-Thérèse s'était refusée à favoriser son retour en Autriche, c'est-à-dire à lui donner une situation en rapport avec son rang. L'impératrice de Russie et l'émigration n'avaient pas de ces scrupules. Nous ne doutons aucunement de la fidélité du comte Eszterhazy à la cause de l'émigration, qu'il avait volontairement embrassée ; mais il est permis de se demander avec quelle chaleur de conviction il allait remplir à Pétersbourg la mission qui lui avait été confiée. Non pas qu'il ait jamais songé à trahir la cause de l'émigration, ni même à servir ses intérêts avec tiédeur ; il s'y dépensera, au contraire, avec un zèle intelligent. Mais ne craignons pas d'ajouter qu'il était surtout en quête d'un établissement digne de son ambition. Il allait le trouver à la cour de Russie.

Les portraits qui ont été tracés du comte Eszterhazy ne le représentent pas sous un jour flatteur. Tous les documents concordent sur ce point.

Rostoptchine, par exemple, le cingle de cette apostrophe : « grand faiseur de mots » ; et le prince

Adam Czartoryski, qui faisait ses premières armes dans la société pétersbourgeoise et le rencontra souvent autour de Catherine II, nous dit que c'est « par son bavardage et une brusque courtisanerie » qu'il sut gagner les bonnes grâces du favori Zoubof et de la Tsarine. « Cette figure n'avait rien de noble, dit-il dans ses *Mémoires,* pas plus que celle de sa femme, qui cependant était de la société intime de Catherine II. » Le prince Adam, un témoin désintéressé et impartial, ajoute : « Leur gamin de fils, enfant gâté, élevé au château à côté d'une fille kalmouke, amusant par ses espiègleries, contribua pour beaucoup à la bonne fortune de ses parents. »

Nous savons, en effet, que l'Impératrice se prit d'une belle tendresse pour ce fils du comte Eszterhazy ; ses parents lui avaient appris quelques chansons révolutionnaires, et il les chantait en présence de l'Impératrice et des personnages intimes de la cour. La Tsarine faisait fréquemment appeler le bambin pour qu'il chantât le *Ça ira,* la *Carmagnole* ou d'autres couplets révolutionnaires. Elle s'amusait fort de ces passe-temps, et son entourage s'en amusait avec elle. Il est certain que les prouesses du petit prodige entrèrent pour une bonne part dans le succès des parents auprès de la Tsarine ; mais il n'y eut pas que les prouesses du petit Eszterhazy. Castéra affirme que le comte « instruisait son fils dans l'art de mendier et le faisait paraître mesquinement à la cour, afin qu'il excitât la commisération de la souveraine » (¹). Et cette accusation de mendicité est corroborée par la plupart des contemporains (²). L'attachement de la Tsarine pour le petit Eszterhazy ne fut pas un caprice passager, car, à la date du 1ᵉʳ février 1795, elle écrit à Grimm : « Le comte Eszterhazy a une famille fort intéressante et un fils de neuf ans qui promet singulièrement ; c'est mon bon ami ; il n'est jamais si heureux que quand il est avec moi. C'est un tapageur de premier ordre (³). »

La Tsarine, du reste, paya royalement ces vains plaisirs. Après quelques années de séjour d'Eszterhazy en Russie, elle l'installa dans une somptueuse demeure ; elle lui servit une pension annuelle de 15 000 roubles, et elle lui donna des terres importantes en Volhynie et en Podolie. Il arriva même à Eszterhazy cette plaisante aventure : lorsqu'il alla prendre possession de son domaine de Volhynie, il se trouva en présence du propriétaire dépossédé qui se refusa tout d'abord à lui céder la place.

M. Léonce Pingaud, dont l'autorité est considérable en ce qui concerne les relations de la France et de la Russie au dix-huitième siècle, et H. Forneron, dans sa magistrale *Histoire des Émigrés*, ne

---

(¹) *Histoire de Catherine II*, par Castéra.

(²) En particulier par le comte Rostoptchine.

(³) « Grand polisson, très gâté, très bruyant et trop à la mode, écrit le comte Rostoptchine, il se fait applaudir de la Tsarine en disant des flagorneries et des compliments que le cher père lui souffle à la maison. » Le comte Eszterhazy avait aussi deux fillettes plus jeunes (*Archives Woronzof*, tome VIII).

sont pas moins sévères ni moins concluants sur
le compte d'Eszterhazy. La documentation de
M. L. Pingaud et de H. Forneron est basée sur
les témoignages des contemporains, et ceux-ci
sont unanimes à faire ressortir les défaillances de
l'agent du comte d'Artois, ainsi que sa vie déré-
glée(¹). Au dire des contemporains, il avait un
extérieur désagréable(²), des manières brusques et
souvent du cynisme dans le parler. Est-ce cette
dernière circonstance qui le fit apprécier de l'Impératrice? Nous aimons mieux croire qu'il fut assez
insinuant pour gagner la confiance et l'amitié du
favori et de la souveraine, et que celle-ci se servit
de ses bavardages pour être renseignée sur les
émigrés et sur certains points politiques de l'Europe.

Il est à remarquer, en effet, que Catherine se plaisait à le faire causer et à avoir ses appréciations.
Bien placé pour connaître beaucoup de personnes
et beaucoup de choses, soit en Autriche — son
pays d'origine, — soit en France — où il avait
servi, — soit dans l'entourage des Princes, il émit
sans doute plus d'une fois des opinions dont l'Im-

(¹) Le comte Fleury, qui est plutôt bienveillant pour Eszterhazy,
dans son récent ouvrage : *Les Dernières Années du marquis et de la
marquise de Bombelles*, porte ce jugement mérité sur l'ambassadeur
des Princes à Pétersbourg : « Au fond, Eszterhazy était de la race
de ces grands seigneurs cosmopolites qui, à l'école du prince de Ligne,
se créaient une patrie là où on les traitait bien. »

(²) La marquise de Bombelles, dans une lettre à son mari, nous
le représente même comme « fort laid de figure ».

pératrice sut tirer profit. Et il n'est pas défendu de croire qu'Eszterhazy ne fut pas absolument étranger aux jugements sévères que Catherine porta sur Louis XVI et sur les choses de France, à supposer même qu'il ait épargné Marie-Antoinette !

Mais, d'influence sur sa politique, la Tsarine ne lui en accorda jamais la moindre. Fut-il auprès d'elle un chaud et ferme avocat de la cause des Princes ? Du moins il joua le rôle d'un agent bien informé qui tenait la souveraine au courant des projets, des espérances et des illusions du parti des émigrés.

Forneron n'est pas moins explicite. Ses paroles méritent d'être reproduites : « Le comte Eszterhazy, Français d'origine hongroise, avait de l'esprit, de la finesse, une avidité insatiable ; il se dissimulait sous l'affectation d'une franchise brutale qui prenait les formes de la flatterie la plus exquise près de Catherine II. Il était de toutes les fêtes d'hiver à l'Ermitage, de tous les voyages intimes durant l'été. Cette faveur fit sa honte : lui, l'émigré, le dépouillé, accepta le don de biens confisqués sur des seigneurs polonais ; le banni s'enrichit sur des proscrits ; la leçon de la persécution injuste ne lui enseigna que l'art de profiter de la persécution injuste. »

IV

Au fait, les lettres que, pendant quinze mois, en
1791 et en 1792, Eszterhazy écrivit régulièrement à
sa femme, permettent de savoir qui il fréquenta à
Pétersbourg, en outre de la souveraine et de son
favori, quelle conduite il y tint et quelles étaient
ses vues de derrière la tête. La comtesse Eszterhazy,
en effet, ne rejoignit son mari à Pétersbourg que le
24 janvier 1793.

Et d'abord, la correspondance d'Eszterhazy laisse
entrevoir de la part de la comtesse des plaintes
qu'il n'est pas superflu d'éclaircir. Eszterhazy avait
une vingtaine d'années de plus que sa femme. Il
semble donc qu'à son âge certaines ardeurs volca-
niques eussent pu être calmées. La comtesse, qui,
sans doute, avait eu à se plaindre des légèretés de
son mari, savait que l'atmosphère de Pétersbourg,
— en un siècle où les liaisons étaient de mise, presque de rigueur, — était propice aux fautes de ce
genre. A n'en pas douter, les soupçons éclatent,
même avec une telle intensité, que la correspondance du comte en subit l'écho. Nous ne possédons
pas les lettres de la comtesse. Peu importe, car
elles n'apprendraient pas grand'chose sans doute
sur le caractère de la mission du comte, ni sur la
marche des événements politiques. Et d'autre part,
le langage d'Eszterhazy à sa femme est assez signi-

ficatif, bien qu'évasif en ce qui concerne sa conduite privée, de même que passablement mystérieux sur certains dessous de sa mission, pour affirmer que la comtesse redoutait des infidélités et faisait entendre des plaintes renouvelées. Il ne peut y avoir aucun doute à cet égard.

Un jour, dès le 4 novembre 1791, Eszterhazy prend quelques précautions oratoires à lui dire : « Je ne me suis un peu lié qu'avec les femmes qui aiment leur mari et leur intérieur. » Nous allons voir cependant combien Eszterhazy s'accommoda de la vie mondaine de Saint-Pétersbourg.

Dès le début, la comtesse fait tous ses efforts pour que son mari vienne la retrouver. Mais ses objurgations restent vaines. Eszterhazy s'excuse de ne pouvoir accéder à ce vœu. Certes, ses paroles témoignent toujours d'une chaleur de regrets qui paraissent sincères ; mais avec un art infini il oppose son devoir à ses désirs. Les Princes l'ont envoyé à Pétersbourg avec mission d'obtenir de l'Impératrice une action décisive en faveur de leur cause, — à leurs yeux, la cause de la royauté ; — il ne saurait donc déserter son poste ; d'ailleurs, il attend tous les jours la réponse que la souveraine doit lui donner. « Aujourd'hui, écrit-il le 30 octobre 1791, mon retour ne dépend plus de personne ; il tient aux événements et Dieu seul peut les connaître. » Et chaque lettre fait valoir les mêmes arguments. « Sa Majesté ne manque aucune occasion de manifester ses bonnes dispositions pour le rétablisse-

ment de l'autorité royale en France, et j'espère
bien qu'elle ne s'en tiendra pas là, quand une fois
la saison permettra d'agir plus efficacement (¹). »

Mais la Tsarine ne peut donner une réponse ferme
avant d'être fixée sur les intentions de l'empereur
et du roi de Prusse, auxquels des courriers ont été
expédiés et auprès desquels des instances semblables ont été faites. Or, les lettres de ces souverains
n'arrivent pas. C'est ainsi qu'en 1792, de même
qu'en 1791, Eszterhazy attend toujours la réponse
de l'Impératrice et, par suite, la permission de la
part des Princes de retourner à Coblentz. C'est
tantôt la souveraine qui le retient, tantôt les Princes
qui ont besoin de lui et se refusent à le remplacer
par quelqu'un des émigrés, — nombreux cependant, — qui encombrent la cour de Russie. Et quand
un jour Calonne propose son frère, l'abbé, l'Impératrice le refuse. Un autre jour, c'est le maréchal de
Castries, d'accord avec le comte d'Artois, qui charge
le prince de Nassau d'engager la Tsarine à retenir
Eszterhazy. Celui-ci prétend ne rien négliger pour
accélérer son retour ; il cherche à le persuader à la
comtesse, mais celle-ci ne se laisse pas convaincre.
Eszterhazy, il est vrai, est arrivé à Pétersbourg
avec la pensée de n'y demeurer que quelques
semaines ; mais, vite détrompé sur la durée de sa
mission, il s'accommode facilement du séjour de
Pétersbourg. La Tsarine le choie, le cajole, le

____

(¹) Lettre du 4 novembre 1791.

retient, mais l'amuse... L'intervention de la Russie contre la France révolutionnaire, qu'il a pour mission d'obtenir, fait au contraire machine en arrière le jour où disparaissent l'empereur Léopold et Gustave de Suède.

En 1792, la comtesse devient plus pressante. Eszterhazy ne peut répondre à ses objurgations que par de vibrantes étreintes. Son langage est parfois ardent. Le 23 décembre 1791 il écrit à sa femme : « Reçois, cher amour, mille tendres baisers ; sens mes larmes couler sur ta joue, comme elles coulent en ce moment sur la mienne. Fais venir mes enfants l'un après l'autre, donne-leur en les baisant la bénédiction de leur père, et reçois de lui le renouvellement solennel de son amour, de sa tendresse et de sa *fidélité* (¹)... Je t'embrasse mille et mille fois. » Huit jours après, le 30 décembre, il s'exprime ainsi : « Mon seul vœu, mon seul désir est d'être réuni à toi, à mes enfants ; mais tu ne voudrais pas que je me donnasse des torts et qu'un jour j'eusse des reproches à me faire. » Trois jours après il dit : « Non, non, mon enfant, ne rougis pas d'aimer tendrement celui qui t'aime cent fois plus que sa vie ; sois sûre que je le mérite, et que ce funeste éloignement a encore augmenté, si possible, le désir que j'ai de te consacrer uniquement le reste de ma vie ! » Et ses effusions à sa « chère minette », qu'il voudrait serrer dans ses bras, redou-

---

(¹) Le mot est souligné dans le texte.

blent à mesure que les tendres appels et les reproches de la comtesse deviennent plus pressants. Le 6 janvier 1791, il écrit : « Mon retour est toujours incertain ; je sens qu'il tient à celui qu'on enverra ici, car on ne peut pas laisser Pétersbourg sans personne ; cela aurait mauvaise grâce, vu la conduite parfaite de l'Impératrice. » Quelques jours après, il prévient sa femme qu'il a prié les Princes d'accréditer le marquis de Bombelles à Pétersbourg. Étrange ! car il savait bien que les Princes n'avaient aucune confiance en Bombelles qu'il va desservir, d'ailleurs, du mieux qu'il pourra. Il est obligé d'ajouter, du reste : « Ce que je crains, c'est que les Princes ne veuillent pas de lui, à cause de la fausseté de sa conduite à Milan, quand il a trahi le comte d'Artois pour le baron de Breteuil. Il est fâcheux que ce soit lui qu'on ait envoyé au lieu d'un autre qui n'aurait pas de difficulté. » Ne nous demandons pas trop, de crainte de découvrir quelque duplicité, si, au contraire, Eszterhazy, flatté et heureux d'avoir été choisi pour aller à Pétersbourg, ne l'est pas de même d'être obligé d'y rester. « L'Impératrice, écrira-t-il à sa femme (¹), me traite toujours à merveille, et n'ignore pas le désir que j'ai de te revoir. »

Les plaintes de la comtesse s'accentuent, car, le 16 janvier 1792, il lui répond : « J'ai reçu hier, mon cher cœur, ta lettre du 2 janvier. Elle m'a affligé ;

(¹) Lettre du 13 janvier 1792.

tu prends l'indécision des circonstances pour des contradictions! Faut-il te renouveler le serment que je te fais depuis mon séjour ici, que je ne néglige aucun prétexte, aucun moyen de partir? *La chose* (Fersen) me demande de partir le plus tôt que je pourrai d'ici, pour aller te rejoindre. Mais, outre que ce serait manquer aux Princes et à l'Impératrice, je suis sûr que, dans cette circonstance, elle ne le permettrait pas. Quant à fixer le terme de mon séjour, c'est impossible. Je ne puis répondre à cette question que tu me fais sans cesse, que par la même réponse : Demain je partirai, si je le puis sans manquer à mon devoir et si les Princes et l'Impératrice ne le défendent pas; je suis prêt, ma voiture est prête, et si un courrier me rend ma liberté, je pars ! » Aussi bien que lui, la comtesse savait que le courrier libérateur... n'arriverait pas ! Aussi les récriminations de la comtesse continuèrent et Eszterhazy ne put que se répéter : « La situation est cruelle et tu sens que ce ne peut pas être dans le moment où les circonstances deviennent si critiques, que je serais capable d'abandonner le poste que les Princes m'ont confié et d'où ils peuvent espérer des secours et de bons avis. Celui de tous les ordres qu'on pourrait me donner, qui me plairait davantage, serait celui de partir, et je promets bien que je ne me le ferais pas dire deux fois (¹). »

____

(¹) Lettre du 23 janvier 1792.

Eszterhazy avait raison. Puisqu'il avait accepté une mission, il devait la remplir jusqu'au bout. Là où sa sincérité est sujette à caution, c'est quand il prétend vouloir quitter Pétersbourg ! Il est trop fin pour ne pas avoir percé à jour les calculs de la Tsarine, qui le berce de vaines espérances ; il ne peut pas douter qu'il ne se heurte à une bienveillante inertie ; mais il désire rester en Russie.

Quoi qu'il en soit, les inquiétudes de la comtesse ne sont aucunement apaisées, car Eszterhazy reprend : « Mon sort est entre les mains de l'Impératrice. Elle connaît ma position et surtout ma tendresse pour toi. Je ne cache pas, au milieu des bontés qu'on a pour moi, le désir extrême que j'ai de te rejoindre, désir que chaque jour rend plus vif. Je voudrais que tu ne sois pas isolée. Surtout, ce que je voudrais, c'est rester avec toi, c'est te serrer dans mes bras, te faire abjurer d'odieux soupçons et jouir de ma fidélité et de ma tendresse, en recevant les preuves de la tienne (¹). » Ces consolations et ces assurances de fidélité trouvent la comtesse incrédule, car le 9 avril il écrit : « Tu peux être bien tranquille, mon amour, sur ma fidélité. Plus je suis loin de toi et plus je mets de prix à bien remplir l'engagement que j'ai pris avec toi à cet égard. C'est au point qu'à peine y a-t-il une maison où j'aille plus que dans une autre. Le grand

---

(¹) Lettre du 24 février 1792.

monde m'excède. Quant à mes devoirs de gentil-homme, d'époux, de père et de gendre, tu peux t'en rapporter à moi sur la manière dont je les remplirai. »

Le prince de Nassau est à Pétersbourg pour combattre les effets de la mission du marquis de Bombelles, et depuis trois mois il attend pareillement un courrier de Vienne. Et Eszterhazy ajoute : « D'ailleurs, on ne me mande rien du départ de mon successeur, et c'est là mon grand intérêt, car je sens bien que le départ de Nassau va rendre mon séjour ici nécessaire jusqu'à l'arrivée de celui qui doit me remplacer. » Eszterhazy songeait si peu à un remplaçant, et son parti était si bien pris de s'accommoder de la vie de Pétersbourg, que, dans cette même lettre du 13 avril, il entreprend sa femme sur son voyage de Russie. La comtesse songe à quitter Tournay parce que les émigrés qui y résident ne s'y trouvent plus en sûreté. Eszterhazy la félicite de sa décision et ajoute : « On me répète toujours, quand on voit mes inquiétudes sur ton sort, que tu devrais venir ici, que tu y serais fêtée, choyée et surtout tranquille. »

Cet espoir ne se réalisa que l'année suivante. La comtesse Eszterhazy et ses enfants n'arrivèrent à Pétersbourg que le 24 janvier 1793. Le succès personnel d'Eszterhazy ne se démentit aucunement, et c'est à partir de ce moment que redoublèrent à son égard les faveurs de la Tsarine. Ne l'avait-elle pas déjà comblé ? La correspondance d'Eszterhazy porte la trace d'une pelisse de plus de 4 000 roubles et de diverses chaînes d'or de prix. Elle avait même nommé son fils, un bambin, sans le connaître, cornette dans les gardes à cheval, ce qui lui donnait le rang de capitaine, et lui promettait dans huit ou neuf ans le titre de colonel. Le petit Ribeaupierre, dont le père avait été tué au siège d'Ismaïl, et le fils du prince Schouvalof étaient les seuls qui eussent obtenu pareille faveur ! Et après avoir raconté à sa femme comment la Tsarine a eu une si riche idée, il ajoute : « Pense bien que cette grâce est une bague au doigt, qui n'oblige à rien et assure à mon fils un avancement plus rapide qu'à aucun autre service, puisqu'il sera peut-être colonel à l'âge où, ailleurs, il serait sous-lieutenant. » Et plus loin : « Sais-tu qu'un régiment, ici, vaut 5o ooo à 6o ooo francs par an ? Ce pays-ci est à présent le seul où on puisse faire une véritable fortune. » Une fois que la comtesse sera arrivée en Russie, les libéralités de la Tsarine se feront incessantes. On sait que le comte et la comtesse Eszterhazy eurent leur logement à la cour. C'est ainsi que l'Impératrice, qui adorait les enfants, put jouer avec le petit Eszterhazy. Et les chants révolutionnaires que l'enfant a appris égaieront la souveraine, distrairont l'oisiveté de la cour !

Mais est-il surprenant que la comtesse Eszterhazy ait eu des doutes sur la fidélité de son mari ? La comtesse n'ignore pas que l'Impératrice porte très haut l'institution des favoris et à la moindre lassitude manie avec un art infini l'ordre des mutations. Elle se demande, peut-être, si, comme d'autres l'ont toléré, un Platon Zoubof admettrait des sous-ordres. Elle sait, du moins, que les hautes classes russes sont gangrenées jusqu'à la moelle, et qu'il n'est pas admissible qu'un galant homme puisse résister aux attraits ou aux avances des beautés slaves qui rivalisent dans les salons de Saint-Pétersbourg. Or, le comte Eszterhazy est de ces galants qui veulent et qui savent plaire; et l'accueil dont il a été l'objet en Russie ne peut laisser aucun doute sur les tentations qui lui sont offertes. Certes, ses lettres sont muettes à cet égard; il est trop habile pour que son langage puisse prêter le flanc au moindre soupçon. Mais elles donnent une idée de la cour de Russie et de la vie qu'il y mena, et elles permettent de supposer que les craintes de la comtesse n'étaient pas vaines.

Dès le 15 septembre 1791, ne dit-il pas : « Après dîner j'ai encore été faire des visites avec Cobenzel dans deux maisons. Dans l'une, est une dame qui n'est plus jeune ni jolie, d'une mauvaise santé, mais qui a de l'esprit. Imagine-toi qu'elle soutient que le mariage est la plus sale invention du monde, et que, quoiqu'elle aimât beaucoup son mari et ses enfants et qu'elle fût très heureuse dans son intérieur, elle n'en trouvait pas moins que le mariage en général est la plus détestable chose du monde. J'ai soutenu le contraire. » Le matin de ce jour-là, Eszterhazy avait été reçu par le grand-duc et la

grande-duchesse. Voici ce qu'il en dit : « Le grand-
duc m'a fait entrer dans son cabinet, sans étiquette,
m'a fait asseoir dans un fauteuil, et nous avons
causé assez longtemps. De là, il m'a fait passer
dans une autre chambre, où il est entré, un moment après, avec la grande-duchesse, que je n'ai
pas trouvée changée depuis son voyage de Paris (¹). »

Le lendemain, l'ambassadeur des Princes va dîner
chez le comte de Bezborodko, ministre des affaires
étrangères, et souper à la campagne, chez le comte
Ostermann, vice-chancelier, où il y a une fête.
Trois jours après, il soupe chez la princesse Kourakin, ainsi que chez le grand chambellan Schouvalof, frère d'une princesse Galitzine qu'il a connue
à Paris et qu'il a déjà retrouvée à Pétersbourg ; et
il a déjà plusieurs fois dîné chez l'Impératrice « à
son petit couvert », ainsi qu'assisté « à un bal et à
un souper qu'elle a donnés dans son intérieur et
qui a été suivi d'un opéra-comique, avec les habits,
la musique et la danse du pays ». De plus, la comtesse Ostermann, « qui est une femme de quarante
ans, sans prétentions, très jolie », lui ayant offert
de le mener voir, « avec une société », Tsarskoié-
Selo, où la Tsarine passe les étés, et Paulowski, qui
est la campagne du grand-duc, il a dîné avec cette
société, « à 4 heures, dans un cabaret ». « La comtesse Ostermann avait envoyé des vivres et un cui-

---

- (¹) Le grand-duc et la grande-duchesse Paul, sous le nom de comte
et comtesse du Nord, avaient fait leur voyage en France en 1782.

sinier, et le dîner a été bon et très assaisonné pour une longue promenade. » Le soir il y a souper chez le favori Zoubof; et le lendemain Eszterhazy dîne chez le comte Strogonof, père du comte Paul qui devint le conseiller et le confident de l'empereur Alexandre dans les débuts de son règne, après quoi il soupe à nouveau chez le grand chambellan Schouvalof. A ce moment il dira : « Quant à la société, je ne vois encore qu'un clan; mais j'éprouve beaucoup de politesses et d'invitations à dîner et à souper. » Que sera-ce donc quand il verra tous les clans ?

Deux jours après, Eszterhazy va à la Comédie-Française, où l'on donne une pièce de Beaumarchais, *Eugénie,* et après le spectacle il soupe chez Mme Divof, « où était réunie la moitié de la ville ». Le salon de Mme Divof est un des plus recherchés de la haute société pétersbourgeoise. C'est chez elle, chez Mme Hitrof, et chez la comtesse Schouvalof qu'on joue la comédie. Ce sont là trois sociétés quelque peu différentes; Eszterhazy est reçu partout. Mais c'est surtout l'Ermitage qu'il fréquente, et il y assiste à des spectacles variés. Un soir on y joue *La Fausse Agnès* et *Le Bourru bienfaisant;* un autre jour, assis à la droite de l'Impératrice, il entend *Les Bourgeois à la mode* et *Le Cocher supposé.* « Le spectacle, écrit-il, a été assez gai. » Certains jours il assiste à quelques-unes des pièces que Catherine II a composées pour son théâtre, et il nous donne une analyse de ses œuvres, d'*Oleg,* par exemple. Il entend aussi un opéra russe dont la musique est toute des anciens airs du pays et dont les paroles sont de la Tsarine.

Les après-dîners sont aussi gaiement employés que les soirées. Un jour il va voir Péterhof, que construisit Pierre le Grand, ainsi que le château d'Oranienbaum, vis-à-vis Cronstadt, où mourut le grand Tsar ; c'est à Péterhof qu'Élisabeth, fille de Pierre le Grand, a fait construire un joli pavillon, Monplaisir, où réside également Catherine II. Il fait le voyage obligatoire de Moscou, où en six jours il reçoit près de quarante invitations diverses. Il consacre aussi ses après-dîners à « trois femmes très honnêtes et aimables », la princesse Kourakin, la comtesse Golovyne et Mme de Baschalof. Il a soin d'ajouter : « Elles aiment toutes leurs maris, et ils le méritent, du moins deux, car le comte Golovyne est à l'armée. »

Et ce n'est là qu'un banal raccourci de la vie d'Eszterhazy en Russie. Voilà une vie qui n'est pas faite pour déplaire à un émigré accoutumé aux fêtes de Versailles et du Trianon ! Aussi n'est-il pas étonnant que la comtesse s'alarme quand il lui écrit : « Jamais je n'ai mangé chez moi ; quand on a dîné ou soupé quelque part, on vous invite une fois pour toutes, et on a à choisir, tous les jours, dans cinquante maisons différentes et dans plusieurs sociétés. » Le 30 septembre il avait déjà dit : « Du luxe et de la magnificence qui règnent ici, mon cher cœur, tu ne peux te faire idée. Il y a dix ou douze maisons ouvertes, où on peut aller dîner ou souper, sans même se faire annoncer, et il n'y a pas de semaine qu'il n'y ait trois ou quatre fêtes chez des particuliers. » Et nous ne mentionnons qu'une minime partie des maisons où Eszterhazy est reçu en *persona gratissima*. Il est de toutes les fêtes ! A quels rares moments peut-il donc s'occuper de sa mission ? Les Princes, l'émigration, la royauté en attendent impatiemment les résultats ! Eszterhazy nous apprend que durant les spectacles de l'Ermitage, la Tsarine l'entretient parfois des événements politiques du jour ! Il est permis de conclure que les mondanités ont le pas sur les affaires dans les préoccupations du comte. Celui-ci se contente, sans trop protester, du platonisme des bonnes dispositions de la souveraine.

C'est pendant le séjour d'Eszterhazy à Pétersbourg que se produisirent les décès de Potemkine, de Gustave de Suède et de l'empereur Léopold. On sait que ces morts subites affectèrent la souveraine; il semble, cependant, que sa douleur ne fut pas très profonde. Eszterhazy est bien placé pour en apprécier la sincérité. La récente élévation de Platon Zoubof aux charges et fonctions que Potemkine avait si brillamment exercées avait été une cause indirecte du décès du potentat disgracié. Catherine, néanmoins, pleura dignement son ancien favori; elle s'enferma dans ses appartements et de trois semaines ne parut pas en public. « Tout, écrit Eszterhazy, a pris ici un air de tristesse. L'Impératrice n'a pas paru ; il n'y a pas eu d'Ermitage ; elle n'a pas même joué dans son intérieur. » Peu de jours après, le confident de Zoubof ajoutera : « Je crois, de toi à moi, que l'Impératrice n'a pas beaucoup regretté Potemkine. Il abusait un peu de l'empire qu'il avait sur elle, et on assure qu'elle recevait tous les jours des plaintes contre lui. »

L'empereur Léopold mourut le 1er mars 1792, à peine âgé de quarante-cinq ans, et quelques jours après Gustave III était assassiné dans son palais. La disparition de l'empereur ne fut pas d'un grand effet sur l'esprit de la Tsarine. Eszterhazy se borne à écrire : « Ici, on ne parle que de la mort de l'Empereur. Cette nouvelle a déconcerté toutes les idées et on ne peut plus faire que des conjectures vagues sur les événements à venir. » L'assassinat de Gustave de Suède, qu'elle avait personnellement connu et avec lequel elle négociait quelque expédition contre l' « hydre révolutionnaire », l'émotionna davantage, mais ne lui arracha, pas plus qu'à Eszterhazy, aucun accent profond. « L'Impératrice, écrit-il le 16 mars 1792, a été très touchée du malheur du roi de Suède, et n'a pas paru en public depuis. » Voilà plus de prétextes qu'il n'en fallait pour motiver le refus de la Tsarine de participer à une action contre la France. Les Princes avaient compté sur le concours effectif de la Suède. Celle-ci leur échappait. Et l'intervention de l'Autriche restait problématique. Enfin, la Pologne se remuait, et la Tsarine songeait bien plus à réprimer les menées révolutionnaires de Varsovie que celles de Paris.

La mission d'Eszterhazy était donc condamnée à un fiasco complet. De tels événements eussent dû affecter l'ambassadeur des Princes. Il n'y paraît pas autrement. Eszterhazy poursuit agréablement sa mission. Jusqu'à la mort de la Tsarine, il restera l'enfant gâté de la cour de Russie. Certes, des esprits perspicaces ont dévoilé son jeu; il a à Saint-Pétersbourg des ennemis qui sont las des prétentions des émigrés. Mais les bonnes grâces de la Tsarine et de son favori Zoubof ne se démentent pas, et lui assurent des faveurs et des avantages qui suffisent à son bonheur.

Nous avons dit que, peu de mois après son arrivée en Russie, Eszterhazy y avait été suivi du marquis de Bombelles. Pour se rendre compte de l'attitude d'Ezterhazy à l'égard du marquis, il est nécessaire de résumer l'objet de la mission de ce dernier.

On sait qu'à la fin de 1791, Louis XVI écrivit aux souverains pour leur notifier que le baron de Breteuil était désormais chargé de représenter ses idées à l'étranger et pour les engager à se prémunir contre les projets compromettants de ses frères. Le baron de Breteuil fut chargé d'expédier ces missives. La lettre destinée à la Tsarine était de Marie-Antoinette. Le roi de France avait l'illusion de compter sur le concours de la souveraine. Il importait donc que la mission à Saint-Pétersbourg fût

confiée à un agent expérimenté et à un personnage
important, d'autant qu'elle devait être accompagnée de développements verbaux. Louis XVI, désireux de ne pas la confier à un agent de l'émigration,
désigna le marquis de Bombelles, ancien ambassadeur à Venise. C'était avoir la main malheureuse.
En effet, le marquis avait eu le don de déplaire au
comte d'Artois et avait encouru sa disgrâce. Le
marquis, porteur de la missive de Marie-Antoinette,
d'un rapport de Breteuil pour la Tsarine et d'un
autre pour le chancelier Ostermann, ainsi que de
plusieurs lettres dont une du comte de Fersen au
comte Eszterhazy, partit de Bruxelles le 1ᵉʳ janvier
1792.

Une de ses premières visites à Pétersbourg fut
pour Eszterhazy qu'il connaissait depuis de longues
années. Bombelles lui confia, sous le sceau du
secret, l'objet de sa mission. Le comte Eszterhazy
« eut le bon goût de ne pas trahir la surprise et la
peine qu'il éprouvait à se voir supplanté » (¹). Il
promit, néanmoins, son concours dévoué au représentant du Roi et lui donna l'assurance de garder
le secret de sa mission. Est-ce à dire que ce fut
grâce à son intervention que le marquis de Bombelles fut reçu par le comte Ostermann? Rien
n'est moins vraisemblable. Eszterhazy, en effet, se
plaint que l'envoyé du Roi « affecte de l'éviter ». Et
si cette démarche d'Eszterhazy, qui reste problé-

(¹) M. Ernest Daudet.

matique, eut réellement lieu, il s'en tint sûrement là, car, le 23 janvier 1792, n'écrit-il pas : « Le marquis de Bombelles est établi ici. Il vient me voir souvent. Mais je ne le mène pas dans le monde. Il est très honnête et fort aimable ; mais il me semble qu'on le trouve trop parlant, et que, bien reçu partout, il n'est fêté nulle part. »

L'audience demandée à la Tsarine fut plusieurs fois différée. Bombelles comprit aisément que sa venue déplaisait. Il fut enfin reçu. Mais la souveraine « l'accueillit avec sécheresse et hauteur ». Bombelles éprouva ce jour-là les effets du ressentiment qu'elle avait gardé contre Breteuil. En marge du rapport de ce dernier, elle écrivit : « Dans tout ce mémoire je ne vois que la haine de Breteuil contre Calonne (¹). » Elle ne voulut pas admettre que le roi de France pût se passer de ses frères ; avec une insistance malicieuse elle réclama que les frères du Roi fussent consultés et que Louis XVI les traitât sur un pied d'égalité. Malgré les efforts de Bombelles, elle ne se prêta sur aucun point aux vues des Tuileries.

Faut-il en conclure qu'Eszterhazy eut une conduite louche auprès de la souveraine en ce qui concerne le marquis de Bombelles ? Les grandes et

---

(¹) Elle écrivait aussi à Grimm (lettre du 4 juin 1792) que c'était l'envoi du comte Eszterhazy qui lui avait valu la mission du marquis de Bombelles, et qu'elle n'y voyait « qu'une envie demesurée du baron de Breteuil de faire accroire » qu'il possédait seul la confiance de Louis XVI et de Marie-Antoinette (*Recueil de la Société historique russe,* tome XXIII, p. 569).

petites entrées dont il était favorisé lui permettaient d'agir insidieusement. La Tsarine, qui le rencontrait à tout instant, l'entretint certainement de
l'envoyé du Roi. Se prononça-t-il ouvertement
contre la mission de Bombelles qui sur certains
points de principe cadrait avec la sienne et sur
d'autres la contrariait? Il se peut, mais il n'en était
pas besoin. Catherine II ne fut pas dupe de ses
sous-entendus. Entièrement gagnée à la cause des
émigrés, elle entoura plus que jamais Eszterhazy
de prévenances, et fit échec aux propositions de
l'envoyé du roi de France.

Elle marqua même son dédain pour Louis XVI
au point de trahir le secret que Marie-Antoinette
lui avait expressément recommandé de garder. Elle
s'empressa d'avertir le prince de Nassau et le comte
Roumiantsof de l'objet de la mission du marquis
de Bombelles. Or, le comte Roumiantsof était son
représentant auprès des frères du Roi; c'est lui
qu'elle avait accrédité à Coblentz. Il n'eut rien de
plus pressé que d'aller tout raconter aux Princes.
Le comte d'Artois, le maréchal de Castries, Calonne, marquèrent un violent dépit. Le comte d'Artois se montra particulièrement affecté et froissé
que le roi de France eût employé pour négociateur
un homme dont il avait lieu de se plaindre. Il fut
facile au baron de Breteuil, accusé de duplicité, de
répondre que la mission de Bombelles avait eu
pour but de travailler au succès des vues que depuis dix-huit mois les Princes n'avaient pas réussi

à faire triompher. N'empêche que cet incident n'aboutit qu'à accroître le courroux des Princes contre leur frère aîné, et à envenimer le désaccord qu'il y avait entre eux. Et le prince de Nassau fut chargé par les Princes de détruire dans l'esprit de la Tsarine l'effet qu'aurait pu y produire la mission du marquis de Bombelles. Certes, ce n'est pas une entente entre Louis XVI et le parti des émigrés qui eût pu sauver la royauté agonisante ; mais ce manque d'unité lui enleva le peu de prestige qui lui restait.

Il est curieux d'ajouter, en ce qui concerne Eszterhazy, que Marie-Antoinette le crut capable et l'accusa d'avoir prévenu le comte d'Artois de l'arrivée en Russie du marquis de Bombelles. Ce méfait ne saurait lui être reproché. En l'espèce, l'Impératrice fut seule coupable : c'est par le comte Roumiantsof que les Princes furent informés de la mission Bombelles.

Il est un autre incident auquel se trouva mêlé le comte Eszterhazy :

On sait que l'année 1791 finit pour les émigrés « dans les colères et les larmes ». Ils avaient mécontenté les populations en même temps que les souverains. Chassés de Worms, d'Ettenheim, un grand nombre d'entre eux étaient sans gîte et sans ressources. Calonne pouvait écrire sans exagération : « Le prince de Condé n'a plus ni feu ni lieu. » Leur misère ne fit que s'accroître pendant l'année

1792. Il arriva un jour où le prince de Condé se vit
dans l'obligation de licencier son armée. L'Autriche, qui soldait ses troupes, lui avait fait dire
qu'elle ne les paierait plus à partir du 1er avril 1793.
Le prince de Condé s'adressa à l'Impératrice de
Russie et lui demanda un asile pour lui et ses hommes. C'était une armée toute trouvée pour Catherine II ; mais la Tsarine n'avait que faire de ces
soldats improvisés et indisciplinés. C'est le duc
de Richelieu, le futur gouverneur d'Odessa, qui
apporta à Condé la réponse de l'Impératrice.

Un soir du mois de décembre 1792, les émigrés
virent le héros d'Ismaïl s'arrêter devant une auberge
qui leur servait de quartier général. Le duc de
Richelieu arrivait avec deux barils contenant
60 000 roubles en monnaie d'argent. Cette fois Catherine ne s'en tenait pas à un subside ; elle faisait
à l'armée de Condé une proposition formelle : elle
lui offrait un asile et un établissement sur le bord
oriental de la mer d'Azof. Elle s'engageait à consacrer quelques centaines de mille francs pour fonder
une ville dans ce désert lointain, et à répartir entre
les émigrés des lots de terrains qu'ils cultiveraient.
La Tsarine, pénétrée de son idée, avait déjà dressé
le plan des maisons à bâtir. Le duc de Richelieu
devait être le gouverneur de cette colonie agricole ;
le comte Eszterhazy devait y remplir les fonctions
d'inspecteur des travaux ; et celles de général inspecteur étaient réservées au prince de Condé. Les
descendants de Henri IV finiraient ainsi leur car-

rière en allant planter des choux sur les rives de la mer d'Azof !

Et l'Impératrice crut avoir fait un coup de maître ! Mais il n'en fut rien. En principe, les propositions apportées et développées par le duc de Richelieu furent acceptées, et des négociations furent engagées. Mais les soldats de Condé se montrèrent rebelles à cet exil lointain : « Nous aimerions mieux, écrivait l'un d'eux, mourir et nous faire tuer en France que d'accepter une offre semblable. » D'ailleurs, l'Autriche revint sur sa décision ; l'armée de Condé resta encore à sa charge, et la Tsarine fut obligée de renoncer à l'idée de fonder, avec les débris de la noblesse française, une colonie agricole sur les bords de la mer d'Azof.

Quelle part le comte Eszterhazy avait-il prise dans ce projet ? L'avait-il suggéré à l'Impératrice ? L'avait-il simplement approuvé ? Il est hors de doute, du moins, qu'il en avait délibéré plus d'une fois avec elle, puisqu'il avait été désigné pour les fonctions d'inspecteur !

Le comte Eszterhazy ne fut guère plus heureux avec le voyage du comte d'Artois à Pétersbourg.

On sait que le comte d'Artois alla à Pétersbourg moins de deux mois après la mort de Louis XVI. Catherine avait précédemment manifesté le désir de le recevoir. Le comte Eszterhazy lui avait-il communiqué ce désir ? S'il le fit, le comte d'Artois n'en tint pas compte. Mais il est permis de se le demander, quand on sait combien le frère du Roi se prodiguait, et combien un entretien avec l'auguste souveraine eût pu avancer les affaires de l'émigration.

Mais il n'en était plus de même en 1793. La cause de la royauté était définitivement perdue. Les Princes malheureux avaient perdu l'auréole d'exilés et de victimes ; les rivalités et les fautes des émigrés leur avaient même fait perdre les sympathies des souverains. A ce moment, la Tsarine n'avait plus aucune envie de voir le comte d'Artois, qu'elle avait traité de « héros », mais qui n'était déjà plus à ses yeux qu'un guerrier d'opérette. Elle laissa percer son peu de désir de voir le frère du Roi défunt, et il n'est pas douteux qu'elle s'en ouvrit au comte Eszterhazy. Eszterhazy indiqua-t-il au comte d'Artois les inconvénients qu'il y avait pour lui à se rendre en Russie ? S'il le fit, le comte d'Artois passa outre aux observations de son agent. Le futur Charles X arriva à Pétersbourg et y resta un mois. Il y fut reçu, d'ailleurs, avec les plus grands honneurs. La Tsarine traita le voyageur « comme il convenait à un fils de France » (¹), et chercha à l'éblouir. C'est évidemment Eszterhazy qui, pendant tout ce séjour, resta le plus près du comte d'Artois. Mais tout se passa en compliments réciproques. Ni le comte d'Artois, ni Eszterhazy ne changèrent rien aux dispositions de l'Impératrice.

____

(¹) Lettre à Grimm.

Comme elle le disait pittoresquement, Catherine n'était pas disposée à s'embarquer « dans le chemin des sottises ».

Par contre, c'est au comte d'Artois qu'elle fit faire une « sottise ». On sait qu'elle l'envoya en Angleterre, et qu'il y eut des aventures ridicules. Mais « toute cette expédition fut faite, arrangée et conduite par le prince Zoubof et son grand favori Eszterhazy » (¹).

Il est un côté — et le plus fâcheux — du caractère d'Eszterhazy que nous avons à peine indiqué. C'est le soin jaloux qu'il mit à écarter de la souveraine tous ceux qui auraient pu le gêner et prendre sa place.

Les exemples de ce genre abondent. Tout Français arrivant à Saint-Pétersbourg qui voulait gagner la confiance de la Tsarine devait préalablement s'assurer du comte Eszterhazy. Or, sa méfiance et sa jalousie ne s'accommodaient pas facilement de voir ses compatriotes dans l'entourage de la souveraine. Il les desservait insidieusement jusqu'au jour où ils étaient obligés de s'éloigner ; il se plut à nuire à tous ceux qui auraient pu lui disputer les bonnes grâces et les faveurs de l'Impératrice : « Malheur à l'émigré français s'il déplaisait à ce Hongrois que favorisait le comte d'Artois ! » Nous

---

(¹) *Archives Woronzof*, tome VIII, p. 26. Lettre de Rostoptchine au comte Semen Woronzof.

empruntons ce passage à l'*Histoire des Émigrés* de
Forneron, et l'auteur ne se borne pas à citer le cas
du baron de Sombreuil, que le comte Eszterhazy
desservit, supplanta, et que le prince de Nassau
recueillit en qualité d'aide de camp. Il cite aussi le
cas de Mme Vigée-Lebrun, qui subit les atteintes de
l'ancien colonel au régiment de hussards. Mme Vigée-
Lebrun, cependant, n'arriva à Pétersbourg qu'en
août 1795, au moment où le comte Rostoptchine
portait ce jugement : « Les émigrés, à force de dire
et de faire des sottises, commencent à ennuyer et
se soutiennent faiblement. Il paraît même que le
vertueux Eszterhazy n'est plus aussi signifiant qu'il
l'était. J'en juge par un air affable et un ton honnête que je lui ai trouvé. » Mme Vigée-Lebrun, dès
son arrivée, fut adulée par la cour et par la société
de Saint-Pétersbourg. Mais la souveraine la reçut
tout d'abord avec une certaine méfiance : c'est
parce qu'elle avait refusé ses hommages au comte
Eszterhazy.

Castéra n'est pas moins affirmatif au sujet des
dispositions d'Eszterhazy vis-à-vis de ses compatriotes. Après avoir dit de lui qu'il était « un vil
courtisan, qui sut, par l'étalage de ses principes et
par ses basses flatteries, se rendre cher à Catherine et au favori Zoubof, dont il était le complaisant
le plus assidu », voici comment Castéra s'exprime :
« Affectant toujours une extrême pauvreté, Eszterhazy obtint successivement de l'Impératrice une
pension considérable, un palais et des présents de

toute espèce. Eszterhazy desservait, en outre, autant qu'il le pouvait, Choiseul-Gouffier (¹) et les autres émigrés. » Et parmi les Français qui eurent encore à souffrir du comte Eszterhazy, Castéra désigne Calonne lui-même. Calonne était en quelque sorte le principal conseil des Princes ; après ceux-ci, c'est donc à lui qu'Eszterhazy devait rendre compte de sa mission. Eszterhazy ne craignit pas, néanmoins, lorsque Calonne fit le voyage de Pétersbourg, d'user de toute son influence « pour l'empêcher d'être écouté » par la souveraine.

Parmi les personnes qu'Eszterhazy s'efforça de desservir, il convient de citer également le Suisse La Harpe et l'historien Sénac de Meilhan.

La Harpe, précepteur des grands-ducs Alexandre et Constantin, possédait toute la confiance de la souveraine. La présence à la cour de ce Suisse, qui ne cachait pas ses sentiments républicains et qui avait formé les grands-ducs dans ces idées, gênait considérablement les émigrés. Ceux-ci firent des efforts inouïs pour se débarrasser de lui. C'est le comte Eszterhazy et le prince de Nassau qui furent les principaux meneurs de cette intrigue. Ils s'adressèrent à l'ambassadeur de Russie à Coblentz, le comte Roumiantsof, et à la souveraine elle-même. Mais leurs menées se brisèrent devant la résistance

---

(¹) Eszterhazy redoutait particulièrement Choiseul-Gouffier ; aussi chercha-t-il à jeter du discrédit sur lui, même avant son arrivée à Pétersbourg. Ces menées sont rapportées par le comte Rostoptchine (*Archives Woronzof,* tome VIII).

de Catherine. La Tsarine fit venir deux fois chez elle La Harpe, et celui-ci démasqua « les fourberies de M. Eszterhazy ».

Sénac de Meilhan fut moins heureux que le Suisse La Harpe. Nous savons aujourd'hui ce qui en est du séjour de Sénac de Meilhan en Russie. Le récit des relations de la Tsarine avec cet historien qu'elle avait appelé en Russie a été reconstitué (¹). Sénac de Meilhan s'était dit royaliste, mais il n'appartenait pas, à proprement parler, au parti des émigrés ; il avait des attaches constitutionnelles, aussi la Tsarine ne le trouva-t-elle pas suffisamment dégagé de tout esprit révolutionnaire. Mais sa disgrâce est due aussi aux intrigues des émigrés. Il s'en plaignit à l'Impératrice, et c'est évidemment au comte Eszterhazy qu'il faisait allusion. Catherine ne daigna pas écouter ses récriminations. Encore une fois les manœuvres et les intrigues d'Eszterhazy eurent gain de cause. Cet agent du comte d'Artois, qui semblait avoir été placé à Saint-Pétersbourg pour assurer aux Français un accueil et des avantages auxquels ils pouvaient prétendre, ne s'appliqua en réalité qu'à les desservir et à leur nuire.

Il va sans dire que celui de tous les Français qu'Eszterhazy combattit le plus fut Genet. Il ne se cacha même pas de l'animosité et du dédain qu'il lui portait ; et point n'était besoin de se cacher,

---

(¹) Consulter l'ouvrage de M. Ch. DE LARIVIÈRE : *Catherine II et la Révolution française*, p. 272 à 357.

puisque la Tsarine considérait comme un « polisson » (¹) celui qui avait l'honneur d'être en Russie le chargé d'affaires de la France constitutionnelle.

C'est le 31 août 1791 que le vice-chancelier Ostermann notifia à M. Genet l'ordre de ne plus paraître à la cour. Eszterhazy ne pouvait donc être pour rien dans cette grave détermination. Mais, à la fin du mois d'octobre, un nouvel affront fut infligé à M. Genet. Sur la proposition du comte Bezborodko, et malgré le vice-chancelier Ostermann, la Tsarine intima à sa chancellerie la défense de recevoir du chargé d'affaires de France toute note ou communication.

Cette mise à l'index du représentant officiel de la France fut si diversement appréciée par les ministres des puissances accrédités à Pétersbourg, que M. Genet reçut de plusieurs de ses collègues et de bon nombre de Russes des marques de réelle sympathie. Mais cette grave décision avait été prise par la souveraine à la suite de démarches auxquelles le comte Eszterhazy n'était pas étranger ; en effet, voici ce qu'écrit M. Genet, dans sa dépêche du 8 novembre 1791 : « Tout cela a tellement frappé le ministère que M. de Valouief, sénateur, conseiller privé de l'Impératrice et ami intime de M. le comte Ostermann, est venu hier chez moi pour m'exhorter à la patience, et m'assu-

---

(¹) Le mot est du comte Bezborodko ; mais la Tsarine lui donna son approbation.

rer que tout le conseil improuvait les intrigues de
M. le comte Cobentzel, de M. d'Eszterhazy et du
prince de Nassau (¹). »

On ne saurait être plus affirmatif. Et ne fallait-il
pas que ces intrigues fussent bien fortes et parussent bien graves au ministère russe, pour qu'à un
moment où le chargé d'affaires de France était pour
ainsi dire consigné dans son hôtel, un homme de
l'importance du comte Valouief se hasardât à une
pareille démarche ?

On sait que la situation de Genet devint de plus
en plus intolérable. « Ma maison est entourée d'es-
pions (²) », écrit-il le 24 avril 1792. Le 19 juillet
1792, la Tsarine lui fit dire de quitter la Russie
« dans l'espace de huit jours ». Est-il permis de
douter du rôle d'Eszterhazy en toute cette affaire ?
Il est de toute évidence que si le représentant de la
France fut ainsi congédié, les manœuvres de l'agent
du comte d'Artois y contribuèrent pour beaucoup.

Il serait difficile de donner une liste complète
des Français, et même des Russes, qu'Eszterhazy
s'employa à écarter. Le prince d'Aremberg, M. de
Lambert, furent du nombre. Mais il convient de
citer surtout le comte de Langeron et le duc de
Richelieu, ceux-là mêmes qui avaient déjà rendu et
qui rendirent par la suite de si éclatants services à

(¹) *Archives du Ministère des affaires étrangères.* « Correspon
dance de Russie », tome CXXXVI.

(²) *Archives du Ministère des affaires étrangères.* « Correspondance de Russie », tome CXXXVII.

la Russie. Les intrigues d'Eszterhazy leur valurent passagèrement des désagréments, et même des affronts et des humiliations.

Ce n'est pas ici le lieu de retracer la brillante carrière du duc de Richelieu, qui, en 1789, avait débuté par être capitaine au régiment de hussards Eszterhazy (¹), qui s'illustra en Russie, et qui fut le plus clairvoyant des ministres de Louis XVIII. L'autorité de sa parole ne peut faire doute pour personne. Or, c'est lui-même qui nous initie aux griefs qu'il avait à reprocher au comte Eszterhazy (²).

En 1793, Richelieu et Langeron furent attachés comme officiers russes à l'état-major de la grande armée autrichienne qui opérait dans les Pays-Bas. Ils avaient pour instructions de rendre compte à la Tsarine des opérations de la campagne, et c'est par l'intermédiaire du comte Eszterhazy que leurs rapports étaient soumis à la souveraine. En octobre 1794, l'armée autrichienne dut abandonner les Pays-Bas et se retirer derrière le Rhin. Richelieu et Langeron rentrèrent à Pétersbourg dans les premiers mois de 1795. Mais ils n'y retrouvèrent plus les prévenances auxquelles ils étaient habitués. Le duc de Richelieu ne fut même plus admis aux « sociétés de l'Ermitage » ; et cela contre tous les usages de la

---

(¹) Durant l'été de 1790, le régiment tenait garnison à Sedan.

(²) En janvier 1792, le duc de Richelieu, arrivé à Pétersbourg avec le prince de Nassau et le baron de Sombreuil, avait été présenté à la Tsarine par Eszterhazy.

cour de Russie, les « petites entrées » constituant une faveur qui, une fois accordée, n'était jamais retirée. Le duc de Richelieu, cependant, loin d'avoir démérité, avait rendu à la Russie des services éminents. Et non seulement il ne fut plus admis dans la « petite société », c'est-à-dire dans le cercle des intimes de la souveraine, mais même il ne fut pas invité dans les « ermitages » et les bals où se rendait presque toute la cour. Ce procédé lui parut d'autant plus immérité que Catherine II, à laquelle il fut présenté, se montra très aise de le revoir et s'entretint longuement avec lui.

Les premières visites du duc de Richelieu avaient été pour le favori Zoubof, pour Markof et pour Eszterhazy. Voici ce qu'il en dit : « M. de Zoubof m'a reçu avec beaucoup d'amitié, même de confiance, m'a parlé longtemps, a paru content de ma conversation et des choses que je lui ai dites. M. Eszterhazy m'a marqué beaucoup d'embarras, et son déplaisir de me voir arriver n'a pas même été trop bien dissimulé ; je m'y attendais ; il avait trop de torts envers moi pour que cela pût être autrement ; j'ai affecté de ne pas lui en parler, et d'être avec lui exactement comme toujours (¹). »

En sollicitant une faveur à laquelle il était accoutumé, le duc de Richelieu avait seulement voulu montrer le prix qu'il y attachait ; s'en voyant privé,

---

(¹) Cette lettre du duc de Richelieu et les suivantes ont été publiées dans le *Recueil de la Société impériale historique russe,* tome LIV.

il en marqua son étonnement à Zoubof, à Markof et à Eszterhazy. Laissons-lui la parole : « J'en parlai au comte Eszterhazy qui me dit qu'il verrait, mais qui ne fit aucune démarche. » Le duc de Richelieu eut une nouvelle entrevue avec Zoubof : « Jamais, dit-il, je n'ai vu d'homme aussi embarrassé pour si peu de chose. » Quant à Markof, qui y mit toute l'obligeance possible, il en parla à Zoubof. Mais à partir de ce jour la porte de ce dernier resta fermée devant le duc de Richelieu.

Celui-ci, cependant, était allé une fois au lever du favori ; à ce propos, il nous trace de cette cérémonie quotidienne une esquisse, qui fait singulièrement ressortir l'outrecuidance du favori, son impolitesse et la servilité des courtisans et grands personnages qui l'entouraient. Ce récit curieux mérite d'être reproduit : « La toilette de M. de Zoubof est la cérémonie la plus indécente dont il soit possible de se faire idée. On arrive à 10 heures pour attendre l'heure à laquelle il se frisera, ce qui n'est jamais fixé ; la seule fois que j'y ai été, j'ai attendu jusqu'à 1 heure qu'on nous a fait entrer. Il était assis vis-à-vis une table de toilette et lisait des gazettes ; nous l'avons tous salué, sans qu'il nous rendît le salut. On lui a apporté des papiers à signer, et au bout de trois quarts d'heure je me suis approché de lui ; il m'a dit quelques mots, je lui ai rappelé notre affaire dont M. de Markof avait eu la bonté de lui parler le matin. Il ne m'a pas répondu un seul mot, et a appelé une autre per-

sonne. Peu accoutumé à cette manière, je gagnai la
porte, et m'enfuis un moment après, un peu honteux peut-être d'une impolitesse aussi grande. »
Nous savons, par le comte de Langeron et par le témoignage d'autres contemporains, qu'il n'y a rien
d'exagéré à ce tableau. Le duc de Richelieu fait
remarquer que si Eszterhazy, qui voyait « le favori
du matin au soir », avait voulu lui rappeler sa
demande, il aurait facilement obtenu satisfaction ;
« mais, dit-il, il ne faut pas compter sur Eszterhazy ».

Il suffit, d'ailleurs, de ces deux lignes caractéristiques du duc de Richelieu, pour connaître le fond
de sa pensée sur Eszterhazy : « Ce que M. Eszterhazy
fait et rien, c'est la même chose, car, pour bien dire,
il ne fait rien du tout pour personne, que nuire aux
autres, de peur d'avoir des concurrents. Je suis bien
sûr qu'il n'a pas peu contribué à m'éloigner. »

Le duc de Richelieu rejoignit son régiment et,
dans les lettres qui suivirent, il confirma le jugement qu'il portait sur Eszterhazy. Par lui nous
savons que le représentant des Princes se refusa à
s'occuper des Polignac qui sollicitaient de la Tsarine un établissement avantageux ([1]).

Et il importe de remarquer que les lettres du
duc de Richelieu auxquelles nous empruntons ces
détails étaient adressées au comte André Razou-

([1]) Le fait est confirmé par le comte Rostoptchine. Eszterhazy
évita même de se rencontrer à Saint-Pétersbourg avec le duc de
Polignac (*Archives Woronzof*, tome VIII, p. 128).

mowski, ambassadeur de Russie à Vienne. Le comte Razoumowski occupait l'ambassade avec une grande distinction, et était particulièrement lancé dans la haute société autrichienne ; il entretenait les meilleures relations avec les Eszterhazy de Vienne, dont plusieurs occupaient des charges élevées. Il est donc de toute évidence que, si Eszterhazy avait tenu à Pétersbourg une conduite à l'abri de tout reproche, le duc de Richelieu n'eût pas parlé au comte Razoumowski avec cette liberté d'allure.

Il semble donc permis d'affirmer et de conclure que le comte Eszterhazy eut à Saint-Pétersbourg une attitude louche. S'il prit en mains les intérêts des Princes et des émigrés qui l'avaient placé à ce poste de confiance, il n'aboutit à aucun résultat sérieux en leur faveur. Par contre, il n'oublia jamais ses avantages personnels. Il se débarrassa de tous ceux qui auraient pu le gêner, et il fit sa fortune en Russie.

Le récit de la mission de ce diplomate se réduit donc à une page de la vie d'un courtisan.

Nous avons montré comment le comte Eszterhazy s'était comporté pour réussir auprès de la grande Catherine. Il avait frappé à la porte du tout-puissant favori Platon Zoubof dont il s'était fait le plat complaisant. Là, comme dans les séductions de ses flatteries et dans les prouesses de son fils, est le secret de la faveur dont l'agent du comte d'Artois jouit en Russie. Pour mieux faire sa cour à Catherine, il eut même le soin de se tenir à l'écart du grand-duc Paul, — une quantité négligeable sous le règne de sa mère. — Castéra affirme le fait : « Eszterhazy négligeait le grand-duc de la manière la plus outrageante, et il en fut récompensé par Zoubof qui le fit bientôt admettre dans les conciliabules politiques. » Aussi le grand-duc héritier associait-il Eszterhazy au favori Zoubof dans une haine commune.

Le comte Eszterhazy en subit les effets après la mort de la Tsarine.

En février 1797, peu de mois après son avènement, l'empereur Paul Ier comprit dans une même disgrâce le favori Zoubof et le courtisan Eszterhazy. Ceux-ci furent obligés de quitter la cour. Le comte Valentin Eszterhazy se retira aussitôt dans ses terres de Volhynie. Le Tsar respecta les donations que sa mère lui avait faites. Cependant, Paul Ier exigea que quelques-unes des terres que Catherine II lui avait données fussent rendues à leur ancien propriétaire, « pillé le plus injustement du monde » ; « en dédommagement », Eszterhazy reçut d'autres terres, « même en plus grande quantité ». Le comte Rostoptchine, qui cite ce détail, ajoute que l'ancien agent du comte d'Artois avait reçu ordre de ne pas se montrer à Pétersbourg, mais qu'il écrivit à l'Empereur pour lui parler d'un procès et solliciter ses « bontés ». C'est le comte Rostoptchine qui, sous la dictée de l'Empereur, apostilla la lettre de la façon suivante : « Le procès doit avoir son cours par les voies de la justice ; quant à mes bontés, on les perd par une mauvaise conduite (¹). » Et l'Empereur signa cette suggestive recommandation.

Le comte de Provence jugea utile à sa cause de donner un successeur au comte Eszterhazy. Il désigna M. de Fonbrune, et chargea Choiseul-Gouffier de le faire agréer par le Tsar. Choiseul-Gouffier échoua. Les comtes d'Avaray et de Saint-Priest furent plus heureux, et réussirent à faire accréditer M. de La Ferté. Et c'est le comte de Saint-Priest qui, profitant d'un élan de générosité de l'empereur Paul Iᵉʳ, obtint le château de Mittau en Courlande pour asile au Bourbon fugitif. Le comte de Saint-Priest, désintéressé, avait songé à ses princes. Eszterhazy, plus personnel, avait surtout songé à lui-même.

Le comte Eszterhazy mourut en 1805 (²).

(¹) *Archives Woronzof*, tome VIII, p. 178.

(²) Pour écrire cette étude, nous avons dû consulter de nombreux documents. Nous ne citerons que les principaux :

Archives des affaires étrangères : Correspondance de Russie, tomes CXXXV, CXXXVI et CXXXVII. (Correspondance dont il n'a été publié que des fragments par M. Alfred RAMBAUD.) — *Archives des affaires étrangères : Mémoires du comte de Langeron.* (Mémoires souvent consultés par les historiens, mais encore inédits.) — *Recueil de la Société impériale historique russe,* tome XXIII (*Correspondance de Catherine II avec Grimm*); tome LIV (*Le Duc de Richelieu. Correspondance et documents. 1766-1822*). — *Archives Woronzof,* tome VIII : *Lettres du comte Rostoptchine. — Recueil des instructions données aux ambassadeurs et ministres de France en Russie* (deux volumes in-4 publiés par M. Alfred RAMBAUD). — *La*

Jeunesse du tsar Paul Ier, par M. Paul KOBEKO. 1 volume in-12. — *Histoire des émigrés*, par H. FORNERON. 3 volumes in-8. — *Coblentz*, par M. Ernest DAUDET. 1 volume in-8. — *Les Français en Russie et les Russes en France*, par M. Léonce PINGAUD. 1 volume in-8. — *Le Roman d'une impératrice*, par le comte WALISZEWSKI. 1 volume in-8. — *Autour d'un trône*, par le comte WALISZEWSKI. 1 volume in-8. — *Le Prince de Nassau-Siegen*, par le marquis D'ARAGON. 1 volume in-8. — *Histoire de Catherine II*, par CASTÉRA. 2 volumes in-8. — *Le comte Paul Stroganof*, par Son Altesse le grand-duc Nicolas MIKHAÏLOVITCH. 3 volumes in-4. — *Catherine II et la Révolution française*, par Ch. DE LARIVIÈRE. 1 volume in-12. — *Le Duc de Richelieu*, par M. Raoul DE CISTERNES. 1 volume in-8. — *Fantômes et silhouettes*, par le comte FLEURY. 1 volume in-8. — *Les Dernières Années du marquis et de la marquise de Bombelles*, par le comte FLEURY. 1 volume in-8. — *Mémoires du comte Valentin Eszterhazy*, publiés en 1905 par M. Ernest DAUDET. 1 volume in-8. — *Lettres du comte Valentin Esterhazy à sa femme* (ouvrage publié en 1907 par M. Ernest DAUDET). 1 volume in-8. — *Paul Ier de Russie avant l'avènement (1754-1796)*, par M. Pierre MORANE. 1 volume in-8 (1908), etc., etc.

Pour retracer certains incidents de l'histoire de l'émigration à Coblentz et à Saint-Pétersbourg, nous avons particulièrement consulté les ouvrages de MM. Ernest Daudet et Léonce Pingaud, ainsi que la correspondance inédite du chargé d'affaires de France à Saint-Pétersbourg.

L'ENFANCE ET LA JEUNESSE
DE NICOLAS Ier

D'APRÈS DES DOCUMENTS NOUVEAUX

Nicolas Ier a été appelé le don Quichotte de l'autocratie. Son règne marque dans l'histoire de la Russie la limite finale de l'absolutisme le plus rigide. Il a été dit que cet impérieux monarque eut la prétention de gouverner jusqu'à la conscience de ses sujets. Aussi, malgré ses triomphes militaires, est-il un des souverains du grand empire slave pour lesquels l'histoire a été le plus sévère ; et le souvenir qu'il a laissé contraste singulièrement avec celui de la plupart des tsars qui l'avaient précédé ou qui lui ont succédé.

« Nicolas Ier, a dit M. Alfred Rambaud, avec sa stature colossale, son extérieur imposant, son orgueil mystique, son infatuation de roi-pontife, sa volonté de fer, sa puissance de travail, son goût pour les minuties du gouvernement, sa passion pour les choses militaires, toujours sanglé dans son uniforme, toujours en représentation devant les peuples, était une redoutable incarnation de l'autocratie. » Tel, en effet, le portrait en raccourci, mais global, du frère cadet d'Alexandre Ier, auquel il succéda et auquel il ressemblait si peu.

Ne fallait-il pas qu'il eût une singulière opinion de lui, et qu'il fût doué d'une extraordinaire volonté, ce Tsar qui, lors de son élévation au trône, harangua au Palais d'Hiver les chefs des régiments de la Garde, en leur tenant ce fier langage : « Dussé-je n'être Empereur que pendant une heure de temps, je saurai prouver que j'ai été digne de l'être. »

Il faut croire, du reste, que, dès l'enfance, son allure et son attitude avaient une arrogante dignité qui en imposait, car son frère aîné, le grand-duc Constantin, qui dans l'intimité l'appelait le *Tsar Mirliki,* du nom de son patron, disait à son autre frère cadet : « Vois-tu, Michel, avec toi je suis sans façons; mais quand j'attends mon frère Nicolas, il me semble toujours que c'est l'Empereur que je vais recevoir. »

Certes, pendant trente ans, Nicolas Ier soumit la Russie à un régime de fer et la pétrit à sa guise. Mais il la voulut grande et prospère. Ce tsar, qui, le jour même de son avènement, eut à réprimer une sédition où son trône faillit sombrer, resta sa vie durant l'ennemi irréconciliable de toute révolution; il se posa en Europe le champion des idées conservatrices, et nul plus que lui ne déplora la chute de Charles X, en qui il avait rencontré un frère d'armes en esprit rétrograde. Afin d'étouffer en Russie tout germe révolutionnaire, il s'efforça de l'isoler du reste de l'Europe ; néanmoins, la Russie, entraînée par sa marche en avant — une marche accélérée — vers la civilisation occidentale, pénétra plus que jamais dans le concert européen, et y accrut son influence en même temps que son autorité. Aussi, sans être l'arbitre unique des destinées de l'Europe, — ce fut son erreur de le croire, — Nicolas Iᵉʳ en fut un arbitre tout-puissant. Les rigueurs, les violences et les châtiments dont il se rendit coupable jettent sur son règne une ombre de cruauté ; mais, bien qu'adversaire résolu de l'émancipation du paysan, — cette question vitale sommeilla sous son règne, — il s'intéressa maintes fois à l'amélioration du sort des classes peu favorisées, et leur octroya des avantages réels. Son despotisme fut donc parfois un despotisme éclairé.

Le règne de Nicolas Iᵉʳ, d'ailleurs, marque la fin du régime de l'autocratie sans frein. Au lendemain de la chute de Sébastopol, son fils inaugura un régime libérateur. Alexandre II se distingua par un esprit de libéralisme dont l'abolition du servage, en 1863, fut le point culminant. Et ses successeurs n'ont pu que suivre, malgré les nuages passagers des complots nihilistes, cette voie nouvelle. Nicolas Iᵉʳ était déjà « l'homme d'un autre âge, une singularité dans l'Europe moderne » ; un tsar fait à son image serait aujourd'hui un anachronisme.

Mais Nicolas Iᵉʳ n'avait-il pas de qui tenir? Des nombreux enfants de Paul Iᵉʳ il n'était pas celui

qui ressemblait le moins à son père. Nous savons
que l'empereur Paul était « d'un despotisme tantôt bizarre, tantôt effrayant, et même quelquefois
cruel » (¹). De plus, entre Paul Iᵉʳ et Pierre III, —
bien que la paternité de ce dernier ne soit pas d'une
authenticité indiscutable, — il y avait grande ana-
logie de caractère et de goûts. Le Tsar qui se me-
sura avec la France et l'Angleterre passagèrement
unies, et dont le règne glorieux s'acheva tristement
sur les champs de bataille de la Crimée, tenait
donc de ses ancêtres un ensemble de qualités et de
défauts qui en faisaient un tempérament extraordinaire. Est-il indifférent, dès lors, de relever l'enfance
et la jeunesse de ce Slave impétueux que la Russie
est obligée de compter parmi ses tsars à la fois les
plus cruels et les plus grands?

Si l'on s'en tenait aux encyclopédies et aux
ouvrages qui parlent des premières années et de
l'adolescence du tsar Nicolas, voici ce que nous
apprendrions : « La jeunesse de Nicolas fut consacrée à des études sérieuses et variées. Le général
Lamsdorf lui enseigna l'art militaire, l'humaniste
Adelung l'initia aux littératures modernes, le conseiller Storch lui apprit l'économie politique. Il
montrait en même temps un goût passionné pour
la musique, et composait des marches militaires. Il
compléta son éducation en visitant plusieurs cours
de l'Europe. En 1815, il accompagna son frère

______

(¹) *Mémoires du prince Adam Czartoryski*, tome I, p. 149.

Alexandre en France, et l'année suivante passa quelque temps en Angleterre. » Ce jugement sommaire a grand besoin d'être complété et revisé.

Pour noter quelques-unes des particularités du tempérament du tsar Nicolas, pour montrer ses aspirations et ses convoitises, pour indiquer ce que fut son développement intellectuel, il suffira de faire un triage dans la foule des documents authentiques que nous fournissent diverses publications nouvelles. Nous citerons le précieux *Recueil de la Société impériale historique russe;* et en particulier le tome XCVIII auquel M. Doubrovine, membre de la société, a donné ses soins, et qui contient une masse de matériaux sur l'enfance de Nicolas Ier.

Dès le jour de sa naissance et jusqu'à sa majorité, Nicolas eut des gentilshommes et des officiers attachés à sa personne; nombreux aussi furent les professeurs placés auprès de lui. Ces gentilshommes et officiers, dits fourriers de la chambre et chevaliers de service, étaient chargés de tenir un journal quotidien des menus faits de la vie du grand-duc. La plupart de ces rapports, que l'impératrice Marie-Féodorovna se faisait montrer chaque jour, n'étaient que de laconiques bulletins sans grand intérêt. Il en est un certain nombre, cependant, où sont consignés avec soin les penchants du jeune homme, les jeux auxquels il se livrait, les dispositions qu'il montrait, les fautes qu'il commettait. Malgré leurs lacunes, ces rapports forment une collection de soixante-deux tomes in-4 qui sont conservés au palais Anitchkof; et ceux de 1802 à 1809 sont parmi les plus copieux; il s'y rencontre des traits curieux et pittoresques sur les aptitudes et les penchants du jeune grand-duc. Le tome XCVIII du *Recueil de la Société impériale historique russe,* qui a paru en 1897, contient le résumé succinct de ces rapports, la plupart rédigés en français. En un mot, il y a là une foule de détails qui permettent d'esquisser une rapide physionomie de Nicolas Ier enfant et de marquer les influences qu'il subit.

I

Le troisième fils du grand-duc et de la grande-
duchesse Paul naquit le 25 juin 1796, à 3 heures
du matin.

Il y avait vingt ans déjà que le grand-duc avait
épousé en secondes noces la princesse Sophie-Doro-
thée de Wurtemberg, qui, sous le nom Marie-Féodorovna, a laissé comme épouse, comme mère et
comme impératrice un souvenir intact. Le règne de
Catherine touchait à sa fin, et la grande souveraine, qui, du côté de la gloire, n'avait rien à envier,
avait fort peu connu les jouissances de la famille.
Comme grand'mère, il est vrai, elle avait goûté
quelques satisfactions avec les grands-ducs Alexandre et Constantin qu'elle avait accaparés dès le
berceau et à l'instruction desquels elle avait voulu
présider. Le 11 février 1794, n'écrivait-elle pas à
Grimm : « Je m'amuse comme une enfant de cinq
ans à voir jouer à colin-maillard et à d'autres jeux
enfantins. La jeunesse, mes petits-fils et petites-
filles, prétendent qu'en ma présence leurs plaisirs
sont plus animés, qu'ils y mettent|plus de hardiesse
et d'abandon ; je suis par conséquent le boute-en-
train. »

Mais il n'en avait jamais été ainsi avec son fils,
dont elle n'avait pas su ou n'avait pas voulu con-
quérir l'affection ; loin d'associer le grand-duc Paul

à son œuvre grandiose, elle l'avait éloigné des
affaires publiques, de tous les commandements,
et n'avait jamais fait appel à son concours ; aussi,
au lieu de gagner sa confiance et son appui, n'avait-
elle recueilli que son hostilité. Les relations de la
mère et du fils avaient toujours été empreintes
d'amertume ; mais c'est surtout à la fin du règne
de la grande souveraine que la méfiance et l'hostilité de l'héritier du trône s'accentuèrent. Le grand-
duc Paul, obsédé par le souvenir des événements
tragiques de la révolution de 1762 et aigri aussi
par la conduite privée de l'Impératrice, — il blâ-
mait l'institution des favoris ou du moins les choix
que sa mère avait faits, — ne dissimulait pas son
mécontentement et des sentiments proches de la
haine. De cet état d'esprit à se montrer impatient
de la liberté... et du trône, il n'y avait qu'un pas.
L'Impératrice, qui sentait cette impatience, tenait le
grand-duc à l'écart et le surveillait.

Catherine II assistait généralement aux couches
de sa belle-fille. Était-ce par affection pour elle ?
La souveraine était plutôt désireuse de s'assurer
du sexe du nouveau venu. Au mois de décembre
1777, à la vue du premier de ses petits-enfants,
« Monsieur Alexandre », comme elle se plut à l'appeler, elle avait poussé un cri de joie. Sa figure
s'était également épanouie quand elle avait vu le
frêle Constantin arriver « comme la grêle dans
une heure et demie ». Et elle avait assisté aussi à
la naissance des grandes-duchesses Alexandrine,

Hélène, Marie, Élisabeth, Olga et Anne ; elle avait même été effrayée de cette série de filles qu'il faudrait un jour doter et marier. Quand le canon avait tonné pour annoncer la venue de la grande-duchesse Olga, elle s'était écriée : « Faut-il faire tant de bruit pour une fichue demoiselle (¹)? » Malgré ces précédents, la Tsarine ne crut pas devoir assister à la naissance de Nicolas, soit à cause de son âge avancé et de sa santé précaire, soit à cause de ses relations plus tendues que jamais avec ses enfants. D'ailleurs, la succession au trône étant assurée, la curiosité et l'impatience n'avaient plus leur raison d'être. La Tsarine ne se livra donc à aucun de ses épanchements habituels ; elle ne manifesta ni joie ni déplaisir. Elle ne se doutait pas que le dit Nicolas serait appelé à monter sur le trône, et qu'il consoliderait par certains côtés et démolirait par certains autres le monument qu'elle avait eu tant de peine à édifier !

L'Impératrice, immédiatement prévenue, se rendit, néanmoins, dans les appartements de la grande-duchesse, afin d'assister aux prières d'usage dites sur le nouveau-né ; et elle trouva l'enfant si grand et si beau qu'elle le bénit (²). De plus, comme en pareil cas, le canon gronda, et les cloches furent mises en branle à Tsarskoié-Selo. Enfin, les cérémonies d'usage à la cour, telles que le baise-main,

____

(¹) *Journal de Khrapovitsky.*
(²) C'est la grande-duchesse Marie Paulowna qui rapporte ce fait ; elle le tenait de la comtesse Lieven.

eurent lieu le lendemain. Malgré une apparente indifférence, la souveraine se préoccupa donc quelque peu des couches de la grande-duchesse. Elle estimait, il est vrai, que faire des enfants était pour sa belle-fille la meilleure des occupations. « En vérité, lui écrivait-elle un jour, tu es passée maîtresse à mettre des enfants au monde. » Catherine lui reconnaissait si bien ce don, qu'avec ses intimes elle lui donnait le nom de « maman ».

Grimm était de ces intimes, et voici comment l'Impératrice lui avait annoncé la prochaine venue du bonhomme Nicolas(¹) : « Nous sommes dans l'attente que Maman accouche. Constantin dit que de sa vie il n'a vu ventre pareil et qu'il y a là place pour quatre personnes; cela est si plaisant que je vous le rends comme je l'ai reçu aujourd'hui. » Cette plaisanterie de mauvais goût du grand-duc Constantin est-elle bien authentique? Certes, les jeunes grands-ducs avaient une liberté d'allure que nous dirions aujourd'hui très fin de siècle, et sous l'œil complaisant de leur grand'mère ils recevaient une éducation variée qui laissait la porte ouverte à bien des indécences. Il est vraisemblable, cependant, que si ce jeune homme de seize ans se fût réellement permis ce propos, sa grand'mère l'eût relevé; celle-ci, friande de mots piquants ou grossiers, était bien capable d'y avoir ajouté de son cru !

Toujours est-il que de son style pittoresque et

______

(¹) Lettre du 15 juin 1796.

enjoué elle annonce à Grimm l'arrivée du nouveau-grand-duc (¹) : « Monsieur le souffre-douleur est averti que Maman est accouchée ce matin à 3 heures d'un énorme garçon, auquel on a conféré le nom de Nicolas. Il a une voix de basse avec laquelle il crie d'une manière étonnante ; il est de la longueur d'une archine moins deux verchoks, et ses mains sont presque aussi grandes que les miennes ; de ma vie je n'ai vu un chevalier pareil. S'il continue comme il débute, ses frères seront des nains à côté de ce colosse. »

Grimm ne pouvait se dispenser de féliciter l'auguste grand'mère. Il le fit, suivant sa coutume, avec un grand luxe d'épithètes et dans un style lourd et ampoulé ; les gazettes ayant « unanimement » annoncé que le « seigneur Nicolaï Paulowitch, colosso dès son entrée dans ce monde », était né le 21 juin (style grec) et non le 25, Grimm questionna sa souveraine sur cette différence de date. Ce jour-là le pauvre « souffre-douleur » avait la tête terriblement barbouillée, car durant deux pages entières il ergota sur cette discordance, et sur le titre de chevalier, — titre des cadets de France, — que Catherine avait donné au nouveau-né, au lieu de l'appeler *Monsieur Nicolas* à la façon de *Monsieur Alexandre* et de *Monsieur Constantin*.

La Tsarine ne jugea pas utile de répondre à ces niaiseries, et de calmer l'émotion de son corres-

---

(¹) Lettre du 25 juin 1796.

pondant; mais elle le tint au courant de la façon dont poussait le jeune Nicolas. A la date du 5 juillet, par exemple, c'est dans ces termes qu'elle marque sa surprise de l'énormité et de la voracité de l'enfant : « Le chevalier Nicolas depuis trois jours mange déjà de la bouillie, parce qu'il veut manger à tout moment ; je pense que jamais enfant de huit jours n'a fait pareil repas ; c'est inouï. Les bras en tombent à toutes les bonnes ; si cela continue, je pense qu'on le sèvrera à six semaines. Il toise tout le monde, et tient et remue sa tête comme moi. » Nous savons que ledit chevalier tint les promesses du début. L'empereur Nicolas fut réputé pour sa stature et pour son torse.

L'Impératrice n'était pas d'humeur à laisser traîner les choses. Elle voulut que le baptême eût lieu sans retard ; on n'attendit pas que la grande-duchesse pût y assister. Dès le 2 juillet, la Tsarine avait écrit à Grimm que le « chevalier » Nicolas se portait à merveille et serait baptisé le dimanche suivant. Le baptême eut lieu le 6 juillet, en effet, à Tsarskoïé-Selo, et les cérémonies furent brillantes. Le prince Adam Czartoryski, qui y assistait, dit dans ses *Mémoires* que les ambassadeurs et toute la cour s'y rendirent et se tinrent dans la salle qui précédait la chapelle. Le prince Adam, en Polonais dont le patriotisme éclairé ne se laisse pas griser par l'accueil qui lui est fait à la cour de Russie, ajoute naïvement qu'à ce moment personne ne prévoyait que ce gentil poupon dans ses langes « deviendrait un jour le fléau de sa patrie ».

L'Impératrice, cependant, n'assista pas à toute la cérémonie du baptême; elle se trouvait souffrante ce jour-là et ne fit qu'une courte apparition à la chapelle de Tsarskoié-Selo; l'aînée de ses petites-filles, la grande-duchesse Alexandrine, tint sa place pendant la fin de la solennité.

Si nous insistons sur cette quasi-absence de la Tsarine, c'est qu'il vaut la peine d'en rechercher les motifs. Il est permis de se demander, en effet, si l'indisposition dont elle fut atteinte ce jour-là n'était pas causée par la mauvaise humeur et le dépit de quelque échec.

Nous savons, en effet, que la souveraine, abordant sa belle-fille après ses relevailles, se borna à lui dire d'un ton glacial et en l'enveloppant d'un regard hautain : « Comment vous portez-vous, madame la grande-duchesse? » Ce langage et cette attitude seraient extraordinaires s'il ne s'y trouvait pas une cause secrète. C'est la grande-duchesse Anne qui, après avoir rapporté ce propos qu'elle avait entendu, nous donne la clé du mystère. Laissons-lui la parole :

« J'ai appris depuis, de la bouche de mon mari (¹), qu'après le décès de mon frère l'empereur Alexandre, époque à laquelle il s'était em-

---

(¹) Le prince d'Orange, qui devint roi des Pays-Bas sous le nom de Guillaume II.

pressé d'aller en Russie partager la douleur de ma famille, ma mère était revenue sur ce passé éloigné. Dans un de ces moments d'effusion de confiance, elle lui raconta que, pendant qu'elle était en couches de mon frère Nicolas, l'impératrice Catherine lui avait fait communiquer un *papier dans lequel il était question d'exiger de mon père une renonciation de ses droits à la couronne en faveur de mon frère Alexandre;* insistant que ma mère *signât ce papier en guise d'adhésion à l'acte que l'Impératrice voulait obtenir.* Ma mère en ressentit une juste indignation et refusa de le signer. L'impératrice Catherine en fut très irritée, et la froideur qu'elle lui montra était la conséquence d'avoir vu son projet déjoué. » Il suffit de ce témoignage pour être fixé sur les motifs de l'indifférence et du ton hautain que la Tsarine marqua à sa belle-fille au moment de la naissance du « colosso » Nicolas.

Il a été dit souvent que Catherine s'efforça d'empêcher son fils Paul de lui succéder sur le trône de Russie. Elle eût voulu le voir renoncer à ses droits à la couronne au profit de son fils aîné Alexandre. Ce fait ne peut plus être contesté. Nous savions que, pour arriver à ce but, la grande souveraine n'avait pas craint d'user de moyens détournés; elle avait eu, notamment, avec La Harpe un entretien significatif, mais le courageux précepteur du grand-duc Alexandre n'avait pas voulu prêter l'oreille à des insinuations peu déguisées; nous en connaissions assez de ces démarches pour être fixés sur l'origine et le but de ce complot avorté. Mais après l'aveu de Marie-Féodorovna elle-même, rapporté par sa fille, le doute n'est plus permis. Catherine mit réellement en mouvement les forces dont elle disposait pour que son fils Paul se désistât en faveur du grand-duc Alexandre. Et ses efforts restèrent vains.

Il est un côté curieux à cet incident : lors de la mort de la Tsarine, le grand-duc Paul retrouva le papier que sa femme avait refusé de signer, et il se montra froissé que celle-ci eût été consultée sur un acte de cette nature sans lui en avoir fait l'aveu. Au lieu de lui être reconnaissant de la résistance qu'elle avait montrée en des circonstances aussi difficiles, au lieu de la féliciter d'avoir dédaigné et si bien repoussé une pareille attaque, il lui en marqua rigueur ; la grande-duchesse Anne en fait l'aveu : « L'impression de cette découverte fut si fâcheuse, qu'elle influa sur les rapports de mes parents et prépara bien des épreuves à maman. » Ce nuage est d'autant plus caractéristique que l'impératrice Marie-Féodorovna et l'empereur Paul, malgré les liaisons plus ou moins platoniques de celui-ci avec Mlle de Nélidoff, donnèrent un bel et noble exemple de vertus domestiques ; du moins, si on compare leur union à celles dont la cour de Russie offrait à cette époque le singulier spectacle !

II

L'enfance

I

Les premières années du « colosso » Nicolas
furent assez insignifiantes.

Parmi les personnes qui exercèrent quelque
influence sur la formation de son caractère, il convient de citer la princesse de Lieven et surtout la
bonne anglaise Jane Lyon.

La princesse de Lieven occupa auprès des plus
jeunes enfants de Paul Ier une place semblable à
celle de Mme de Benckendorff auprès des grands-
ducs Alexandre et Constantin et de la grande-
duchesse Alexandrine. Elle avait été proposée à
Catherine II par le général comte Braun, gouverneur de Riga, et elle était veuve d'un général qui
avait servi avec distinction dans l'artillerie. Son air
franc et modeste plut à la souveraine, qui la plaça
auprès des plus jeunes de ses petits-enfants. Si
nous en croyons la grande-duchesse Marie Pav-
lowna, Mme de Lieven n'avait qu'une instruction
littéraire insuffisante, mais elle possédait « un esprit
vif et pénétrant, ainsi qu'un jugement sain et une
sagacité naturelle ». Il faut croire qu'elle ne manquait pas de tact ni d'habileté, car elle manœuvra
de manière à satisfaire à la fois l'Impératrice et ses

enfants. La grande-duchesse Marie nous apprend qu'elle parlait l'allemand « comme on le parle ordinairement en Livonie », médiocrement le russe, et imparfaitement le français, avec lequel, cependant, elle parvint à se familiariser. « Ses soins pour nous, ne craint pas de dire la grande-duchesse, ont été constants, et nous lui étions très attachées. » L'opinion de la grande-duchesse Anne est empreinte de moins d'indulgence : « Elle ne parlait bien aucune langue, ce qui ne l'empêchait pas de gronder beaucoup. Cependant elle n'était pas en état de corriger ni une faute de langage, ni une faute d'orthographe. »

Jane Lyon était la fille d'un des nombreux artistes décorateurs que Catherine avait attirés en Russie. Cette Anglaise, qui épousa plus tard un Russe de distinction, M. Vetcheslof, avait été témoin, toute jeune, d'horribles scènes de révolte à Varsovie, où elle avait montré un rare sang-froid. Le caractère de miss Lyon était hardi, décidé, droit. Très emportée, elle était à la fois bonne et généreuse. En maintes circonstances elle fit preuve d'initiative et de décision : lors d'une maladie de Nicolas, elle ne craignit pas d'aller contre les ordres de la comtesse Lieven, des médecins et de l'Impératrice elle-même, se laissant guider par son instinct ainsi que par son dévouement. Et la guérison du grand-duc prouva qu'elle avait eu raison. Son attachement à son auguste pupille allait jusqu'au fanatisme, et ne se démentit jamais. Elle était fière d'avoir appris au grand-duc à faire les prières et le signe de la croix. Cet attachement, d'ailleurs, fut toujours réciproque. Nicolas, qui ne dédaignait pas le calembour, aimait à répéter qu'il avait été élevé par une bonne *lionne*. Aussi, retrouve-t-on dans Nicolas quelques-uns des traits du caractère de cette première institutrice. Quand il fut devenu empereur, Nicolas continua à s'entretenir parfois avec elle, et il disait volontiers qu'il avait hérité d'elle sa haine contre les Polonais.

Telles furent les deux personnes qui approchèrent le plus Nicolas pendant les premières années de son enfance.

Dès sa naissance, Catherine II se l'était fait apporter chaque jour, comme elle l'avait fait pour ses autres petits-enfants. Mais on sait que le décès de la Tsarine arriva six mois après. A partir de leur avènement au trône, l'empereur Paul et l'impératrice Marie-Féodorovna ne purent pas s'occuper de leurs enfants avec autant de sollicitude et d'activité que par le passé. Ils durent s'en rapporter davantage à leur entourage, et en ce qui concerne le « colosso » Nicolas, ils se fièrent surtout à la comtesse de Lieven et à miss Lyon.

C'est le 7 novembre 1796 que Nicolas Pavlowitch fut nommé chef du régiment de la Garde à cheval, dont le 1er bataillon reçut son nom. Dès qu'il commença à marcher, il porta la couleur rouge de son régiment. A quatre ans, il endossait l'uniforme et était déjà ganté à l'ordonnance ; quelques années après, il céda le régiment des gardes à cheval à son frère aîné Constantin, et passa au régiment des gardes Ismaïlowski, dont il s'empressa de prendre l'uniforme. Il était encore au berceau quand l'Empereur lui passa au cou le ruban de Saint-André.

L'enfant n'avait que seize mois quand on songea pour lui aux devoirs de la représentation. Il n'avait pas plus de deux ans qu'il assistait déjà à certains bals, réceptions et soirées théâtrales qui se succédaient à Gatchina, résidence favorite du tsar Paul et de Marie-Féodorovna. A cet égard, l'Empereur et l'Impératrice n'avaient fait que suivre les usages de la cour et les habitudes de Catherine II. La grande souveraine, dans les dernières années de sa vie, n'avait pas de plus grande joie que d'assister aux jeux de ses petits-enfants, et aussi à leurs chants ou à leurs danses. Elle aimait à entendre chanter les grandes-duchesses Alexandrine, Hélène et Élisabeth, qui se faisaient accompagner sur le clavecin par leur sœur, la grande-duchesse Marie. Or, celle-ci n'avait pas neuf ans, et sa sœur Élisabeth était plus jeune encore. Il arrivait souvent aussi que Catherine fît exécuter à ses petites-filles, vêtues de costumes nationaux, des danses russes, et les enfants y mettaient tant d'ardeur et de grâce que la Tsarine finissait par les embrasser à la ronde. Après la mort de Catherine II, ces habitudes furent continuées, et la grande-duchesse Anne, ainsi que les grands-ducs Nicolas et Michel, vinrent bientôt ajouter leurs jeux à ceux de leurs frères et sœurs aînés. Ces danses et ces devoirs de représentation n'empêchaient pas le jeune Nicolas de se livrer aux espiègleries de son âge; celles-ci furent innombrables. Un jour, par exemple, en compagnie de sa sœur Anne, il remplissait de biscuits les gibernes des sentinelles de Paulowsk.

Marie-Féodorovna, qui, malgré le nombre de ses enfants, était dans le plein épanouissement de sa beauté, se laissait absorber par les obligations de sa charge d'impératrice, et surtout par les fêtes auxquelles elle était tenue de présider. Quelques années plus tard, quand elle sera veuve et impératrice-mère, elle comprendra mieux les douceurs de la maternité, et s'appliquera à développer avec la plus grande sollicitude l'intelligence et le cœur de ses enfants. Mais, tandis qu'elle est sur le trône, elle ne se départit pas du sérieux de son rôle, et elle exige de son entourage que ses enfants se plient aux règles d'une étiquette qu'elle suit elle-même avec une scrupuleuse rigueur.

L'Empereur, malgré ses occupations, trouvait parfois le temps de regarder les jeux de ses enfants. Ce sont les plus jeunes, Nicolas, Michel et Anne, qu'il faisait venir le plus volontiers chez lui; ils jouaient dans sa chambre pendant qu'on le coiffait, seul moment de loisir qu'il eût. La grande-duchesse Anne, qui rapporte ce fait, ajoute : « Il était tendre et si bon avec nous, que nous aimions aller chez lui. Il disait qu'on l'avait éloigné de ses enfants aînés, en les lui enlevant dès qu'ils étaient nés, mais qu'il

voulait s'entourer des cadets pour les connaître. »
Et de fait, l'empereur Paul s'efforça de se les attacher ; ainsi, parfois il leur donnait des cadeaux.
Nicolas reçut une fois deux livres français ornés
d'estampes ; une autre fois il reçut un beau chien.
Le jeune grand-duc reçut également une montre
en or, et aussi un harmonica, qui lui fut donné en
récompense du courage qu'il avait montré pendant
l'inoculation de la petite vérole.

Mais le grand-duc Nicolas n'avait que cinq ans
quand il perdit son père. Avec les autres membres
de la famille, l'enfant assista aux obsèques de l'Empereur et au couronnement d'Alexandre Ier. Trop
jeune pour que ces cérémonies pussent influer sur
le développement de son caractère, il en garda du
moins pieusement le souvenir.

II

C'est en 1802 que des gouverneurs et des précepteurs furent donnés au jeune Nicolas. Le rôle des
gouvernantes et des bonnes prit donc fin à l'âge de
six ans. Le jeune grand-duc ne cessa pas pour cela
de voir sa *niania* ; c'est elle qu'il préféra toujours à
ses autres éducateurs ; et devenu empereur il ne
cessa jamais de lui marquer affection et reconnaissance. Il avait six ans, quand, un jour, inquiet de
n'avoir pas vu sa bonne, il fut pris d'une crise de
larmes ; et le lendemain il lui griffonnait quelques

mots. Quelque temps après, à la suite d'une absence qu'elle avait faite, il se jeta si bien dans les bras de sa *niania,* que son gouverneur lui fit observer qu'il devait désormais se défaire de ces habitudes d'enfant. Quand miss Lyon se maria, Nicolas lui fit présent de son portrait dans un médaillon enrichi de diamants. Plus tard Mᵐᵉ Vetcheslof se fit faire un portrait à l'huile portant au cou ce médaillon, et elle fit cadeau du portrait à une des filles de Nicolas, la grande-duchesse Alexandra.

L'empereur Paul n'avait pas eu la main heureuse dans le choix du gouverneur qu'il avait donné à son fils. Un matin il avait fait mander le général Lamsdorff, qui était placé auprès du grand-duc Constantin, et l'avait informé qu'il le chargeait de l'éducation de ses fils cadets, les grands-ducs Nicolas et Michel. Le général Lamsdorff, surpris, répondit à l'Empereur qu'il se sentait incapable de bien remplir une mission aussi délicate. Le général était-il sincère et se rendait-il réellement compte de sa valeur? Toujours est-il que l'Empereur insista, faisant valoir l'intérêt de l'Empire. Naturellement, le général s'inclina et accepta de remplir sa nouvelle charge. Ni les grands-ducs, ni la Russie n'eurent à se féliciter de ce choix.

Le général Lamsdorff ne sut tirer aucun parti des grands-ducs Nicolas et Michel ; il ne comprit rien au caractère de Nicolas et, par des maladresses comme par sa brutalité, ne réussit qu'à buter et à s'aliéner un jeune cœur qui aurait pu être conquis

par la douceur et par la persuasion en même temps
que par la fermeté.

On s'est demandé ce qui avait amené l'empereur
Paul à croire aux capacités pédagogiques du général Lamsdorff. Est-ce par suite de sa parenté avec
le précepteur La Harpe? La grande-duchesse Marie-
Paulowna s'élève contre ce dire. Le général Lamsdorff, placé auprès des grands-ducs Alexandre et
Constantin, s'était acquitté de ses fonctions à la
satisfaction de l'Empereur et de l'Impératrice, et
leur avait inspiré confiance; il ne faut pas voir, sans
doute, d'autre motif au choix du Tsar.

La grande-duchesse Marie raconte que le général
Lamsdorff marqua à son frère Nicolas une « humeur
désagréable et souvent injuste », mais qu'il était,
néanmoins, un « homme droit et respectable ».
Sans vouloir mettre en doute la droiture et la res-
pectabilité du général Lamsdorff, il n'est pas inutile
de noter ce détail piquant sur ses mœurs privées :
en 1802, miss Lyon, qui avait vingt-six ans et qui
jouissait d'une parfaite réputation, était dans tout
l'éclat de sa beauté; le général approchait déjà de
la soixantaine, mais se croyait encore des charmes
et aspirait à jouer au jeune homme; il poursuivait
de ses assiduités miss Lyon; celle-ci, en Anglaise
puritaine, non seulement résista à ces poursuites et
ne prêta pas le flanc à ces avances, mais ne cacha
pas son déplaisir. Le général Lamsdorff, éconduit,
se vengea sur miss Lyon par toutes sortes de mes-
quineries. Il y eut même plus d'une fois des scènes

vives et bruyantes dans les appartements du grand-
duc Nicolas ; la chambre de l'enfant fut le théâtre
de querelles où l'honnêteté de la jeune Anglaise eut
à subir les assauts du vieux satyre.

Si le général Lamsdorff manquait des qualités
morales au contact desquelles il est précieux de
réchauffer l'âme des enfants, il ne possédait pas
davantage les connaissances nécessaires pour former le cœur et l'esprit. Il n'eut aucun souci de
mettre en relief et de développer les aptitudes des
grands-ducs confiés à ses soins ; il ne chercha qu'à
les façonner à ses goûts, d'après ses idées préconçues, et à contrarier leurs penchants heureux. C'est
ainsi qu'il s'amusait à épier leurs paroles, leurs
moindres gestes et leurs actes avec un soin méticu-
leux, et dans sa bouche, réprimandes, admonesta-
tions et menaces se succédaient sans arrêt. Et il ne
s'en tenait pas toujours aux menaces. L'usage des
rozghi (des verges) était en grand honneur en Russie, et le général Lamsdorff ne s'en priva pas. C'est
Nicolas qui souffrit le plus de ces réprimandes, de
ces châtiments ; il était, certes, d'un caractère entier et emporté, mais la douceur et les sentiments
avaient prise sur lui ; au lieu de recourir à la douceur, le général ne sut employer que les châtiments.
Et ce n'est pas seulement des coups de règle sur
les doigts qu'il lui donnait ! Un jour, le brave général frappa l'enfant avec la crosse de son fusil ; un
autre jour, dans un accès de fureur, il le frappa en
pleine poitrine, et le précipita si violemment contre

le mur, que le petit perdit presque connaissance. Aussi le jeune grand-duc, une fois, se sentant fautif, s'échappa-t-il et se réfugia chez sa *niania,* demandant à être immédiatement fustigé, dans la crainte de recevoir du général Lamsdorff un châtiment plus rigoureux. De tels procédés n'engendrèrent évidemment dans l'âme de l'enfant que méfiance à l'endroit de son professeur, et le désir de s'en garer. La grande-duchesse Anne atteste n'avoir jamais vu le général se livrer à des châtiments de ce genre ; cette attestation part d'une bonne âme ; il se peut, d'ailleurs, que la grande-duchesse Anne, qui n'assistait pas à tous les jeux de ses frères, n'ait jamais vu de pareilles scènes ; mais elles sont rapportées à profusion dans les rapports quotidiens des chevaliers de service ; et il est probable que l'Impératrice, qui avait des idées très nettes et très arrêtées sur les systèmes d'éducation, jugea que ces mesures de répression étaient justifiées et nécessaires. Aussi personne ne s'aperçut qu'on faisait fausse route.

Les collaborateurs du général Lamsdorff valaient mieux que lui. Le général Akhverdof et les colonels Arsenief et Ouchakof connaissaient plusieurs langues et avaient sur l'éducation des vues assez différentes de celles du général Lamsdorff. Dans la mesure de leur influence, ils s'appliquèrent à former le caractère des jeunes grands-ducs et à leur inculquer l'esprit d'obéissance autrement que par la peur ; aussi les enfants se plaisaient-ils à accueillir le colonel Ouchakof, par exemple, par des exclamations joyeuses, et gardèrent-ils de lui un souvenir reconnaissant.

Les rapports de ces précepteurs nous montrent le jeune Nicolas bon et exempt de toute rancune. L'un, cependant, du 14 juin 1808 — le garçon avait donc douze ans — dit ceci : « Le seul reproche qu'on puisse faire au grand-duc Nicolas, c'est de ne pas avoir été assez ouvert, de ne pas avoir eu assez de franchise. » Malgré tout, on sait que l'empereur Nicolas ne garda pas le souvenir des mauvais traitements du général Lamsdorff ; il se vengea de son ancien gouverneur en le comblant de récompenses.

Mais, si le choix du général Lamsdorff n'avait pas été heureux, celui des professeurs civils ne le fut pas davantage. Certes, quelques-uns étaient de vrais savants ; mais il ne suffit pas de savoir beaucoup pour être un bon professeur ; il importe surtout de mettre la science à la portée des enfants : rendre les leçons intéressantes est le meilleur moyen de combattre la paresse des écoliers. C'est ce que ne firent jamais les professeurs des grands-ducs Nicolas et Michel. Aucun n'eut le don de s'attacher ses élèves. Ils ne surent même pas leur inculquer le respect de la science, ni leur faire saisir son rôle civilisateur. Le grand-duc Nicolas se moquait des « conférences somnifères de ses maîtres », et c'est lui qui, plus tard, dira au secrétaire d'État, baron Korff : « Nous sommeillions à ces leçons ou bien nous dessinions des bêtises, faisant parfois les caricatures de nos professeurs pendant qu'ils nous lisaient d'un ton monotone leurs vues sur le droit romain ou sur l'économie politique. Et au moment des examens nous apprenions par cœur et sans discernement aucun les pages qui nous étaient imposées ; aussi nous ne nous préoccupions nullement de l'utilité des précieuses connaissances qui nous étaient données. »

Comme on voit, il eût fallu de la perspicacité et du tact pour discerner les points faibles du caractère du grand-duc, et pour tirer parti de cette nature néanmoins bien douée sous certains rapports. Aucun des maîtres qui approchèrent Nicolas ne sut s'y prendre. Aussi est-il permis de dire qu'il se forma surtout lui-même, laissant courir ses goûts et ses instincts. Ceux-ci le poussaient vers les choses militaires ; c'est au militarisme qu'il se livra, et il lui resta fidèle.

Il convient, néanmoins, de relever ce que furent ses études, si incomplètes, et aussi ses jeux. Nous y apprendrons ce que pouvaient être, il y a un siècle, les amusements d'un grand-duc de Russie, et comment on entendait le préparer au gouvernement de l'empire. Il a été dit plus haut comment Catherine II, consciente du rôle de souverain, avait formé le rêve de donner d'Alembert comme éducateur à son fils ; après avoir affiché ce désir avec éclat, elle s'en était tenue à lui donner des maîtres plus modestes : à l'école de Panin, cependant, le grand-duc Paul eût pu apprendre bien des choses sur l'art de conduire les grands États. D'ailleurs, les soins de Catherine ne s'étaient sérieusement portés que sur ses petits-fils préférés, Alexandre et Constantin; elle avait voulu pour eux une instruction soignée et une éducation virile; le Suisse La Harpe leur avait inculqué des principes qui ne furent pas toujours perdus. Les grands-ducs Nicolas et Michel ne furent pas aussi bien partagés que leurs frères aînés.

La base de l'instruction d'un grand-duc était l'étude de la langue française. C'est l'impératrice Marie-Féodorovna qui donna elle-même les premières leçons de français à son fils Nicolas, et elles durent commencer au mois d'octobre 1802. L'enfant avait six ans. Néanmoins, c'est le Français du Puget qui fut choisi pour lui enseigner les premiers éléments de notre langue, ainsi que l'histoire et la géographie universelle, pendant que le colonel Akhverdof lui enseignait l'histoire et la géographie de la Russie. Nicolas montra peu de goût pour ces études et, afin d'esquiver les leçons, il s'amusait à cacher les livres. Aussi, un an après, ne s'exprimait-il pas en français. Cependant, en 1804, à l'âge de huit ans, si nous en croyons son précepteur du Puget, l'enfant lisait couramment le français, l'écrivait facilement sous la dictée, et savait par cœur les idylles de Mᵐᵉ Deshoulières, des fables de Florian et des morceaux choisis de Mᵐᵉ de Genlis.

Le grand-duc ne montra pas davantage de dispositions, d'ailleurs, pour les autres langues. Adelung

lui enseigna l'allemand en même temps que le latin
et le grec ; mais il fut rebelle à ces études. Pour le
fortifier dans la langue allemande, on lui fit partager
les jeux de la fillette du duc Alexandre de Wurtemberg, mais les résultats de cet essai ne furent que
médiocres. Il se montra récalcitrant même pour le
russe, qui lui était enseigné tous les jours par les
chevaliers de service et par ceux qui l'approchaient.
Il fallait souvent le menacer de la baguette, et se
fâcher très fort pour obtenir le moindre travail.
Quand ses professeurs lui donnaient des composi-
tions à faire, il poussait des soupirs, se plaignant
que tout travail de tête fût pour lui la chose « la
plus difficile du monde ».

Les questions scientifiques n'eurent pas davantage le don d'attirer le jeune écolier. A l'âge de
huit ans, Nicolas commença à apprendre les ma-
thématiques ; mais il les apprit avec répugnance.
Par contre, il manifesta d'abord quelque intérêt à
l'étude de la physique ; mais cet attrait ne dura pas.
Nous savons également que le grand-duc ne montra pas le moindre penchant pour les études reli-
gieuses. Tout autre fut la grande-duchesse Anne ;
le père Krinitzki, confesseur de la famille impériale,
lui donnait deux fois par semaine une leçon d'instruction religieuse et, le dimanche, lui lisait quelques
prières ; aussi a-t-elle pu dire que c'est au père
Krinitzki qu'elle dut « les sentiments de foi et de
piété qui firent la force et la consolation » de sa
vie. Mais elle ne nous dit pas si le père Krinitzki

obtint le même succès auprès de ses frères Nicolas et Michel ; il est permis de conclure de ce silence que de ce côté les succès du confesseur furent peu appréciables.

Le grand-duc Nicolas ne manifesta pas non plus beaucoup de goût pour les arts d'agrément. Dès 1802, il prit des leçons de danse avec Lepic : Nicolas, Michel et leur sœur Anne apprirent notamment la gavotte et le menuet. Nicolas montra d'abord de la répulsion pour la danse ; puis, cependant, il se passionna pour elle, et en acquit assez vite les premiers éléments pour assister aux sauteries intimes qui avaient lieu chez l'Impératrice et même à certains bals de la cour. Ses répugnances pour la musique ne furent pas moins grandes. Pour sa grand'mère Catherine, la musique était du bruit et rien autre. De même, le jeune Nicolas ne voulut pas tout d'abord entendre parler de musique, et déclara n'aimer que le tambour. Un jour, cependant, il fut singulièrement impressionné d'entendre sa sœur aînée, la grande-duchesse Marie, jouer du piano ; et un autre jour il manifesta le désir d'apprendre le violon ; il est vrai que bientôt après il rejeta l'instrument. On sait que plus tard, à l'âge d'homme, Nicolas prit goût à la musique et y montra même des aptitudes. De 1830 à 1840, aux soirées musicales que donnait l'impératrice Alexandra-Féodorovna et auxquelles elle prenait part, ainsi que les grandes-duchesses, le comte Vielkovsky tenait le piano et l'empereur Nicolas jouait du cornet à piston.

Par contre, dès l'âge le plus tendre, Nicolas adora le chant, mais ses prédilections furent toujours pour le chant d'église ; il connaissait par cœur toutes les messes et, même durant son règne, il se plaisait à chanter avec les chantres de la chapelle impériale.

Il est permis de dire, cependant, que Nicolas enfant marqua des préférences certaines pour le dessin ; le dessin fut son occupation favorite. Malgré son goût pour les jeux bruyants, il passait parfois des heures entières à colorier des dessins quelconques dont il faisait présent à sa mère, ou à Mme d'Adlerberg, ou à sa chère *niania*.

On peut dire, en résumé, que durant sa première enfance le jeune grand-duc Nicolas n'eut pas le goût du travail ; il ne montra aucune aptitude spéciale ni aucune curiosité d'esprit.

Pour les jeux bruyants, au contraire, les grands-ducs Nicolas et Michel marquèrent toujours de réelles dispositions.

Dès le lever, entre 7 et 8 heures, après une toilette faite sans hâte, le jeune Nicolas prenait le thé, et aussitôt les jeux commençaient entre les deux frères. Les jeux militaires eurent toujours leurs préférences. Si le temps ne permettait pas aux enfants de transporter dans les cours leurs soldats de plomb, ils les étalaient sur les tables de leurs appartements et là se livraient à toutes sortes de jeux. Mais durant les beaux jours ils préféraient faire manœuvrer leurs soldats dans les jardins, où

ils construisaient, à leur manière, des forteresses
et des redoutes. Le colonel Akhverdof leur montrait
déjà sommairement l'art de l'attaque et de la défense, et le vacarme auquel ils se complaisaient était
tel, que souvent il leur ordonnait de recouvrir leurs
tambours de mouchoirs afin d'en amortir le bruit.

Malgré ces dispositions tapageuses, le petit Nicolas fut plutôt poltron dans les premières années
de son enfance. Lorsqu'il dut tirer pour la première
fois, il prit peur, fondit en larmes et s'enfuit ; et
lorsque les troupes se livraient devant lui à des
exercices de tir, il fermait les yeux et se bouchait
les oreilles. De même, pendant un certain temps,
il eut peur des orages et des feux d'artifice. Mais
bientôt la réaction se produisit ; à partir de ce jour,
il fut pris d'une belle passion pour les armes à feu
comme pour tous les exercices militaires.

Parmi les compagnons de jeux des grands-ducs
Nicolas et Michel, il convient de citer : le comte
Adlerberg, qui devint général aide de camp et, en
1857, ministre de la cour ; le prince Adam de Wurtemberg ; les deux frères Zavadovski ; les comtes
Apraxine et les deux frères Ouchakof. Ce furent les
plus assidus et les plus recherchés. Les grands-
ducs adoraient de se livrer aux jeux du soldat, et
Nicolas se fâchait si son cadet démolissait les bas-
tions qu'il avait péniblement édifiés. Mais ils aimaient surtout à folâtrer avec leur jeune sœur, la
grande-duchesse Anne ; avec elle les jeux ne per-
daient pas toujours leur caractère soldatesque. La

grande-duchesse nous dit elle-même : « J'aimais à me mêler aux jeux militaires de mes frères, fusil sur l'épaule. » Un divertissement particulièrement attrayant était de simuler les fêtes du couronnement : les trois enfants avaient été frappés des fêtes du couronnement d'Alexandre Ier, et ils cherchaient dans leurs jeux à les faire revivre. La grande-duchesse Anne représentait l'Impératrice ; le jeune Nicolas faisait toujours l'Empereur. Avec des chaises et une masse d'autres meubles, les garçons édifiaient un carrosse dans lequel montait l'Impératrice, et ils cavalcadaient sur des coursiers imaginaires aux côtés de cet équipage improvisé. Pour donner à ce divertissement l'illusion de la vérité, ils se revêtaient de tous les morceaux d'étoffes qu'ils pouvaient trouver dans leurs appartements ; de plus, ils s'emparaient des morceaux de verre qui étaient suspendus par des fils aux lustres du palais ; avec de la bonne volonté, le reflet des verres donnait l'illusion des diamants de la couronne.

Pendant l'été, les grands-ducs s'amusaient dans les jardins où ils traînaient des charrettes remplies de terreau ; ils plantaient des fleurs et même des choux. Ils exécutaient aussi des travaux de menuiserie, jouaient au volant et tiraient de l'arc.

Parmi les jeux moins bruyants, il convient de citer les échecs, le boston et le loto. Aux échecs, il était dans les habitudes de Nicolas — ceci dépeint son tempérament — de prendre toujours l'offensive ; son frère Michel restait sur la défensive, cherchant à ruser pour déjouer les attaques. Mais Nicolas n'aimait pas à perdre ; quand cela lui arrivait, il éclatait en violences : au boston, d'un mouvement de colère, il déchirait les cartes.

Il va sans dire que tous ces jeux se terminaient souvent par des disputes, par des querelles et par des coups.

Ceci nous amène à faire ressortir les différences de caractère des deux grands-ducs. Leurs querelles nous les montrent tels qu'ils étaient : Nicolas, plus emporté et plus violent ; Michel, plus fin et plus rusé. Nicolas, en effet, n'aimait pas à être contrarié ; il ne se pliait jamais aux caprices de ses compagnons de jeu ; par contre, il exigeait qu'on se pliât aux siens ; et si ses camarades résistaient, il les traitait de *dourak* (sot), son frère comme les autres, ou leur lançait telles autres aménités du même genre. Il lui arrivait même de frapper de sa canne soit son frère, soit ses autres compagnons qui osaient le contrarier. Parfois il s'oubliait jusqu'à cracher à la figure de sa sœur. La grande-duchesse Anne, dont nous connaissons la grande indulgence, dément ce procédé ; mais il n'en est pas moins certifié par les rapports des précepteurs et des officiers de service ; nous devons donc l'accepter comme authentique, car les chevaliers de service ne se fussent pas permis de porter une telle accusation si le fait ne s'était pas produit. D'ailleurs, Nicolas aimait les jeux bruyants et violents ; il aimait à faire des contorsions et des grimaces, et son humeur était si peu sociable, qu'il préférait bouder et se tenir à l'écart quand les jeux ne lui plaisaient pas.

Ces querelles, il est vrai, étaient généralement de courte durée. S'il y avait lieu, on séparait les combattants, et le coupable était puni. Le coupable était le plus souvent Nicolas, et les punitions étaient variées : on mettait le coupable dans un coin ou à genoux ; on le renvoyait pour le restant de la journée dans sa chambre, où il prenait seul ses repas ; une fois, Nicolas fut obligé de comparaître devant un ambassadeur avec le *petit sabre* de son plus jeune frère, et l'enfant se sentit profondément humilié.

Mais ce n'est pas seulement dans ses jeux que Nicolas se montrait querelleur et violent. Il l'était aussi avec ses maîtres, discutant avec eux sur l'orthographe de certains mots russes, ou sur la tenue qu'il devait avoir pendant les leçons ; et il parlait sur un ton si tranchant et avec un tel accent d'autorité, que ses maîtres étaient pris parfois d'un doute sur son esprit de discernement. En 1805, un de ses maîtres dira : « Le grand-duc Nicolas est curieux, attentif à ce qu'on lui raconte, avide de savoir ; mais dès qu'il doit travailler lui-même, son application n'est que de peu de durée et finit par dégénérer en distraction. » En 1807, un autre émettra cet avis : « Ses leçons, surtout celles qui demandent de la réflexion, ne sont pour la plupart que médiocres. » Avec cela, l'enfant prenait en toutes circonstances, à table et avec ceux de sa suite, un « ton tranchant » et parfois même grossier, que ses maîtres étaient souvent obligés de relever. L'un écrira : « Avec ses gens il est extrêmement porté à brusquer son monde. » Un de ses professeurs notera qu'il prend volontiers, quand il se croit sûr de lui-même, un ton de suffisance rare, et qu'il se croit tout permis. Voici encore un défaut de caractère qu'un autre de ses maîtres est obligé de relever : « Un défaut auquel il tient beaucoup, c'est de ne vouloir jamais avouer ses fautes que lorsqu'il y est pour ainsi dire amené de force. »

Il faut voir là un esprit de domination qui n'était guère fait pour rendre le jeune prince sympathique.

Malgré tout, les deux frères avaient des qualités sérieuses, et ils nourrissaient l'un pour l'autre une affection réciproque qui n'était pas feinte. « Ils sont francs, sensibles et ils s'aiment », dira un des rapports faits à l'Impératrice. Quand l'un des deux était puni, l'autre manifestait de l'affliction et ne prenait plus plaisir à jouer sans son frère. Lorsque l'un des deux était souffrant, l'autre lui tenait compagnie et restait des heures entières dans la chambre du malade. De même, lorsque quelque chose était interdit à l'un d'eux, l'autre y renonçait volontairement ; quand les glaces et le caviar furent interdits à Michel, Nicolas ne voulut plus en prendre. Un jour, le grand-duc Nicolas, en polissonnant à Paulowsk, sauta par une fenêtre du premier étage ;

l'enfant ne se fit aucun mal. Mais le colonel Akhverdof lui fit des reproches mérités, et lui dit que
l'Impératrice aurait pu mourir de frayeur. L'enfant,
impressionné, montra un vif repentir et s'écria :
« Je donnerai plutôt ma vie que d'exposer celle de
maman. » Le mot est d'une authenticité que nous
ne rechercherons pas ; il n'est pas de souverain, en
effet, auquel il n'en ait été attribué, et à cet égard
il n'est pas défendu de se montrer quelque peu
sceptique. Mais il est permis de croire, néanmoins,
qu'à côté d'un caractère violent, emporté et autoritaire, ou, si l'on préfère, d'une volonté ferme, le
grand-duc Nicolas avait un cœur aimant, sensible
et même enthousiaste : un jour, à Gatchina, on lui
fit voir des chaises sur lesquelles se trouvait le
chiffre de Pierre le Grand ; aussitôt il s'approcha
de l'une d'elles et baisa le chiffre de son illustre
aïeul.

Avec cela, les deux grands-ducs s'aimaient tendrement. Nicolas avait conscience de la supériorité
de son frère cadet du côté de l'esprit ; néanmoins,
malgré son air gauche, il savait se donner un air
d'autorité qui imposait à son frère, mieux doué
que lui. Michel était moqueur, mais Nicolas ne lui
eût jamais permis le moindre quolibet. Nicolas, du
reste, perdit assez vite cet air gauche et embarrassé,
cette timidité cachée sous sa violence et ses brusqueries ; à l'âge de douze ans, en 1808, il reçut
l'ambassadeur d'Espagne et sa suite « avec une
aisance et une décence admirables ».

Voilà, dira-t-on, un assez triste assemblage de qualités et de défauts qui ne sont pas à souhaiter chez un conducteur de peuples. Il n'est que trop vrai. Du reste, Nicolas, s'il fut un souverain qui voulut la Russie grande et prospère et qui de quelque manière réussit dans son rêve, eut des défaillances de caractère ; et l'on sait que ce n'est pas par la douceur ni par les sentiments du cœur qu'il mérite le plus la louange. A côté d'un réel désir d'adoucir les charges et les souffrances de son peuple, en maintes circonstances il poussa les rigueurs à l'extrême, et son règne a laissé le souvenir d'une époque dure et terrible. Certes, les fâcheux penchants de l'enfant ne pouvaient pas faire prévoir les fautes et les duretés de l'homme mûr et du souverain : mais il semble que certains côtés de l'homme se trouvent en germe dans la nature violente et emportée de l'enfant. L'un explique l'autre.

III

La jeunesse

Mais quel est l'enfant de douze ans dont la conduite et les études permettent de tirer autre chose que des pronostics hasardés? C'est entre douze et vingt ans que l'esprit s'aiguise, que le caractère s'affirme, et c'est sur les adolescents de cet âge que l'éducation et l'instruction peuvent exercer leur salutaire influence. Après avoir noté les jeux et les premiers travaux de Nicolas enfant, après avoir marqué les traits principaux de son enfance, il importe donc d'indiquer ce que fut sa vie de jeune homme. Outre les études destinées à compléter son savoir, nous relèverons les voyages que fit le grand-duc Nicolas et qui élargirent ses connaissances en le préparant au rôle que la destinée lui réservait. Il y a lieu, dès lors, de le suivre jusqu'à sa majorité, c'est-à-dire jusqu'à son mariage. On sait, en effet, qu'en 1817, peu de jours après sa majorité civile, il épousa la princesse Charlotte, qui devint la grande-duchesse Alexandra-Féodorovna. A partir de ce moment, le grand-duc Nicolas fut appelé à prendre quelque part aux affaires de l'empire, et sa vie subit nécessairement une complète transformation. Ce sont donc les dernières années de sa vie de célibat qu'il nous reste à envisager.

On sait que l'impératrice Marie-Féodorovna, devenue impératrice-mère, dirigea l'éducation de ses plus jeunes enfants avec un zèle et une compétence rares : l'empereur Alexandre Iᵉʳ lui laissa ce soin, et elle se confina admirablement dans ce rôle maternel. En 1809, elle jugea qu'il était temps de soustraire son fils Nicolas à une préoccupation par trop excessive des choses militaires, et que le moment était venu de songer surtout à son développement moral. Elle le sépara de la plupart de ses camarades de jeux et le mit entre les mains de quelques nouveaux professeurs, chargés d'accroître ses connaissances, d'orner son esprit et de corriger ou de former son caractère. Elle songea même à envoyer ses deux fils Nicolas et Michel à l'université de Leipzig, en un milieu intellectuel où ils rencontreraient un précieux frottement égalitaire, et afin de s'y perfectionner dans toutes les branches de la science. L'empereur Alexandre Iᵉʳ s'opposa à cette idée. Et c'est pour éviter ce séjour dans une université étrangère que le Tsar conçut le projet de fonder à Tsarskoié-Selo un lycée où ses jeunes frères pourraient terminer leurs études côte à côte avec les jeunes gens des plus grandes familles de l'aristocratie russe, c'est-à-dire avec les jeunes gens désignés pour occuper un jour les plus hautes charges de l'État.

Ce lycée fut ouvert le 19 octobre 1811 ; mais les grands-ducs Nicolas et Michel n'y furent pas placés, soit que l'Empereur ne fût pas décidément parti-

san de ce système de coéducation, soit à cause des
préoccupations de guerre auxquelles tout était subor-
donné. La Russie, en effet, menacée par les conquêtes de Napoléon, sentait la nécessité de se préparer à une lutte ; le désaccord qui avait succédé
à l'alliance des deux empereurs allait s'élargissant
tous les jours. C'est sans doute à ces menaces de
guerre que les grands-ducs Nicolas et Michel durent
de ne pas entrer au lycée qui occupait un des corps
de bâtiment du palais de Tsarskoié-Selo.

A partir de 1809, le grand-duc Nicolas avait été
surtout poussé vers les études littéraires et scientifiques. Les leçons et conférences avaient été distri-
buées avec une profusion telle que l'écolier se trouvait presque dans l'impossibilité de songer à autre
chose qu'à son travail. Malgré cet effort, qui fut de
courte durée, l'Impératrice-mère ne réussit pas à
changer le cours des prédilections de son fils ;
celui-ci conserva ses préférences pour le militaire.
Les guerres qui dévastaient le continent et qui
allaient atteindre le pays slave ne pouvaient, il est
vrai, qu'affermir le jeune homme dans ses idées ;
aussi fut-il jugé nécessaire de lui donner des professeurs qui devaient lui expliquer l'art de la guerre
et tout ce qui y confine. Le général Oppermann,
aidé de plusieurs collaborateurs, dont le colonel
Markevitch, fut chargé de diriger ces études de tac-
tique et de stratégie. Le général Oppermann fit à
son auguste élève un cours sur les campagnes et
les idées stratégiques de Turenne, du grand Fré-

déric, du prince Eugène, de Souvorof et de Napoléon. Est-il besoin de dire que ces études techni-
ques convinrent infiniment plus au grand-duc que
la logique ou la morale ? Aussi, le professeur Storch,
qui avait mission de lui enseigner quelques notions
d'économie politique et de science sociale, se plai-
gnait-il du peu d'assiduité de son élève, ainsi que
du peu de progrès qu'il faisait. Il n'en était pas
de lui comme de sa sœur, la grande-duchesse Catherine, qui dès l'âge de quinze ans avait déjà saisi
et digéré quelques-uns des « théorèmes les plus
spéculatifs de l'économie politique ». La grande-
duchesse Anne reçut aussi des leçons du professeur
Storch, et elle rend hommage à son savoir comme
à son zèle empressé : « Ses leçons étaient attachan-
tes, et je lui dois le goût de l'instruction et de l'occupation, qui a rempli bien des heures de ma vie ;
ses rapports avec moi étaient fondés sur la confiance
et le libre-échange de la pensée. »

Le professeur Storch fit tous ses efforts pour
s'attirer également les sympathies et la confiance
du grand-duc Nicolas, d'autant qu'il n'ignorait pas
que l'Empereur et l'Impératrice-mère s'employaient
à soigner l'éducation de son auguste élève pour le
cas où il serait appelé à régner. Et cette hypothèse,
qui se réalisa, était toute naturelle, puisque c'est
au grand-duc Nicolas que la couronne devait revenir dans le cas où ses deux frères aînés mourraient
sans postérité. Mais tous ses efforts restèrent vains.
Le grand-duc n'hésitait pas à déclarer que les

leçons d'économie politique — elles ne commencèrent qu'en 1813, — l'ennuyaient profondément comme toutes les autres. Indolence et révolte, voilà ce qu'il opposait tour à tour à ses professeurs. Aussi, loin d'accroître ses connaissances, oublia-t-il rapidement le peu qu'il avait appris en latin, en grec, en mythologie, en cosmographie et en la plupart des autres sciences. Il n'est permis de faire exception que pour le dessin ; les dispositions qu'il avait montrées tout jeune persistèrent, et ses progrès furent assez rapides. Il existe encore à la Bibliothèque impériale quelques dessins du jeune écolier ; ils sont signés d'un paraphe qui signifie « Nicolas, troisième Romanof », c'est-à-dire troisième des fils de l'empereur Paul.

L'Impératrice-mère ne fut pas plus heureuse pour modifier les tendances du tempérament emporté et tenace de son fils ; elle ne réussit pas à vaincre la violence de caractère et l'entêtement qu'il avait montrés dès son enfance ; durant ses années de jeune homme, ces dispositions ne firent que s'accentuer. L'histoire, qui a pu enregistrer que ce furent là les... vertus dominantes de Nicolas empereur, peut enregistrer aujourd'hui qu'elles existaient déjà en Nicolas enfant et jeune homme. Les exemples abondent, bien que les plus significatifs soient ceux qu'on ait tenus cachés. Il suffit d'en rapporter quelques-uns. Un jour, en 1809, « à la leçon russe », Nicolas « se rendit répréhensible pour des propos inconsidérés lâchés par légèreté ». Il s'agissait d'un philosophe grec dont Akhverdof faisait ressortir une erreur. Nicolas s'écria : « Ah ! quel imbécile ! » Akhverdof ajoute : « Le grand-duc fut très sérieusement repris, et on lui fit sentir combien on se rendait ridicule de vouloir tout décider d'une manière aussi tranchante et peu modeste. » Mais, dirions-nous volontiers, cela n'est pas bien méchant ni concluant ; en effet, s'il n'y avait pas d'autres preuves des fâcheux penchants du grand-duc !

Nous serions tenté de traiter pareillement une autre observation qu'Akhverdof consigne avec un soin jaloux ; mais elle a du piquant et mérite d'être notée. Un jour, le général Lamsdorff réprimandait le grand-duc sur ses propos légers et inconséquents, sur les expressions plates et triviales qu'il recherchait ; lui insinuant qu'il pourrait être appelé à monter sur le trône de Russie, il lui faisait observer que son devoir était de se conduire dès maintenant en futur souverain et d'avoir en quelque sorte l'attitude digne d'un prince héritier ; le général Lamsdorff lui adressait ces remontrances d'une voix émue et convaincue, quand le grand-duc, se tournant vers son gouverneur, l'invita à regarder par la fenêtre ce qu'il lui montrait du doigt : c'était la fumée qui sortait d'un tuyau de cheminée. Nous serions tenté de rire de cet enfantillage, car il n'y a là qu'une malice d'écolier faisant un pied de nez à son professeur ; et il serait imprudent de tirer de ces puérilités des conséquences graves sur le caractère de leur auteur. Mais nous savons, par les rapports de tous ses professeurs, que le grand-duc Nicolas était porté non seulement à lancer de bons mots, — plus ou moins heureux, — mais encore à en rire à gorge déployée ; qu'il adorait d'interrompre tout le monde et d'imposer ses vues sur toute chose, qu'enfin il se faisait remarquer par son manque de tact, par ses excès de langage, et qu'il affectait de ne tenir aucun compte des observations qui lui étaient adressées. Un jour, Nicolas, impatienté des reproches de son gouverneur, lui répliqua sur un ton vibrant : « Cela ne vous plaît pas ? Tant pis ; je suis accoutumé d'agir ainsi. » Et le grand-duc, qui généralement s'excusait aussitôt de ses intempérances de langage et de ses fautes, ne s'excusa cette fois que le lendemain.

En résumé, de tous les rapports de ses maîtres et professeurs, il résulte que le grand-duc Nicolas possédait à un rare degré l'instinct du commandement. Le trait essentiel de son caractère était le vouloir. Et comme son âge ne lui permettait pas de distinguer entre les cas où il est bon de montrer de la fermeté et ceux où il convient de céder, sa fermeté, par excès de volonté, dégénérait facilement en opiniâtreté et en entêtement. A la fin de 1811, il lui fut donné ce sujet de composition : « Prouver que le service militaire est le seul service d'un gentilhomme, mais que les autres occupations sont pour lui tout aussi honorables et utiles. » Le grand-duc, qui n'admettait que le métier des armes, se refusa à faire cette composition. Caprice d'écolier, dira-t-on ; non, il y a surtout la ferme volonté de n'admettre que ses vues propres.

Mais l'éducation d'un jeune prince, élevé en vue du trône, ne comporte pas seulement cette instruction générale qu'un souverain doit posséder à l'égal au moins de ses sujets les plus éminents ; elle comporte aussi une éducation politique spéciale. Si le grand-duc Nicolas profita médiocrement des leçons de ses maîtres et n'emmagasina que peu de connaissances générales, par contre, son éducation politique ne laissa rien à désirer, et à cet égard il se laissa faire assez docilement. C'est que cette éducation spéciale — qui est en quelque sorte l'apprentissage du métier de roi — consistait surtout à acquérir des connaissances administratives. et militaires ; en ces dernières, le grand-duc marqua un zèle qui laissait entrevoir un empereur tout dévoué aux choses du militaire. Et c'est précisément ce qui se réalisa.

Les devoirs mondains d'un souverain sont d'une telle importance qu'il est nécessaire d'y préparer celui qui peut être appelé à régner. Nous avons dit que le grand-duc Nicolas assista dès son enfance à certaines soirées de gala comme aux fêtes plus intimes de la cour. Pour l'accoutumer à méditer sur le sérieux des fonctions impériales, il assista tout jeune aux audiences des ambassadeurs ; en avançant en âge, il y montra des attitudes et une allure, et s'acquitta de son rôle avec une aisance, une courtoisie et une bonne grâce, qui plus d'une fois lui attirèrent les sympathies et les éloges des ambassadeurs.

Les voyages entrent pour beaucoup dans l'apprentissage d'un futur souverain. Cela était déjà vrai au dix-huitième siècle. Le grand-duc Nicolas n'échappa pas à cette coutume. C'est à propos de ses voyages que nous voyons l'affectueuse et intelligente sollicitude dont l'entoura sa mère, Marie-Féodorovna.

En 1812, les grands-ducs Nicolas et Michel exprimèrent le désir de prendre part à la campagne et de participer à la défense de l'empire contre les armées de Napoléon. Le Tsar et l'Impératrice n'accédèrent pas à ce désir. Mais ils suivirent d'un œil attentif les péripéties de la campagne, et leurs âmes s'imprégnèrent d'une haine profonde contre le grand envahisseur qui vint se briser à Moscou. La grande-duchesse Anne, dont l'affection pour ses frères Nicolas et Michel se resserra, s'il est possible, pendant cette campagne de 1812, au milieu des dangers de la patrie, raconte ce fait menu mais piquant : comme Napoléon faisait son entrée à Moscou, Nicolas paria un rouble avec sa sœur qu'au 1er janvier de l'année suivante, il n'y aurait plus de soldats français en Russie. Nicolas gagna son pari, et la grande-duchesse nous dit que c'est avec une grande joie qu'elle lui remit un rouble le 1er janvier 1813 ; Nicolas cacha le rouble sous sa cravate en allant à la cathédrale pour le *Te Deum* qui eut lieu en l'honneur de la délivrance de la Russie.

Les grands-ducs reçurent cependant l'autorisation de prendre part à la campagne de 1814. Mais grâce à la lenteur voulue du voyage qu'ils firent sous la conduite du général Lamsdorff, ils arrivèrent en France quand les hostilités avaient déjà cessé.

C'était la première fois qu'ils quittaient la Russie, et qu'ils affrontaient à la fois les dangers de la guerre et le jugement de l'Europe. Il était donc naturel que l'Impératrice-mère leur adressât quelques conseils bien sentis. La lettre de Marie-Féodorovna à ses « chers fils Nicolas et Michel » mériterait d'être citée en entier, car, pensée avec un cœur noble et élevé, elle est écrite avec un style bien frappé. Pour les exhorter à persévérer dans le chemin du devoir et de la vertu qui les conduira à l'honneur et à la gloire, l'Impératrice invoque d'abord les regards de Dieu : « Continuez, mes chers enfants, à être religieux comme vous l'êtes ; ne négligez jamais vos prières soir et matin ; que Dieu soit toujours dans vos cœurs, et vous conserverez l'innocence et la vertu ; scrutez vos actions au tribunal de votre conscience, et soumettez-vous à ses jugements. » Mais la vie de jeune homme a ses heures de doute et d'hésitation comme ses moments de découragement et de défaillances. Pour les préserver de ces dangers, Marie-Féodorovna leur prodigue avec un soin jaloux les avis les plus sages. Et d'abord elle les engage à chercher conseil et direction auprès du général Lamsdorff, qui est pour eux « un second père » ; puis, avec une sûreté de jugement dont on ne saurait trop la féliciter, elle ajoute : « Vous devez me confesser vos petites erreurs, et si vous n'êtes pas contents de vous-même, car chez qui pourrez-vous trouver plus d'indulgence que chez votre mère, votre amie, et plus d'empressement à venir à votre secours pour vous remettre bien avec vous-mêmes? Puissent ces lignes vous servir de boussole, et lisez souvent cette lettre dictée par l'amour maternel le plus tendre ; c'est le cœur de maman qui parle aux vôtres, mes amis ; rendez-moi heureuse par votre bonne conduite et sous tous les rapports, et consolez-moi ainsi de votre absence qui m'enlève la plus heureuse et douce jouissance, celle de vous voir et de vous donner mes soins. »

Et d'un style empreint de la plus maternelle affection, cette Impératrice, qui, en effet, connut bien mieux les joies de ses nombreux enfants que les jouissances du trône, continue ses instructions sur la conduite que les jeunes voyageurs devront tenir à l'égard de l'Empereur qui, ne leur veut que du bien et les soutiendra de sa protection, mais qu'ils doivent entourer de leur respect et de leur confiance, sans être, cependant, importun avec lui. Et elle leur dicte aussi la conduite à tenir vis-à-vis de ceux qui sont placés autour d'eux, les petits comme les grands, qu'il importe de ne jamais traiter « avec légèreté, ni inconséquence et suffisance ». Et il faut l'écouter aussi quand elle leur dit ce qu'ils devront faire sur les champs de bataille : « Le danger ne doit ni ne peut vous étonner ; vous ne devez pas l'éviter, lorsque l'honneur et le devoir vous demandent de vous exposer ; mais, mes enfants, si le plus grand, le plus noble courage doit vous distinguer, dites-vous qu'il doit être réfléchi, et qu'il est bien différent de cette fanfaronnade de jeune homme qui joue avec son existence ; enfin, que je veux vous savoir braves, mais non téméraires. » Et, comme elle sait par où pèche son cher Nicolas, elle insiste pour qu'il évite d'être cassant, inconséquent, suffisant et paresseux. A ce propos, elle leur dit aussi : « Mettez vos moments de loisir à profit, pour les vouer à une étude journalière, à la lecture, à un vrai travail d'esprit ; il faut donner de l'aplomb au vôtre, il faut vous nourrir des beaux modèles que l'antiquité et l'histoire vous offrent, il faut meubler vos têtes de ces grands exemples et tâcher, en donnant de la fermeté à vos principes, de l'élévation à votre âme, de vous former un beau caractère moral et de marcher sur la trace des grands hommes. » Ce sont là des conseils magistralement exprimés. L'Impératrice-mère a raison de dire à ses enfants qu'une conduite qui se conformera à ces principes est la seule qui leur permettra de mériter l'estime de leur souverain, de leur patrie et de leurs contemporains.

Certains de ces avis furent entendus ; les jeunes gens n'eurent pas souci des autres. Mais il n'était pas inutile de mettre en relief ce noble appel d'une mère à ses enfants.

Les voyageurs, en partant pour la France, passèrent par Weimar et s'y arrêtèrent quelques jours chez leur sœur aînée, la grande-duchesse Marie. Celle-ci a raconté leur entrevue. Ils n'avaient pas vu leur sœur depuis plusieurs années ; aussi, sur le conseil de leur mère, arrivèrent-ils chez elle incognito, dans un costume de courrier, pensant qu'elle ne les reconnaîtrait pas. C'est Nicolas qui se présenta, et qui se présenta seul afin de ne pas éveiller les soupçons de sa sœur. Effectivement, la grande-duchesse ne le reconnut pas tout d'abord. « Cependant, écrit-elle, un examen plus attentif de la jeune figure, et l'aspect de ce nez grec si régulier et si beau qu'avait Nicolas, me le firent reconnaître avec une joie impossible à décrire : nous avons souvent depuis beaucoup ri de ce que c'était son nez qui avait amené notre reconnaissance. »

L'année suivante, en 1815, il fut décidé que les grands-ducs Nicolas et Michel iraient servir à l'armée avec le général Kanavnitzin, qui leur servirait de guide et de mentor. Le grand-duc Nicolas avait dix-neuf ans et son frère en avait dix-sept. A cette occasion, l'Impératrice-mère leur adressa de nouveaux conseils qui ne le cédaient aucunement en noblesse de sentiments à ceux de l'année précédente. Par leur étendue et par leur précision, les instructions de l'année précédente laissaient peu de chose à ajouter ; cependant, l'Impératrice-mère sut ne pas se répéter et, sur bien des points, sut renouveler le sujet. « Mes bons enfants, leur écrit-elle, demandez à l'Être suprême de porter sur le champ de bataille la confiance la plus intime dans la protection divine qui vous couvrira de son égide ; demandez-lui la volonté ferme et décidée de vous rendre dignes du nom que vous portez, de mériter l'estime de votre souverain, celle de vos compatriotes, de notre brave armée, enfin demandez-lui de justifier l'opinion que mon cœur maternel a de vous ; c'est vous dire en deux mots : Remplissez vos devoirs, soyez et montrez-vous braves, soyez sans peur et sans reproche, mais en même temps ne soyez pas téméraires. » Et plus loin elle leur dira : « Vous avez acquis une année d'expérience de plus ; votre raison, votre jugement a gagné ; mais, mes chers enfants, toujours cependant à dix-sept et dix-neuf ans on n'est pas encore ce qu'on doit être : vous êtes, j'ose l'espérer, en bon chemin de le devenir, si vous persistez à suivre la route tracée, si vous restez fidèles à Dieu, fidèles aux mœurs, fidèles à toutes les vertus, fidèles à l'amour du travail et de l'occupation ; si vous cultivez vos connaissances, si vous restez sévères sur le choix de vos liaisons, enfin, si perpétuellement vous vous surveillez vous-mêmes et réciproquement l'un l'autre. »

En ce qui regarde les écarts de langage que la caserne encourage et développe, Marie-Féodorovna est toujours aussi précise et aussi pressante : « J'espère, mes enfants, que le régime militaire, que vous aurez sous les yeux, ne vous fera pas adopter le ton brusque, dur, ni impérieux ; il déplaît chez tout le monde, mais il est insupportable dans des personnes de votre naissance. » Et en ce qui concerne les études intellectuelles : « Je vous recommande beaucoup, mes chers enfants, d'économiser votre temps, et d'en trouver pour l'étude et la lecture ; c'est de nécessité ; répétez-vous que vous reculerez dans vos connaissances le jour que vous ne les augmenterez pas. Il en est de même pour l'âme comme pour l'esprit qui ne sauraient rester au même point ; il faut acquérir des vertus, il faut acquérir des connaissances, ou le caractère se gâte et l'esprit se rouille. L'étude et la lecture vous éviteront à tous deux bien des erreurs, mes chers enfants, car le désœuvrement, surtout au quartier général, peut vous en faire commettre, et vous causer mille désagréments. » Puis, parmi bien d'autres conseils, elle leur recommande de nouveau de s'observer dans leurs propos, de se montrer conciliants, d'éviter « le ton tranchant », enfin de mériter la confiance de l'Empereur qui les accueillera « comme le plus tendre des pères ». Et elle ajoute : « Fermez l'oreille à toute adulation et flatterie, méfiez-vous à jamais des individus qui flattent vos petites passions, qui peut-être les encouragent pour vous faire leur cour ; recherchez la vérité, même lorsqu'elle vous blessera, souffrez la contradiction et passez-la au scrutin de la raison, dépouillée de toute prévention. »

C'est par des avis de cette marque que l'Impératrice-mère recommande à ses fils de mériter l'estime de tous : « Ah ! mes enfants, quelle sera alors ma félicité ! Mesurez-la par la profondeur de la douleur que j'éprouve de m'arracher de vos bras ; mais telle est la volonté de Dieu, qu'elle soit faite, qu'elle vous guide et vous ramène dans mes bras maternels. » Conseils et bénédictions, on ne saurait mieux dire.

Au retour de l'armée, durant l'hiver de 1815 à 1816, le grand-duc Nicolas se livra à quelques études sur les finances de l'Empire, et il rédigea un rapport sur les moyens de chasser les Turcs d'Europe. Ce couronnement des études du grand-duc portait sur des questions pratiques pour l'Empire, et qu'il aurait un jour à traiter s'il montait sur le trône. Néanmoins il fut surtout absorbé par les manœuvres, parades, réceptions et fêtes que son âge et sa situation lui imposaient.

En 1816 il fut décidé que le grand-duc visiterait certaines parties de l'Empire. Ce voyage avait pour but de compléter son instruction technique, et aussi d'appeler sur lui l'attention des populations ainsi que de lui permettre d'entrer en relations avec elles. L'Impératrice-mère se fit remettre les plans détaillés du voyage, et la veille du départ elle remit à son fils une longue lettre qui non seulement contient à nouveau les avis et les instructions les plus sages, mais fait aussi ressortir certains traits du caractère du jeune homme. A ce titre il n'est pas inutile d'en citer quelques lignes : « Ma sollicitude maternelle porte sur l'influence que ce voyage aura sur votre bonheur futur, qui dépend si essentiellement de l'opinion que vous donnerez de vous à vos compatriotes ; dites-vous, cher Nikosche, que vous attirerez dans cette occasion toute l'attention publique sur vous. Vous avez un bel enjeu, car jusqu'à ce moment on vous aime d'espérance ; on a entendu dire du bien de vous, mais voici l'instant où il faut consolider ce sentiment d'affection : il faut le mériter par votre bonté, par votre affabilité, qui doit se montrer dans vos manières, dans vos paroles, jusque dans le ton de votre voix, car en l'élevant trop, en la laissant se déployer dans toute sa force, elle acquiert une expression rude qui ressemble à la brusquerie, ce qu'il faut absolument éviter. » Le grand-duc se faisait donc toujours remarquer par le « ton tranchant » de son parler et par la rudesse de son allure, puisque sa mère y revient si fréquemment. Elle revient aussi, et même à plusieurs reprises, sur le rôle que le militaire doit jouer dans la vie d'un grand-duc de Russie susceptible de prendre le pouvoir suprême : « Les connaissances militaires que vous acquerrez dans ce voyage ne sont à envisager que comme un accessoire utile, mais non pas devant l'emporter sur le principal : jouissez et profitez aussi de celui-là, mais ne donnez pas à penser qu'il vous intéresse plus que le but véritable, celui d'acquérir la connaissance de votre pays dans tous ses rapports administratifs, commerciaux et d'industrie. »

Ces efforts répétés de l'Impératrice-mère restèrent assez inutiles : Nicolas, malgré l'élégance de ses manières et son torse majestueux, se distingua toujours par cette brusquerie de langage que sa mère lui reprochait ; sa passion pour les parades et les manœuvres militaires ne se démentit jamais. Le comte Beckendorff, à propos des manœuvres de 1836, s'exprimera ainsi : « Le souverain est infatigable ; toute la journée à cheval sous la pluie, le soir près du feu de bivouac, en conversation avec les jeunes gens de sa suite, ou dans les rangs de l'armée entourant sa petite tente ; il passait la plus grande partie de la nuit absorbé dans l'examen des affaires d'État qui ne souffraient pas ainsi du temps consacré à l'armée. Ces occupations militaires étaient, de l'aveu de Nicolas, sa seule et véritable jouissance. »

Mais, chez Marie-Féodorovna les sentiments du cœur avaient toujours leur place à côté des exigences de la situation princière. Aussi l'Impératrice-mère poursuit-elle ses exhortations : « Je termine donc ces lignes, en vous demandant et conjurant, cher et bien-aimé Nikosche, de remplir ma juste attente et de me donner le bonheur de vous revoir plus digne encore de ma tendresse, pouvant me dire avec vérité : Maman, je suis content de moi-même, aussi vous pouvez l'être ; alors mes vœux seront accomplis, et je vous serrerai contre mon cœur avec toute la tendresse que je vous porte. »

Pendant son voyage, le grand-duc Nicolas se conforma au désir de sa mère et rédigea deux journaux : l'un, où il relata ses observations sur les monuments et établissements qu'il visita, en un mot sur toutes les questions administratives et d'ordre industriel ou commercial qui lui furent soumises ; l'autre, où il consigna ses réflexions sur l'armée et les questions militaires. Ce double journal de voyage a été conservé, bien qu'il n'offre aucun cachet d'originalité. Le futur empereur y envisage, notamment, la possibilité d'accroître l'importance d'Odessa, et de faire de Sébastopol un arsenal et une station navale de premier ordre. Il faut dire que le grand-duc n'exprimait là que des idées courantes depuis qu'Odessa avait été si magnifiquement créé, agrandi et administré par le duc de Richelieu. Est-il nécessaire d'ajouter que dans ce journal, et malgré les recommandations de l'Impératrice-mère, le grand-duc s'attache surtout aux questions militaires, et marque pour elles sa visible inclination ? Par contre, il ne se cache pas d'un certain mépris et d'une haine profonde à l'égard des juifs et des Polonais. Ces jugements sont caractéristiques ; nous savons qu'ils ne se modifieront jamais. Sous son règne Nicolas marqua contre les juifs et contre les Polonais des sévérités qui témoignent de ses sentiments à leur égard.

L'empereur Alexandre et l'Impératrice-mère jugèrent utile qu'avant son mariage le grand-duc Nicolas fît encore un voyage d'études ; ils décidèrent qu'il irait passer quatre mois de l'hiver 1816-1817 en Angleterre et, pour cela, qu'il ferait un arrêt de trois semaines à Berlin, puis qu'il s'embarquerait à Calais, et qu'il séjournerait dans le Royaume-Uni depuis les premiers jours de novembre 1816 jusqu'à la fin de février 1817. Le grand-duc rentra à Pétersbourg au printemps de 1817 afin d'y recevoir peu après sa fiancée. C'est au mois de juillet, en effet, qu'eut lieu son mariage avec la princesse Charlotte de Prusse, qui prit le nom de grande-duchesse Alexandra-Féodorovna.

A cette occasion, les anciens précepteurs du grand-duc furent comblés de faveurs de la part de l'Empereur comme de l'Impératrice-mère. Le général Lamsdorff fut élevé à la dignité de comte et nommé membre du conseil de l'Empire; il reçut de l'Empereur une magnifique tabatière, et Marie-Féodorovna lui en fit présent d'une autre où le mot *Reconnaissance* était écrit en pierres précieuses. Le grand-duc Nicolas témoigna aussi une reconnaissance sans bornes à ce gouverneur qu'il avait si souvent maudit dans son jeune âge. Quand le général Lamsdorff mourut, en 1828, l'Empereur Nicolas répondit à son fils qui lui disait que les membres de la famille assisteraient seuls aux funérailles : « J'espère bien que vous ne m'excepterez pas du nombre des parents. » Et Nicolas Iᵉʳ assista aux obsèques de son ancien précepteur.

Bien d'autres traits seraient à citer à côté de celui-là s'il était besoin de prouver que l'empereur

Nicolas, malgré les emportements d'une nature violente, était un cœur aimant et soucieux du bien. C'est
ce qui prouve que les exemples et les conseils de sa
mère ne furent pas tout à fait inutiles. Dans cette
âme, un peu fruste et si peu tournée vers les choses de
l'art et les préoccupations intellectuelles, il se trouvait, néanmoins, un coin tout imprégné de sentiments délicats. Nicolas a avoué lui-même qu'il subit
peu l'influence de ses maîtres, et qu'il fut redevable
surtout à la société dans laquelle il vécut pendant
sa jeunesse. Certes, cette société n'avait rien de
moral ; par bonheur, son âme de jeune homme ne
s'y laissa pas corrompre. D'ailleurs, le vrai éducateur moral de Nicolas fut sa mère : les instructions
écrites qu'elle lui donna au moment de ses voyages
permettent de penser ce que devaient être ses conseils verbaux de chaque jour. Elle ne le négligea
jamais, et il en resta quelque chose dans l'âme du
prince. « Sobre et réservé, ainsi qu'il a été dit, sa
jeunesse ne fut pas accompagnée de ces excès »
dont il avait tant d'exemples sous les yeux.

Pour terminer cet aperçu de la vie de jeune
homme du grand-duc Nicolas, nous citerons un
trait curieux qui se rapporte également à la jeunesse de son fils Alexandre II. Pendant son règne,
Nicolas Iᵉʳ fut appelé à visiter l'hôpital Kalinkine à
Pétersbourg. L'Empereur, s'adressant au docteur
qui l'accompagnait dans sa visite, lui tint ce langage : « J'enverrai ici mon fils, et tu lui montreras
les exemples les plus horribles de la syphilis sur

les hommes et les femmes. Quand j'étais jeune et non encore marié, mon médecin me conduisit également à l'hôpital militaire, et les malades que je vis produisirent sur moi un tel effroi que je n'ai pas connu de femme jusqu'à mon mariage. » Quelques jours après cette visite du Tsar, le grand-duc héritier Alexandre alla à l'hôpital Kalinkine, et la vue des malades qu'on lui montra le saisit tellement qu'il pâlit et se retira précipitamment après une légère syncope.

IV

Ne semble-t-il pas que l'enfance et la jeunesse du Tsar Nicolas Ier jettent quelque lumière sur sa nature à la fois violente et généreuse ? Ce tempérament fougueux, il le tenait de ses pères. Il suffit de rapporter le mot que son père, Paul Ier, encore grand-duc, lança un jour (¹) à la tête du comte Nikita Panin, le neveu de celui qui avait été son gouverneur, son principal précepteur, son ami et son soutien durant les jours d'infortune : « Le chemin que vous tenez, monsieur, ne peut vous conduire qu'à la fenêtre ou à la porte. » Et cela, parce que le comte Nikita Panin, respectueux des nœuds légitimes du grand-duc et de la personne de Marie-Féodorovna, ne s'était pas suffisamment incliné devant la favorite du jour, Mlle de Nélidof ! Pour la fougue du tempérament, l'Empereur Nicolas avait donc de qui tenir. Mais à ce courant héréditaire de ses pères, il y faut joindre celui de sa mère : l'Impératrice Marie-Féodorovna était une âme assez fière, assez hautaine, mais d'une dignité morale impeccable ; et elle avait un cœur affectueux ; elle avait enfin hérité des siens, les de Wurtemberg,

---

(¹) Au mois d'août 1791.

des qualités de mère autrement développées que celles qui avaient cours dans la haute société russe. Il faut voir chez l'empereur Nicolas ce double courant, cette double influence. Ses frères aînés, l'empereur Alexandre Iᵉʳ et le grand-duc Constantin, sont également une preuve de ce double courant. L'âme d'Alexandre fut le reflet de celle de sa mère ; chez le grand-duc Constantin, au contraire, se retrouvent la plupart des violences de caractère de son père et de ses ancêtres.

Ainsi s'explique le jugement critique que le prince de Bismarck a fort judicieusement porté sur le Tsar qui fit l'expédition de Crimée (¹) : « C'était une nature idéaliste, mais endurcie dans l'isolement de l'autocratie russe, et il est assez remarquable qu'il ait conservé ces aspirations idéalistes malgré toutes les impressions du dehors et durant toute sa vie. » Cet idéalisme, il le tenait de sa mère. Il en tenait aussi cet esprit de générosité que le prince de Bismarck relève avec soin : l'empereur Nicolas, en 1849, volant au secours de son frère d'Autriche, soumettant la Hongrie, y rétablissant le pouvoir royal et, avec un désintéressement rare, ne réclamant aucun avantage. L'Autriche d'aujourd'hui a perdu le souvenir de cet acte de générosité. Ce service amical est de ceux que les souverains, dominés par la raison d'État et par les

____

(¹) *Mémoires du prince de Bismarck*, 2 volumes in-8. Paris, 1898. Librairie H. Le Soudier.

intérêts de la politique de leur pays, ne sont pas accoutumés à se rendre entre eux. C'est ce qui fait dire au prince de Bismarck : « Ce procédé ne peut s'expliquer que par le caractère à la fois autoritaire, extravagant et chevaleresque de l'autocrate russe. »

TABLE ALPHABÉTIQUE

DES

NOMS DE PERSONNES CONTENUS DANS CE VOLUME

A

M

Q

R

TABLE DES MATIÈRES

Nancy, impr. Berger-Levrault et Cie

A LA MÊME LIBRAIRIE

LARIVIÈRE (Ch. de). — Alexandre Brückner, sa vie, son œuvre. Une brochure in-8. . . . . 1 fr.

LARIVIÈRE (Ch. de). — Catherine le Grand d'après sa correspondance : Catherine II et la Révolution française, avec une préface d'Alfred Rambaud. Un vol. in-18 jésus, broché. . . . . 3 fr. 50

FLANDIN (E.). — Institutions politiques de l'Europe contemporaine.
    I. — *Angleterre, Belgique.* 1 vol. in-16, broché . 3 fr. 50
    II. — *Allemagne.* 1 vol. in-16, broché. . . . . . 3 fr. 50
    III. — *Suisse, Italie.* 1 vol. in-16, broché. . . . . 3 fr. 50
    IV. — *Pays-Bas, Luxembourg, Norvège, Suède et Danemark.* 1 vol. in-16, broché. . . . . . 3 fr. 50

LE SOUDIER (H.). — **Bibliographie française,** 2ᵉ série, t. I (1900-1904), comprenant les ouvrages parus pendant cette période de cinq ans, classés en un seul alphabet : 1° par ordre alphabétique de noms d'auteurs ; 2° par ordre alphabétique de titres ; 3° par ordre alphabétique de matières au moyen de mots-souches. 1 vol. in-8 de 780 p. 1908, broché. . 60 fr.
Relié. . . . . 65 fr.

Mémorial de la Librairie. (Complément de la *Bibliographie française.*) Revue hebdomadaire des Livres. Spécimen sur demande. Un an : France, 12 fr. ; Étranger. . . . . 14 fr.

Annuaire des Journaux, Revues et Publications périodiques parus à Paris (1907), 4 fr. ; supplém., 1 fr. 50. . 5 fr. 50

BISMARCK (Prince de). — **Pensées et Souvenirs.** Mémoires authentiques. 2 vol. in-8, avec portraits . . . . . . 20 fr.

DIAMANTOPULO (H.). — **Le Réveil de la Turquie.** Études et croquis historiques. 1 vol. in-8 de 300 p., illustré de 35 gravures, broché. . . . . 8 fr.

EUDEL (Paul). — **La Hollande et les Hollandais.** 1 vol. in-12 carré, avec un portrait. . . . . 4 fr.

MOLTKE (Maréchal Comte de). — **Mémoires.** Traduction française par J. Jaeglé.
    I. — *La Guerre de 1870.* 1 vol. in-8 . . . . 10 fr.
    II. — *Correspondance.* Lettres à sa mère et à ses frères Adolphe et Louis (1823-1888). 1 vol. in-8. 10 fr.

PICARD (Alfred), *membre de l'Institut, ministre de la marine.* — **Le Bilan d'un Siècle** (1801-1900). 6 vol. in-8 jésus. Chaque volume. . . . . 10 fr.

SERVIÈRES (Georges). — **A travers l'Autriche-Hongrie.** 1 vol. in-18 de 388 p. . . . . 3 fr. 50

Nancy, impr. Berger-Levrault et Cⁱᵉ